浮梁历史人物

FULIANG LISHI RENWU

冯云龙 主编

江西高校出版社
JIANGXI UNIVERSITIES AND COLLEGES PRESS

图书在版编目(CIP)数据

浮梁历史人物/冯云龙主编.---南昌:江西高校出版社,2021.11(2022.2重印)

ISBN 978-7-5762-2200-5

Ⅰ.①浮… Ⅱ.①冯… Ⅲ.①历史人物—介绍—浮梁县 Ⅳ.①K820.856.4

中国版本图书馆 CIP 数据核字(2021)第 214685 号

出版发行	江西高校出版社
社　　址	江西省南昌市洪都北大道96号
总编室电话	(0791)88504319
销售电话	(0791)88522516
网　　址	www.juacp.com
印　　刷	天津画中画印刷有限公司
经　　销	全国新华书店
开　　本	787mm×1092mm　1/16
印　　张	22.5
字　　数	290千字
版　　次	2021年11月第1版 2022年2月第2次印刷
书　　号	ISBN 978-7-5762-2200-5
定　　价	128.00元

赣版权登字-07-2021-1443
版权所有　侵权必究
图书若有印装问题,请随时向本社印制部(0791-88513257)退换

《浮梁历史人物》编纂委员会

总策划：胡春平　程新宇
主　任：金秋来
编　委：胡春生　方全胜　袁国忠　王高华　严忠顺
　　　　应菊兰　徐高润　汪政权　李晓华　冯云龙

《浮梁历史人物》编辑部

主　编：冯云龙
副主编：吴逢辰
审　稿：韩晓光
编　辑：李新才　许国栋　杨昔文　李移民
撰　稿：冯云龙　吴逢辰　李新才　冯军全　杨昔文
　　　　李移民　王建来　林进军　包清旺　计学善
　　　　计钦鹏　计增良　胡柳忠　董春雨　张树安
　　　　江良发　操胜国　操中朝　操振文　金达迈

凡 例

一、宗旨：编纂《浮梁历史人物》一书，旨在宣传浮梁，宣传浮梁人，使世人更多地领略浮梁人物的风采，提升浮梁知名度，激发人们热爱家乡、建设家乡的热情。

二、时限：收录的人物上限不限，下限至辛亥革命（1911年）前。

三、内容：第一章《浮梁乡贤》，为祖籍浮梁者；第二章《浮梁名宦》，为籍贯外地而在浮梁主政者；第三章《名人与浮梁》，为在浮梁留下过诗文的中国历史上的知名人士。

四、文体：以语体文为主，对古籍中一些较为易懂的文言语句尽量保存，以增加真实感。

五、资料：主要来源于史志典籍、辞典、宗谱及报刊，充分吸收前人研究成果，内容力求权威、完备。

六、纪年：采用历史纪年法，括注公元。

七、次序：按朝代排列。同朝代者按人物生年先后排序。

王侯将相何处去　　陶源深处有茗烟

——浮梁历史人物综述

（一）

"浮梁山川秀丽，风俗淳雅，衣冠人物之盛甲于江右。"①

三十多年前，余初涉志坛，首次在县志上看到这段文字时，心里不免有些怀疑，觉得我们的先辈有些夸大其词。我们知道，"古代士以上戴冠，衣冠连称，指士以上的服装。后引申为士族、士绅"。②"江右，指长江下游以西地区，后来称江西为江右。"③有资料显示，江右民系主要分布于江西大部、湖南东北部、湖北东南部、安徽西南部、福建西北部等地，即赣语分布的地方。依县志所说，古代浮梁读书为官者人数在"江右"广大地区处于领先位置。我曾质疑：果真如此吗？

近三年来，为了编纂《浮梁历史人物》，我将浮梁历史上一些有名望的人物做了一次梳理，结果让我心境难平，也让我对旧志上的描述有了

---

①见乾隆版《浮梁县志·风俗》。
②见《辞海》，上海辞书出版社，2009年版。
③见《辞源》，商务印书馆，1991年版。

新的认识。

人们在谈论古代一个地方的人物时，往往以科举考试中各个层级录取人数的多少为衡量标准，尤其是考取进士的人数。在纷繁复杂的社会里，无论是古代还是当下，"国考"是唯一比较客观、公允的人才选拔途径。科举制度在中国实行了1300多年，一共产生了近11万名进士。这些进士构成了隋唐以后历代官员的骨干队伍，其中包括一大批政治精英、学术泰斗和文学巨匠。科举文化可以说是家喻户晓，深入人心。据郑翔主编的《江西历代进士全传》记载，享有"人杰地灵"之美誉的江西，共诞生了11671名进士，占全国进士总数的十分之一。宋、明两朝，江西籍进士人数均在全国名列第二。

我们再来看看浮梁历代科举考试情况。据统计，浮梁历史上共考取进士285人[①]、举人904人（其中文举864人、武举40人）、童科42人、贡生442人、例选192人。

进士中，明代金达殿试第三，为探花。举人中，文举方廷实、计礼、吴廷珪三人取得乡试第一，为解元；汪凤翔夺得万历十年（1582）壬午科武举第一名，并且考中万历十四年（1586）丙戌科武进士；武举汪腾蛟夺得万历二十年（1592）壬辰科武进士。

那么，浮梁士人的上述成绩，在江西省、在饶州府地位如何呢？

从历代进士总数看，浮梁进士285人，在江西全省84个县[②]中，名列第13位，在饶州府七县中列第2位。从明代考取进士人数看，浮梁70人，在全省79个县[③]中名列第9位，前进了四位。在饶州府七县中，浮梁高居榜首，比位居第二的德兴多一倍。

[①]道光版《浮梁县志》载有进士266人。郑翔主编的《江西历代进士全传》增加9人。

[②]见郑翔主编的《江西历代进士全传》统计数字。

[③]见郑翔主编的《江西历代进士全传》统计数字。

以上这些数字确实让人有些心动，因为江西历年考取进士的人数仅次于浙江，名列全国第二，在此前的"江右"地区无疑是佼佼者。浮梁在总数上列第13位，而明朝更是列第9位，这在"江右"地区自然也是名列前茅的。难怪我们的先辈有点按捺不住自己激动的心情，赞誉之辞泻于笔端。

浮梁进士考取的年份和乡籍分布很不均匀，甚至出现扎堆的现象。浮梁宋、明两代诞生进士最多。特别是宋代，有13个年份每年均考取4名以上，尤其是咸淳元年（1265）、咸淳四年（1268）、咸淳十年（1274）3个年份，每年均考取11人。

扎堆的现象还体现在宗族与家庭上，同宗、兄弟、父子、祖孙考取进士的多。例如：宋代至清代，界田李氏一族出进士26人。据传，同时在京为官的界田李氏人士9人，外加一名女婿，故有"九子十郎官"之说。臧湾臧氏一族出进士也是26人，其中臧永锡一家，祖孙三代9人中进士。咸淳四年（1268），县城汪氏一门兄弟6人同科中进士，臧湾鲍升一门五人中进士。宋景定五年（1264），甚至连位于浮东偏远山区高岭的冯氏，也出现了"一榜三举人"的现象。

父子、兄弟、爷孙进士的还有很多。宋代如金鼎臣、金汝臣、金纯臣兄弟，金君著、金君佐、金君佑兄弟，金作励、金举兄弟，鲍昱与鲍世安、鲍安行、鲍安国父子，程瑀、程宏图父子，李椿年、李大有父子，程筠、程祈父子，胡澄、胡涓兄弟，臧几道、臧论道兄弟。明代如曹煜、曹天佑、曹天宪父子，李大钦、李思谟祖孙。清代如邓梦琴、邓传安父子。

（二）

浮梁人物的类型较多，从政、治学、业陶、经商、传武、布道者都有。博取功名后的浮梁士子以从政者居多。据不完全统计，浮梁士人中，封王5人、封侯5人、副宰相级7人、尚书7人、侍郎8人、郎中23

人、御史32人、布政使6人、太守13人、知府19人、知州13人、尹1人、公2人、太子中允5人。

谈起浮梁的历史人物，人们首先要说到长沙王吴芮。吴芮是吴王夫差七世孙，其父吴申始迁番县东北乡鹅湖村，吴芮就出生在这里。宋代汪肩吾《昌江风土记》云："芮与其将梅铜皆生于东北乡。"宋《太平寰宇记》云："浮梁县东北六十里，有吴芮旧居。"南宋王象之《舆地纪胜》云："芮宅有马迹石，有龙泉……梅铜宅亦在其处。"因此，吴芮为浮梁人是有根据的。

秦始皇时，吴芮任番令。他性情豪爽，喜交朋友，深得民心，人们都尊称他为番君。吴芮先是跟随项羽，南征北战，屡建奇功，被封为衡山王。后与韩信等人拥刘邦为帝，被封为长沙王。吴芮是刘邦所封的八个异姓王中唯一善终者，而且这个王位延续至第五代。其子孙中另有9人封侯，这在中国历史上并不多见。

汪澈是南宋绍兴年间出生于桃墅的一位参知政事，与宰相陈康伯共辅皇室。当金兵进犯时，他力主抗战，反对求和。他奉诏以湖北、京西宣谕使身份点精兵与敌军大战于汉水，使敌军溃逃，金主罢兵求和，展现了强烈的爱国主义精神和舍生取义的民族气节。

李椿年是南宋绍兴年间户部侍郎，是继王安石之后又一个赋税改革家。他所推行的"经界法"较王安石的"方田均税法"，无论在内容、操作程序还是改革效果上，都有了进一步的改进和提高。宋高宗、朱熹等人对李椿年推行经界法曾做出很高的评价。直到今天，李椿年的"经界法"仍然引起土地界专家学者极大的关注和高度的评价。

宋代，浮梁出现了一批不重仕途而专攻理学的学者，出生于浮北沧溪村的朱宏就是其中代表。朱宏与朱熹是同道，经常在一起切磋探讨，朱熹用"高识笃行，无与伦比"来形容他的学识与人品，并为其书斋题额为"克己堂"，故人称朱宏"克己先生"。享有江西宋明理学旗手之誉的饶鲁称朱宏为"浮梁的（澹台）灭明"。四方学士都崇尚朱宏的品学，来求学的人很多。《全宋文》中有他的业绩记载。

据浮梁《金氏宗谱》载，英溪金去伪一生淡泊名利，淳熙十年（1183）中进士后，抛弃为官的美好前程而跟随朱熹学习、游历，专心致志钻研与倡导理学。他曾作自咏诗云：

自知富贵若浮云，何用虚名伴此身！
四十挂冠林下去，始知清世有闲人。

元代，浮梁出了一位卓越的地方教育家吴迂。他从教70年，教学精益求精，诲人不倦。当时一些有名声的进士，如郑合生、章谷卿、徐进、汪克宽等均来从师求教。他著述颇丰，明代永乐年间朝廷诏令编辑《性理大全》，多引用他的学说。明代剧作家汤显祖在《浮梁新作讲堂赋》中称吴迂"居贤来章，迩所未有"。

浮梁制瓷的历史十分悠久，早在汉代，浮梁的前身新平就有人掌握了治陶技术。①两千多年来，在这片土地上曾制出无数稀世珍品，也诞生过无数业陶名师，晋代的赵慨，唐代的陶玉、霍仲初，明代的昊十九等。

赵慨，据传生于西晋番县东部（今浮梁县域），曾在今福建、浙江、江西等地为官，后退隐家乡业瓷。他把越窑青瓷的烧造技术与当地的制瓷技术结合起来，为后世浮梁瓷业的发展做出了贡献，被当地瓷业工人尊为师主。

陶玉出生在唐代浮梁一个陶瓷世家。他所制出的瓷器"土惟白壤，体稍薄，色素润"，与众不同。武德四年（621），他运送瓷器去长安进贡，所制瓷器引得朝廷内外广泛赞誉，被称为"假玉器"。

昊十九，一位出生于浮梁的明代以制造高度精巧薄胎瓷器而负盛名的陶瓷名家。他烧制的"流霞盏"，色明如朱砂，如晚霞飞渡，光彩照

---

①乾隆版《浮梁县志》卷十二《述旧》中有"新平治陶,始于汉世"的记载。

人。又有卵幕杯，薄如蝉翼，成为旷世珍品。

制茶业是浮梁的传统产业，它始于晋而盛于唐。千百年来，勤劳聪明的浮梁人发扬光大这个产业。现略举其中几例。

汪宗潜，浮北磻溪人，年方二十便开始行走于南昌、苏州、杭州等地，后来在武汉、上海开设茶庄。英、俄、德、法等国的商人，无不把他的茶叶视为珍宝。道光二十二年（1842），上海等五地立为通商口岸后，汪宗潜做出两项决定：茶叶由传统绿茶改制红茶；市场由国内转向国外。这两项决定使他的茶叶生意更加红火。由于他的茶叶以九江为中转站，因此为他赢得"九江王"之美誉。

江村乡严台江氏自古以经营茶叶为生。千百年来，江氏制茶技艺薪火相传，成为浮北知名的"制茶世家"。民国初年，江资甫执掌"天祥茶号"，他制茶技艺精湛，所制的绿茶汤色明亮，香郁扑鼻，惟清惟馨，高贵典雅。1915年，他所制的茶叶在巴拿马万国博览会上一举夺得金奖。

古语云，一方水土育一方人。浮西礼芳独特的窑柴资源，成就了不少柴商达人。如礼芳著名窑柴商华七公、李沐鸿、李春园等。他们既经营瓷土，又从事窑柴经营。他们发家致富后，在广建豪宅的同时，也从事不少公益事业，如修桥补路、开山造渠、纂修宗谱、建筑宗祠等。

在儿时的记忆里，我们的先辈十分骁勇。现在想来，这大概是听多了李三保的故事。据笔者所知，出生于浮梁城西李家庄的元代义侠李三保的故事不仅在浮梁家喻户晓，在安徽、江浙甚至东北等诸多地区也广为流传。李三保武艺超群、疾恶如仇、扶危济困，深得百姓喜爱。

《浮梁县志》对浮梁武术界精英有较为详细的记载。最引人注目的莫过于宋代浮北明溪出的一名武状元，他的名字叫朱虎臣。建炎二年（1128），宋高宗亲临武殿试，见"虎臣才七岁（一说九岁），步射十二矢中九，诵六书，排诸葛亮八阵图"[1]娴熟自如，于是补以承信郎，特赐金

---

[1] 见道光版《浮梁县志·人物》。

带,赐予"武状元"称号,从而印证了明万历周起元浮梁"人多剽急"①说法的正确性。据统计,浮梁县共有武举人40位,其中,明代11位、清代29位。武进士2位,均在明代。其中,浮北桃墅汪凤翔夺得万历壬午科武举第一名,乙酉年再中武举,丙戌年考中武进士。浮北汪腾蛟夺得万历乙酉、戊子、辛卯三科武举,中万历壬辰科武进士。

浮梁福港还出了一位由宋神宗赐法号的佛印禅师。佛印与苏东坡、黄庭坚为莫逆之交,三人曾聚首浮梁宝积寺谈经论道,世人称之为"三贤"。

(三)

取得功名后的浮梁士人奔赴全国各地,担任着各级各类官员。他们中不乏品行端正、才学兼备的栋梁之材。他们有的忠纯平实、性情耿直、直言不讳,敢于针砭时弊,甚至批评皇帝奢侈糜烂的生活;有的关注民生、革除弊端、刚正不阿,甘冒丢官的风险;有的义无反顾地奔赴沙场,抵御外侵;有的在与敌国谈判时,不卑不亢,表现出坚贞不屈、视死如归的大无畏精神。

程瑀是臧湾府前人,官至兵部尚书,与乐平洪皓齐名。当时金人入侵中原,宋钦宗命程瑀往河东议割北方三镇给金国求和。程瑀向皇帝奏道:"臣愿奉使,不愿割地。"此语表达了他敢入虎穴、不愿辱国的原则立场。朝廷未允,并令他前去议和。程瑀来到中山(治所在今河北定州),只和诸将谈守城抗金,绝口不提割地之事。程瑀也因多次向皇帝反映秦桧、蔡京等人阳奉阴违、专横跋扈的丑陋言行,而得罪了权臣,多次受到降职处分,但他无怨无悔。

高沙的朱貔孙是一个出了名的谏臣。他曾任谏议大夫、吏部尚书。

---

① 见道光版《浮梁县志·风俗》。

在监察御史任上，朱貔孙曾上书朝廷要求减轻人民负担，惩办奸邪。升任监察御史兼崇政殿说书后，他上书"论权奸误国之罪"，并与宦臣董宋臣、猾吏丁大全做坚决斗争。时值元军入侵，朝野甚为恐慌，有人建议迁都。朱貔孙上书称"銮舆若动"，就会使戍边的"将士瓦解"，四方便会"盗贼蜂起"。朝廷接受了他的意见，停止了迁都动议。朱貔孙晚年病逝故里，丞相文天祥闻讯，亲往浮梁祭送，并写下《挽貔孙》诗一首，称赞他："一代文章贵，千年谏议名。"[①]

冯仲昭，浮梁人，宋绍圣甲戌进士。他初任晋宁尉，除暴安良，元符三年（1100）任江东御史，以勤廉著称。在巡视江东时，他明察暗访，有奸必除，贪官污吏望风解印。

清正廉洁、一心为民是浮梁士人的共同特征。闵遴，浮梁县城西隅人，是清代生于浮梁的一位清廉知县。他在出任江苏溧阳知县时，适逢灾荒，他尽心竭力，深入灾区，赈济灾民，使灾民摆脱死亡的威胁。他为官清廉，办事果断精明，一时奸胥猾吏，望风敛迹。乾隆二十三年（1758），闵遴上书要求回归故里，离职时行李萧然，送行人群都潸然泪下。如今，溧阳民间还流传着一首民歌：

> 廉洁捐资救百姓，救了溧阳百万人。
> 这样好官有几个，闵氏功德世代深。

邓梦琴、邓传安父子是清代出自浮梁的两位政绩卓著的知府。父亲邓梦琴是汉中名宦，退养回家后，竟然租住在县城的民房里。儿子邓传安两任台湾知府，并兼任提督学政，为台湾稳定发展及人才培养做出了极大的贡献。邓传安回乡时行李空空，只为青峰寺带回三尊石菩萨。

笔者在翻阅史籍时，发现一些记录着浮梁士人心胸开阔、自强不息、

[①] 见道光版《浮梁县志·古迹》。

尊崇孝道的故事。

朱震，浮梁县城北隅人，擅长作诗，倜傥风流。熙宁九年（1076），他考取进士，但尚未选官。一个大雪纷飞的下午，他独自在京师的樊楼周边游览。适逢朝廷在这座楼里宴请外国使臣。有位外国使臣是个"中国通"，即席赋诗一首贴在墙上，并提议在场人员和诗一首，可是竟然无一人能应。消息传到朱震的耳朵里，等宴席一撤，他立即登楼题诗一首于其后。诗曰：

> 昨夜狂随汗漫游，彤云遮断六鳌头。
> 翻身跳入银宫阙，撼碎榆花遍九州。

有人禀报皇上。皇帝看后大加称赏，"以白衣送铨除"。朱震不应诏，且悄悄地走了，可见其心气之高洁。朱震后被授予迪功郎，继授工部郎中。

宋之才是出生在浮梁县里仁都的一个大孝子。父亲宋历，任韶州司户，留下宋之才与母亲在家乡居住。一天，宋历被海盗劫持，从此音讯断绝。那时宋之才尚幼，刚刚上私塾，母亲全氏是一个有德行、知书达理之人，全身心投在儿子学习上。宋元丰五年（1082），宋之才考中壬戌科黄裳榜进士，到升任秘书省正字之职时，迎接母亲去东京（今开封）生活。母曰："天下岂有不能为人子而能为人臣者哉？"意思是说天下哪有连儿子都做不好的人做得好臣子。之才明白，母亲是想起父亲了。一番思索之后，当日即向朝廷陈情乞求解官，寻找父亲。他天南海北地找了一通之后，一天遇见一人从海外归来，并说在日本国唐人街有一任市场管理的宋翁，与宋之才之父年龄、面貌相符。宋之才立即登船前往，果然找到了父亲。日本国王知道这件事后，挽留他们父子，并许诺他们官职，但被宋之才谢绝。归来后，端明殿学士黄裳禀报皇上，宋之才官复原职。

冯诚，浮梁湘湖人，明朝进士，官至湖广按察使。冯诚少年时参加童子科考试时，有一个叫叶懋的人瞧不起他，还侮辱他。冯诚没当回事，继续发奋努力，于永乐十九年（1421）考中进士，并出任陕西道监察御史。而叶懋则以贡生的身份担任山西平遥的卫仓官。后来，叶懋因失职被上级查办。这个案子恰好落到冯诚手里。冯诚在审理此案时经过细致调查取证，认为叶懋的过失并未造成大的损失，是有人为了谋其位而采取的排挤手段。于是冯诚对叶懋从轻发落。人们敬仰冯诚，称赞他是一个不计前嫌的人。

浮梁还出了一位皇帝勒令表彰的母亲。戴氏从小教育儿子戴星潜心读书，胸怀大志，报效祖国。戴星不负所望，成了明代显赫一时的朝廷兵马指挥司副都指挥。明弘治十八年（1505），朝廷追授戴星父母为文林郎及孺人，赞扬他们教子有方的美德，并立了功德碑。该龟碑至今仍耸立在浮梁县茶培村。

（四）

关于浮梁的风俗，史志上有诸多记载。如道光版《浮梁县志》云："浮梁好儒而驯雅。"①明万历知县周起元修《浮梁县志》云："唐颜真卿、宋范仲淹为守，政本教化而崇礼，黜浮华而尚忠厚，风俗焕然一变。"②

在这种文化氛围的熏陶下，家长们节衣缩食培养子女读书，学子们勤学苦读，社会热情扶持，尊师重教蔚然成风。

臧湾的臧浑就是一个成功的例子。从臧湾到县学有十多公里路程，走一趟要三个多小时。臧浑家境贫寒，连鞋子也买不起，常常是光着脚丫走路。

他就到与浮梁古城隔江相望的青峰寺借宿。这座寺庙是唐代大中七年（853）一个高僧建造的。寺里方丈不仅给他提供住宿，还提供基本的膳食。臧浑在寺中读书多年，终于在宋熙宁三年（1070）考中进士。金

---

①②见道光版《浮梁县志·风俗》。

榜题名后，为报答寺庙僧侣们的帮助，他捐资在大雄宝殿的左右两侧建有两个轩，左边的取名"壮图轩"，右边的称"留隐轩"。后来这里就成了家境贫寒的学子们挑灯夜读的地方。

关于这段经历，宋代鄱阳籍状元彭汝砺十分清楚，他赠给臧浑一首诗，诗是这样写的：

寄臧浑

二月驱车出宋都，转头即是十年余。
可怜老大犹为客，莫怪寻常弗著书。
蜡屐阮孚人不会，鲈鱼张翰子何如？
寄声莫污青峰地，留与先生作隐居。

臧浑卸任后果真归隐青峰寺。臧浑在青峰寺苦读的事迹影响着一代又一代浮梁学子。宋代的程瑀便是其中一员。

程瑀，宋代臧湾府前人，少时家里贫寒。他在县学读书时也住进青峰寺。程瑀于宋宣和六年（1124）考中进士，金榜题名，后官居二品。告老还乡后，他也隐居在这里。读书期间，他在留隐轩还写下一首诗，抒发自己对臧浑的崇敬之情，并表明自己的志向。

留隐轩

先生肮脏与谁同，直道何伤竟不容。
欲约故人赓素志，苦求晚节隐青峰。
祥符谶地诗篇重，客倦僧床归兴浓。
问舍求田端有日，从他百尺卧元龙。

"浮梁居饶之上游，地广土沃，景淑气清，景德屹然一巨镇，陶器之利遍天下。聚而工贾者常数十万人，故浮梁称望邑。"[①]浮梁人生活在这

[①] 见道光版《浮梁县志·风俗》。

样得天独厚的自然环境里，"摘叶为茗，伐楮为纸，坯土为器"，"富则为商，巧则为工"。①浮梁成为富甲一方的望县，景德镇亦成了江南雄镇。

浮梁发达的经济成就了许多富豪士绅，也让尊师重教、捐资助学的传统美德发扬光大。宋、明时期，浮梁进士大量涌现，与县学、书院的发展是分不开的。

浮梁县学历史悠久。宋庆历四年（1044），朝迁诏令天下郡县建学校，浮梁县学同时建立。县学旧址在县署西北，宋元丰年间，县令张景修徙于东南（今旧城新平学校）。县学既是县里的教育机构，也是科举制度最基层的组织机构，旨在为科举考试培养和推荐应试人才。县学每年录取的生员是有名额限制的。一般生员分为三种：一是廪生，对这些学生，县学只收取低廉的膳食费用；二是增广生，这是计划外按照一定的分数线扩招的；三是附生，这是完全自费的。从某种意义上讲，附生也是经济发展的晴雨表。因为这部分生员成绩好的也可以报考，只是名字附在前面两种生员后面而已。县学生员不但可参加三年一次的乡试，而且，官府免其粮，以礼相待。

历代知县对县学都极为重视，除了要确保及时、足额提供县学办学经费外，每年两件事是必须亲自到场的：一是主持县学考试；二是为新录取的各级生员送学。

县学师资力量雄厚，多聘请名流讲学。如被誉为"东方莎士比亚"的明代戏曲家汤显祖就来浮梁县学讲过学，并写下一篇《浮梁新作讲堂赋》。浮梁县学曾培养出200多名进士，成了名副其实的人才摇篮。

书院也是浮梁人才的摇篮。南宋至清末，浮梁先后创办书院15所，其中著名的有新田书院、双溪书院、长芗书院、绍文书院、东山书院、西河书院、南阳书院和北斗书院等。

---

①见道光版《浮梁县志·风俗》。

宋绍兴二十六年（1156）正月，李椿年因为推行"经界法"得罪了权臣，再次被罢了官。他回到家乡后，决定为家乡人才培养做些事情。他先是创办了鄱源教院，后又创办了新田书院。此后，界田村进士大增，又出过十余名进士。宋淳祐间，邑人赵源在县城西隅创办了一所进士庄，用于培养族人。宝祐元年（1253），即进士庄创办十二年后，族人赵介如中进士。咸淳元年（1265），赵氏有赵时励、赵时灼、赵时琥、赵良朋四位同榜考取进士。这不能不说是进士庄的功劳。

神童是自古以来人们津津乐道的话题。早在汉代，在中国最高学府"太学"里，年龄在12岁以下的孩子，被称为圣童和神童。唐代在实行科举考试时特设童科，年龄在10岁以下的，只要通读一本儒家经典著作，经过面试，合格的就给予"出身"，不再是平民了。宋代的童子科几罢几复，在复罢过程中，童子科也逐步完善起来。宋代童子科有一个重要特点，就是对奇异童子，皇帝往往亲自面试。宋代关于皇帝亲自考试童子的事例很多。姑且不说《宋史·晏殊传》里"七岁时能属文"的晏殊，就拿浮梁的神童来说，史籍上记载的就有不少。据《宋史·神宗本纪》载：元丰七年（1084），神宗于睿思殿亲试饶州童子朱天锡[①]，赐五经出身。建炎二年（1128），宋高宗亲试童子朱虎臣[②]，赐金带以宠之。历史上，浮梁共诞生童科42人，在江西名列前茅，在饶州遥遥领先。

王侯将相何处去，陶源深处有茗烟。浮梁乃瓷都之源、名茶之乡。悠久的历史，发达的经济，淳雅的民风，使得浮梁人才辈出，代不乏人，形成了一个多元化、多层次的人才格局。

当前，在全县人民励精图治，团结一心实施乡村振兴战略的过程中，我们浮梁文史工作者，殚精竭虑地用了三年时间，编成了这部《浮梁历

[①] 朱天锡，浮梁明溪人，道光版《浮梁县志》有传。
[②] 朱虎臣，浮梁明溪人，道光版《浮梁县志》有传。

史人物》，我想是很有价值的。这是第一部全面、系统地记述浮梁历史人物生平事迹的书籍，相信对弘扬浮梁优秀传统文化，提升浮梁县知名度将会发挥其应有的作用。

冯云龙

2021年4月25日于浮梁县城

目 录

第一章　浮梁乡贤　　　　　　　　　　　/001

·汉代
长沙王吴芮　　　　　　　　　　　　/001

·唐代
金　安　　　　　　　　　　　　　　/007
金叔彦　　　　　　　　　　　　　　/008
金叔迟　　　　　　　　　　　　　　/008
朱　迁　　　　　　　　　　　　　　/009
吴　昺　　　　　　　　　　　　　　/010
吕　曙　　　　　　　　　　　　　　/015
曾　舆　　　　　　　　　　　　　　/018
陶　玉　　　　　　　　　　　　　　/018
霍仲初　　　　　　　　　　　　　　/021
薛仲佐　　　　　　　　　　　　　　/021
程仲繁　　　　　　　　　　　　　　/022
吴　钧　　　　　　　　　　　　　　/023

·五代

吴　岚　　　　　　　　　　　　　　/025

臧南图　　　　　　　　　　　　　　/026

·宋代

黄叔道　　　　　　　　　　　　　　/029

冯仲昭　　　　　　　　　　　　　　/033

金鼎臣　　　　　　　　　　　　　　/034

金君卿　　　　　　　　　　　　　　/035

佛　印　　　　　　　　　　　　　　/042

朱天锡　　　　　　　　　　　　　　/045

朱　尹　　　　　　　　　　　　　　/045

朱虎臣　　　　　　　　　　　　　　/046

朱　褒　　　　　　　　　　　　　　/047

臧几道　　　　　　　　　　　　　　/047

臧论道　　　　　　　　　　　　　　/048

臧永锡　　　　　　　　　　　　　　/049

臧　浑　　　　　　　　　　　　　　/049

臧崇之　　　　　　　　　　　　　　/054

臧　泫　　　　　　　　　　　　　　/054

臧仕楷　　　　　　　　　　　　　　/055

臧　洪　　　　　　　　　　　　　　/055

臧文通　　　　　　　　　　　　　　/055

臧廷凤　　　　　　　　　　　　　　/056

臧从义　　　　　　　　　　　　　　/058

何召一　　　　　　　　　　　　　　/060

朱　宏　　　　　　　　　　　　　　/064

蒋　祈　　　　　　　　　　　　　　/068

王仲舒　　　　　　　　　　　　　　/069

李椿年　　　　　　　　　　　　　　/070

李　涧　　　　　　　　　　　　　　/077

李芝才	/077
李大有	/077
李遇龙	/078
计　衡	/078
金君佐	/080
金志宁	/081
金去伪	/081
金从龙	/084
朱貔孙	/085
操斗祥	/088
操　安	/092
宁　询	/093
程　节	/095
程　邻	/096
程克俊	/098
程　瑀	/100
汪　澈	/101
郑梦龙	/102
程　筠	/102
史　邈	/103
彭汝霖	/103
朱　震	/104
程　祁	/104
宋之才	/105
方廷实	/105
李舜田	/106
鲍　昱	/106
胡　涓	/107
程宏图	/107
宁时凤	/107
汪立信	/108

赵介如 /108
程东凤 /109

•元代
李三保 /110
计　初 /111
吴　迁 /112

•明代
朱　韶 /114
金　达 /115
冯　诚 /120
计　礼 /120
昊十九 /123
童　宾 /124
李大钦 /125
李日滋 /125
黄龙光 /126
李日修 /126
李　晓 /127
操守经 /127
操慎斋 /128
操时贤 /129
计　昌 /129
计本善 /130
计　澄 /133
李　安 /139
金　勖 /143
金　长 /144
金宗舜 /144

刘 俭	/145
戴 弁	/147
戴 珊	/152
戴 琥	/161
吴 惠	/162
吴宗吉	/163
程廷珙	/164
吴 谦	/165
吴 让	/167
吴敦本	/169
吴 侦	/173
吴光虹	/175
陈大绶	/176
张 仙	/178
朱一桂	/181
俞敬德	/183
戴 琏	/183
孙 弁	/184
卢 琼	/184
汪 柏	/185
程时思	/187
曹 煜	/189
曹天宪	/189
侯有功	/190
郑履祥	/190
朱应熊	/191
冯秉清	/191
鲍文弘	/192
李思谟	/192

•清代

鲍一复	/193
吴宾兴	/193
吴廷俊	/195
金起涛	/196
吴从至	/197
汪兆熊	/197
吴　翀	/197
汪　壎	/198
李教文	/198
金梦熊	/199
闵　遴	/199
邓梦琴	/200
邓传安	/205
叶　宏	/209
叶廷裕	/209
汪　泟	/210
臧全泰	/210
江修为	/213
汪宗潜	/214
汪孔杏	/215
汪冠儒	/216
金耀邦	/216
汪东桢	/217
汪坤伦	/218
汪东林	/218
汪东杞	/219
汪锡珙	/220
汪乙照	/220
朱季芳	/222

汪龙光	/222
汪凤翙	/223
汪兆鼎	/224
汪兆谦	/225
江资甫	/226

第二章　浮梁名宦　　　　　　　　　/228

刘仲昭	/228
许彭年	/229
辛次膺	/229
吴　泳	/232
李际春	/234
周起元	/235
钱中选	/236
马鸣起	/237
王临元	/238
沈嘉徵	/239
萧奇勋	/244
娄维嵩	/245
萧蕴枢	/246
张齐仲	/246
黄绳先	/247
黄　泌	/248
刘　丙	/248
杨文灏	/250
何　浩	/250
陈　安	/251

第三章　名人与浮梁　　　　　　　　/253

赵　慨	/253
严子陵	/254

白居易 /255
柳宗元 /257
王安石 /258
苏　轼 /260
彭汝砺 /264
杨万里 /269
白玉蟾 /270
文天祥 /271
于　光 /273
杨　载 /275
汤显祖 /277
唐顺之 /278
唐　英 /279

第四章　人物表　/282
浮梁县历代进士名录 /282
浮梁县历代举人名录 /296
浮梁县历代县官名录 /316

后　记　/330

第一章 浮梁乡贤

汉　代

长沙王吴芮

吴芮，浮梁县鹅湖镇鹅湖村（古称鹅公滩）人。《通志》记载，吴芮出生于战国末年"甲子年（前237）农历五月十三日，秦时为第一任鄱阳令，汉高祖五年（前202）被封为长沙王"。吴芮是秦汉交替时期的楚地领袖，是西汉初期杰出的政治家和军事家，也是江西首个在《史记》《汉书》等典籍中有明确记载的历史名人，被誉为"江西第一人杰"。

吴芮像

关于吴芮是浮梁人，宋代汪肩吾所著《昌江风土记》云"芮与其将梅𫓧皆生于东北乡"。《太平寰宇记》也确认："浮梁县东北六十里，有吴芮旧居。"《舆地纪胜》载："芮宅有马迹石，有龙泉……梅𫓧宅亦在其处。"因此，浮梁县志定吴芮为浮梁人，是有根有据的。据调查，"龙泉"即鹅湖村的"葫芦瓢井"，两千多年前是吴芮家中的饮水内井，井水甘甜，终年丰盈。后来，吴芮助刘邦打天下被封为长沙王，迁居临湘。数代后，家中房屋失修倒塌，"葫芦瓢井"才成为当地居民的公共饮水井。鹅湖村吴芮的后人吴冠球先生所提供的《吴氏宗谱》证实了现在的"葫芦瓢井"，就是当年吴芮家中的龙泉，吴芮的出生地应是浮梁鹅湖村。

秦并六国之后，秦始皇力排众议，采用李斯"郡县制"的建议，把全国划分为36郡，每郡下设若干县。秦王朝在今江西鄱阳县一带设番县，封吴芮为县令。吴芮是吴姓得姓祖吴泰伯第31代孙，是吴姓继往开来的一位重要人物。吴芮急公好义，忠直敢言，勤谨循良，颇有父风。他在番县任职十多年，公正廉明，勤于政事，赈灾安民。他施政有方，爱民如子，大胆革除弊政，轻徭薄赋，减轻百姓负担，带领百姓兴修水利，发展生产，改善生活，因而深得民心，被人们尊称为"番君"。

公元前209年，陈胜、吴广领导900名戍卒在大泽乡起义，点燃了我国历史上第一次大规模农民战争的烈火。身为番县县令的吴芮，深恶痛绝秦王朝的暴政，决定弃官从民，率领当地百姓加入反秦队伍当中，成为秦朝第一位支持和参与农民起义的朝廷命官。接着，其同乡兄友、台岭（今大庾岭）守将梅铕率3000精兵来投，使吴芮信心百倍。此事震动全国，反秦浪潮高涨。六县（今安徽六安）人黥布（秦末名将英布），因触犯秦律被押送到陕西骊山服劳役。当时骊山有苦工数十万人，黥布专门和其中的头目来往，然后带领一些人逃到其他地方成为盗贼。陈胜、吴广起义后，黥布率众来番投靠吴芮。吴芮为了加强两支义军的团结，决定将自己的女儿嫁给黥布为妻。陈胜、吴广起义军主力失败以后，部将吕臣率领"苍头军"退到南方。吴芮命黥布与吕臣配合，北击秦兵，在河南与秦军展开激战，结果击败了秦军，夺回了起义军重要据点陈州（今河南淮阳县城）。刘邦攻打南阳的时候，吴芮派部将梅铕率军助其攻城略地。项羽破秦时，吴芮亲率大军力助，并随项羽入关，立下汗马功劳。

项羽自立为西楚霸王时，于公元前206年分封了18位王。其中吴芮被封为衡山王，都邾（今湖北黄冈），排在第一位；吴芮的女婿英布被封为九江王，都六，排在第三位；刘邦被封为汉王，都南郑（今陕西汉中），排在第九位。楚汉相争时，吴芮反感项羽追杀义帝、残杀战俘的残暴手段，赏识刘邦善于用人、广纳人才的胸怀，因而决心弃楚归汉，带头拥戴刘邦称帝。汉王朝建立后，刘邦依据吴芮的灭秦功绩，封其为长沙王，定都临湘（今湖南长沙）。刘邦是个多疑之人，容不下一个不放心的文臣武将。他在汉王朝建立之初共分封8位异姓王，但不久就先后消灭掉7个，唯独留下长沙国。刘邦一面嚷着"非刘姓不王"，一面又褒奖长沙国。这一现象，曾引起史学界广泛关注。作为汉初唯一的异姓王国，它的存在和发展是与吴芮及其子孙的高尚品格分不开的，是泰伯至德精神感化了刘姓皇室。

公元前202年，闽越地区发生兵乱，汉高祖刘邦听从陈平的建议，诏令长沙王吴芮带兵前往闽越平乱。当队伍行至庐江郡虔化县金精山（今江西宁都县石鼓山）时，吴芮病发，医治无效，不幸辞世。其遗体被运回临湘，安葬于开元寺旁。汉高祖刘邦派陆贾到临湘主祭，宣读御敕："长沙王忠，其定著令。"吴芮谥号"文王"，共生育四子：长子臣，次子郢，三子浅，四子阳。

公元前201年，吴芮长子吴臣袭封为长沙王，在位8年后病逝，葬临湘，谥号"成王"。吴臣生三子：长子回，次子正，三子平。

公元前194年，吴臣的长子吴回袭封为第三代长沙王，在位7年后病逝，葬临湘，谥号"哀王"。吴回生二子：长子右，次子若。公元前186年，吴右袭封为第四代长沙王，在位8年后病逝，葬临湘，谥号"共王"。吴右生二子：长子差，次子传。公元前178年，吴差袭封为第五代长沙王，在位22年，于公元前157年病逝，谥号"靖王"。吴差无子，按当时规定，长沙国被废除。吴差的弟弟吴传，生子渊。吴渊官至谏议郎，生三子：长子慎，次子恪，三子性。吴慎之子吴直，任兖州牧。吴恪任司空掾，其子吴珏任城门尉。吴珏生三子：长子吴奢，五传至吴顺，

迁居闽中；次子吴龙，曾任校尉，后裔多留居湖南；三子吴鸾，迁居临安。

吴芮次子吴郢，于公元前198年受封为义陵侯（封地在今湖南省溆浦县），食邑1500户。吴芮四子吴阳，于公元前187年受封为沅陵侯（封地在今湖南省沅陵县西南）。

历史上，吴姓的王气不是很足，但长沙王之位连任五代，直到吴芮五代孙吴差无子嗣继位才"国除"，其子孙中另有9人封侯，这在中国历史上并不多见，最起码反映了吴芮及其子孙为人品德之高尚、于国之忠诚，也与其是吴姓得姓始祖吴泰伯之后，秉承泰伯家风关联密切。吴泰伯精神的核心是谦让与开拓，泰伯精神的伦理是至德。泰伯精神是悠悠中华文明的结晶，也是绵绵中华美德的精髓。吴芮是吴申之子，吴申是季子（季札）次子吴征生的后裔，而季子又是吴氏继泰伯、仲雍之后的至德第三人，是泰伯精神的传人，继承了泰伯的品行风范。中国至圣先师孔子比季子年少25岁，他对季子非常敬重，孔子关于"仁"的思想，有很多源于季子的言行。相传孔子在得知季子去世的消息时百感交集，仰天长叹，并为季子题写十字碑文，文曰："呜呼有吴延陵君子之墓。"季子墓前的"十字碑"被当地人称为"神碑"而代代传颂。

宋代名相范仲淹对吴芮的品行风范非常敬佩。他知饶州时，曾亲撰《番君传》，全文如下：

番君传

番君，姓吴名芮，字质成。丰姿俊伟，度量渊浤。自少不群，有大人志，好读书博古，日记三百言不辍，所嗜长以章奏。

起秦第，任饶之鄱阳令。专尚宽厚，与时如春。鄱多水，潦涝连不收，君独任其咎，表奏三次，俱可恩育。

方秦毒天下，吏亦乘之而毒其民。存者嚻然，咸思覆秦杀吏。独鄱阳令而以其心体下，饥者赈之，寒者恤之，老者养之，强者抑之，弱者扶之。得江湖民心，号曰番君。

及诸侯兵起，天下蜂然，四海鼎沸，君独守饶，人心之归，厥戴惟旧。有首将山童，知勇与俱，仁义方亚，跣足行蹊，日过百里不劳；副将梅锔，力胜千人，勇过三军，恩达下士。

项王与汉决，先君遣梅将军助汉入关，得王长沙。诏封王侯者五世，功著汉令。然鄱人奚有王之高功哉？徒知令之德我而已。后虽去而他都之，世世不忘，庙而祀之，户而祝之，此民之心也，王之德也。既没世，而人思慕之愈久，而愈不忘焉。此所以见传之验欤。

虽然仁义之行，如桴鼓之影响，随施随答，不亦宜乎。番君以是行之一邑及郡，终应天下人乐趋顺抑，何刑驱势迫者哉！是知，人心之不可拂，天理之不可违者，此又见孟子之言为可试哉。所书传者，饶州守范仲淹也。

范公在这篇传记中，对长沙王吴芮极尽推崇之至，用不到四百个字的篇幅对吴芮的生平及其品德、政绩、功劳给予了高度总结和评价。

后人对吴芮的评价是很高的，一致称赞吴芮是一位忠义贤德、文武超群、功绩卓著、甚得民心的英雄。宋人华镇颂扬吴芮的诗云：

> 秦吏方摇毒，君王独得名。
> 国虽为地小，忠亦自天成。
> 秘殿仪容悴，玄堂草木荣。
> 兴亡何足道，青竹有嘉声。

清才子蒋士铨到鄱阳凭吊番君庙时赋诗云（节选）：

> 丈夫功业立天下，生王死神宁苟且？
> 江湖民心亦易得，在尔鄱阳后来者。

吴芮的英雄行为可概括为三个方面：

一是关爱黎民，始终尽心竭力为百姓谋福祉。在担任地方武装力量的统帅期间，他带领民兵和村民防御盗贼，发展生产，改善生活，深受乡亲们称赞。任番令期间，他不满秦廷暴政，清正廉明，实施仁政。做衡山王期间，面对其他诸侯争权、争利、争霸，以致烽烟再起的形势，他却一心一意治国安邦，使衡山国政通人和，国泰民安，"风景独好"。楚汉战争结束后，汉高祖刘邦封吴芮为长沙王。他上任后，不忘初心，仍把以民为本、造福黎民作为治国方略的主线，精心治理长沙国，使长沙国的面貌日新月异，呈现出《史记》中所描写的"男乐其畴，女修其业，事各有序，惠被诸产，久并来田，莫不安所"的太平景象。

二是坚持学文习武，勇于开拓创新。吴芮是名副其实的政治家、军事家。他结合自己学习和应用《孙子兵法》《吴起兵法》《孙膑兵法》的心得体会，撰写了《兵法札记》。这部札记既传承了先辈兵法的精华，又有所创新和拓展。在我国诸多军事著作列举的古代军事家的名录中，吴芮都榜上有名。

三是品德高尚，集中华民族传统美德于一身。吴芮从小受到吴氏家族史的教育，尤其是吴氏开姓始祖泰伯公三让王位的故事，深深地烙在他幼小的心灵上，他立志做个像吴泰伯那样有道德的人。

纵观他一生的言行举止，无不闪烁着高尚品德的光辉。他施仁行义，情暖百姓。无论是担任鄱阳县令，还是做衡山王、长沙王期间，他都施行仁政，轻徭薄赋，让百姓休养生息；依法办事，从不滥杀无辜。他带兵作战，关爱士兵，不侵害百姓利益，不虐待俘虏，很多俘虏不愿回家，而愿跟随他征战。他把中原的水稻引进到南方种植，促进了南方的粮食生产和百姓生活的改善。因此，南方很多地方为感激和纪念吴芮，称水稻为"芮稻"。他为人忠诚，信誉卓著。做衡山王期间，为了更好地兴修水利，治理水患，他不辞辛劳，三顾周家村，请民间治水行家周怀到朝廷负责治水事务。原本不愿为官的周怀被他的诚意所感动，答应了他的要求。尤其值得称道的是，他做长沙王期间，汉高祖刘邦诏令他率军去闽越平乱。患病在身的他没有听从家人的劝阻，毅然服从汉高祖的诏令，抱病率军去闽越平乱，不幸在征途中病逝，以身殉职。因为吴芮品德高尚、行为端正，所以汉定天下前后，刘邦先后剪除了七个异姓王，唯独长沙王得以保留。

唐　代

金　安

金安（850—906），字日安，祖籍京兆（今陕西西安），出生地歙州（今安徽歙县）。唐懿宗咸通九年（869）戊子科进士，乾符二年（875）任浮梁令。

他上任之时，正是黄巢军扫荡南北之际。难民不断涌入浮梁，金安积极安置流民，稳定社会秩序。880年，黄巢再次进军江西，前锋正逼近浮梁。

危难时刻，金安将民众迁徙到双溪以东的南城，动员民众在城北十里设置险要工事，并招募义勇组建地方武装力量，阻挡了黄巢部众进入境内，避免了生灵涂炭。因保境有功，金安升任左卫将军。乱世之秋，其辖区内竟成为避难的场所，人口户数有增无减，他因而进授知歙州军事兼婺、饶、杭、睦四州兵马都统使。乾宁二年（895），金安应诏入朝，授检校尚书右仆射、昭信军节度使，卒赠金紫光禄大夫。金安治县十七年，成为浮梁金氏始迁祖。其弟日迁，咸通十二年（871）辛卯科进士，授彭泽（今江西九江）县尉；日升，官江南右命先锋使；日进，唐中和三年（883）癸卯科状元，兄弟均随长兄金安定居浮梁。

金叔彦

金叔彦（约868—902），金安长子，景福壬子科（892）进士，在金安入朝期间，钱□乘机派兵犯境，抢夺地盘，因而朝廷敕令继任浮梁令。宋参知政事辛次膺（1092—1170）赞扬他施政"万民被化，蔽芾甘棠"（意为：万民沐浴了他以身作则的教化，怀念他爱民为民的德政）。天复二年（902），黄巢余部刘建峰入境劫掠，金叔彦率部与之激战，以少胜多，三战三捷，击溃刘建峰部，保全了县邑。但在最后一战中，金叔彦身中数箭，不治而亡。唐朝追赠他为刑部尚书左仆射兼银青光禄大夫。

金叔迟

金叔迟，金安第四子，唐昭宗天复二年（902）金叔彦战死后，浮梁士绅马鳞、鲍文兴等上书祈请钟节度使转奏唐朝廷，言"抢攘之秋，必须世守之贤"，于是唐朝廷便正式任命金叔迟为浮梁令。唐亡后，金叔迟依然奉唐昭宗年号为正朔，在乱世之秋履行保境安民的责任，在风雨飘摇中苦苦支撑。后梁贞明元年（915），金叔迟最终弃官，结束了父子治理浮梁四十年的历史，带领金安后裔离开浮梁县城到槐里隐居，成为汪肩吾赞誉的"槐里之金"的始迁祖。

朱　迁

朱迁，又名朱青，字邦左，生于唐咸通元年（860），殁于后唐长兴元年（930），享年71岁。朱迁为浮梁七溪朱氏始迁祖，唐代勇御大将军。唐僖宗乾符年间，朱迁奉命自歙之篁墩追剿黄巢部。进入浮梁后，他屯兵营里（现属兴田乡营里村），后便定居在该地。因护驾及剿灭黄巢有功，朱迁被封为"浮梁开国男"。

相传，朱迁战死沙场后，敌军砍下他的头颅，躯体被战马背回了家。皇帝为表彰朱迁战功，保全其躯体，特赐铸金头颅一个，一同安葬于朱家营里。为防止盗墓贼偷盗，建有九十九座同样的坟墓，且四周均栽上同样的柏树。

朱迁生有三子，他家教严格，教子有方，三子均成为国家栋梁之材。老大朱文豪荫授朝议大夫，老二朱文强为御史大夫，老三朱文辅任朝议大夫。

宋代中期，有一支朱氏兄弟七人，分迁于七个村庄，开枝散叶，成为后来七溪之支祖。这七溪是：锦溪（在鹅湖东山）、汝溪（含琅台，在兴田琅台）、樵溪（在乐平）、明溪（在峙滩）、流溪（新庄、柏林、槎口、儒林、中田的总称）、沧溪（在勒功乡，包括石溪村）、北溪（在蛟潭镇勤坑口村）。

吴　昉

吴昉，字通元，号建庵，唐文宗太和四年（830）六月初一日辰时出生于安徽休宁凤凰山吴里村老柏墩，系唐代中兴左台御史吴少徽的九世孙。

道光版《浮梁县志》和左台吴氏城门派《吴氏宗谱》均记载，吴昉从小聪慧，刻苦好学，诸子百家无一不通，习律历，知兵善射，胆略过人。他大中八年（854）中进士，授秘书郎。他曾向宣宗李忱进言，分析当时国家的政治和军事要况，提出自己对改进行政和军事管理的建议，得到宣宗的高度重视。宣宗称赞吴昉为文武全才，提升吴昉为侍御史，随即任命其为丰州（现包头市五原县南）司户。

在丰州任上，吴昉忠于职守，廉洁奉公，政绩显著，深受百姓拥戴，于咸通八年（867）被懿宗李漼任命为睦州（今浙江省桐庐、建德、淳安等地）刺史。当乘船赴任途经昌江岸边的城门村时，他见此处河流环绕、白沙铺洲、山川奇秀、环境清幽，便萌发了要到这里定居的意愿。传说他叫船家将船停靠在江边，信步上岸边走边看，见此处来龙似凤、朝山如冠、诸峰环峙、松影轻烟，更坚定了徙居该地的信念。吴昉主意已定，便随手折下路边一枝梅枝，顺手倒插在路侧，口中祈祷："苍天在上。当我回来时，如此株梅花已活，我即将全家迁至这里定居！"吴昉回到船上后，吩咐船家开船，继续下行至城门滩。

城门滩是城门村的水口，那里有十八块石头从昌江的左岸簇拥到右岸，只留出一条可供槎船和木排上下的水胡同，当地人形象地比喻那里是"十八石猴把水口"。城门滩落差较大，水流湍急，下了滩便是一潭伏水，波平浪静。吴昉见天色已晚，便吩咐船家在滩下一个叫童家埠的地方停船过夜。在那里，他写下了《元日宿城门滩》五言诗一首：

寂寞临溪埠，元宵客在舡①。
滩声流碎月，松影落轻烟。
村市多灯火，山家少管弦。
旧年如此节，沈②醉凤池③边。

到睦州上任后，吴昑立刻着手了解社情民意，鼓励发展生产，减轻百姓徭赋，安定地方秩序，审理历史积案。其所作所为上符国情，下合民心，使睦州百姓得到了休养生息。

年底，吴昑按规制回家休假省亲，当船行至城门村时，他第一件事就是上岸去看他正月倒插在路边的那株蜡梅。见那株梅花不仅已经成活，而且长得枝繁叶茂、郁郁葱葱，吴昑心中十分高兴。回到休宁，他立即着手迁徙事宜。春节一过，他便祭奠祖宗，告别乡邻，然后举家南迁到城门。

乾符二年（875），山东盐贩头目黄巢率领盐贩和农民起义，在河南道、山南东道一带（今河南、湖北、安徽三省部分地区）诛杀贪官污吏，继而又率兵转向北方，但进展不大。一年后，黄巢挥师南下，渡淮河，跨长江，攻下浙江重镇越州（今绍兴），再克福州；乾符四年（877）九月又回渡淮河，进攻洛阳和长安。直到这时，僖宗李儇才组织官兵讨伐义军。左仆射郑畋、副都统程宗楚等节度使，纠集十万官兵保卫长安。虽然黄巢的起义军一度攻下洛阳、长安，并建立"大齐"政权，但在李克用等唐朝将领的猛烈攻击下，被迫退出长安。接着，朝廷又于中和四年（884）调动大军与黄巢的兵马会战于陈州（今河南淮阳）。经过数番厮杀，黄巢连连败退，最后逃到山东泰山脚下狼虎谷中无法突围，拔剑

---

① 舡，即船。
② 沈，在诗中读沉。
③ 凤池，指新安凤凰山下吴里村老柏墩吴昑的旧居。

自杀（另一说法是被其甥林言所杀）。

这段时间内，吴晸受朝廷之命，先率兵会同程宗楚、程仲繁兵马与黄巢作战于歙州，迫使黄巢率兵退出歙州；接着又率军与黄巢会战于陈州瑕邱，将黄巢义军击败，令其退往山东。每战，吴晸皆分兵扼守要冲，运用韬略，灵活作战，屡败黄巢兵马，建立奇勋，表现出了卓越的政治与军事才能。唐僖宗李儇銮驾返回长安后，根据吴晸守土护民和抗击黄巢匡扶社稷的功劳，晋封其为御史中丞上柱国、金紫光禄大夫，食禄一品。

僖宗广明元年（880），黄巢之从子黄皓率义军从福建北部进入江西，借道浮梁，准备经赣东北继而北上进攻徽州。时任浮梁县令的金安将县城居民撤至溪东有城垣的南城并领兵阻击，同时修书请驻扎在新居一带的郑玫派兵增援。黄皓久攻南城不下，见救兵又到，不得不退回乐安河南岸位于万年境内的黄巢山。为了阻止黄皓义军再次北上，僖宗派遣户部尚书程仲繁驻军祁西守卫徽州，又派御史中丞吴晸领游击将军朱迁率部队驻守浮北城门和营里一线，郑玫据守浮北藤溪新居，兵部尚书吕曙驻守浯溪，形成一道坚固的纵深防线，使黄皓的兵马无法经浮梁北上。直到唐昭宗时，黄皓部才被剿灭。传说黄皓后来隐匿到浙江奉化溪口雪窦山当了和尚。

这次驻军浮梁城门村正合吴晸之意。他到城门的第一件事是安顿部队驻防。他命游击将军、先锋朱迁领兵驻扎在离城门二十五华里左右的昌江左岸营里（所以营里后来被人们称作"朱家营"），命部将赵得臣领兵驻扎在城门上首的兴滩和赵家滩（赵家滩也因此而得名），形成以城门为指挥中心的上、下两条防线，严密监视着黄皓军队的一举一动。

第二件事是绘制出城门村的规划图，命军士按图在村周围夯筑土城墙，在村内修通街道，开挖水井和池塘水圳，构筑居所和水运码头，并在村周围植树栽茶，一边防御，一边建设，谋划以后的发展。

第三件事是组织部队和家人开垦城门附近的兴滩以及上、下蔽田地，解决驻军和当地居民的粮草问题，也为今后子孙安居在此耕读做一些前期准备。这些做法在吴晸《迁城门兴滩存耕》一诗中得到了答案：

> 达者安身乐静便，存耕不是为良田。
> 淳风正俗高三代①，浮世何能保百年。
> 方寸心同天地化，古今人在子孙贤。
> 也知事业如斯尔，沧海扬尘任变迁。

昭宗光化三年（900），吴晸已经七十高龄。他和部将赵得臣驻守城门也已经二十余年。二十年来，唐朝日渐衰败，更加风雨飘摇。但这位老臣和程仲繁、朱迁、赵得臣等人依然心系着国家的安危，尽心尽责地坚守在自己的岗位上，一边履行军职，一边开荒种地，建设新的家园。这段时间，吴晸曾多次上书请求退休，均被皇帝以多事之秋、国事需要为由拒绝。是年，他再次上书提出退休要求，才被昭宗批准。

天复二年（902），朝政更加一蹶不振，强臣跋扈，盗贼蜂屯，劫迫乘舆。昭宗下诏，宣已退休的吴晸领兵护驾。时年吴晸已经七十二岁，接诏书后，也顾不得自己年老体弱，筹备粮草军资，和勇御将军朱迁、部将赵得臣等带领三千兵马日夜兼程向北而行。他们行至安徽天长青坡岗时，突遇一万多名草寇抢劫军资。敌众我寡，朱迁、赵得臣等众将领都建议放弃军资撤退，暂避其锋芒，但吴晸和众将领说："既然皇帝有难诏令我们来护驾，就没有了回旋的余地。今天已到了我们为国尽忠的时候，大家就跟我拼死杀敌吧！"说完，他便带头杀向敌阵，拼死血战，在对方重重包围之中左冲右突，最后终因寡不敌众，与朱迁等战死沙场，为保卫唐室洒尽了最后一滴热血。赵得臣等拼命冲入敌阵，将吴晸尸首

---

① "高三代"指吴姓得姓祖泰伯、传姓祖仲雍和其十九世裔孙延陵季札三让天下的高风亮节。

抢回，将灵柩运至城门，安葬在城门滩附近的白沙岭下。

唐昭宗李晔闻信后非常伤感，传旨追赠吴晹为"忠愍公"，赐竖牌楼于城门花园里吴晹旧宅之南。

吴晹的夫人程氏即程宗楚之女、户部尚书程仲繁之妹，生育八子，其中五个儿子早逝，另三个儿子吴绾、吴绪、吴绍继其业、弘其志，在左台吴氏发展史上做出了重大贡献！

吴晹在左台吴氏发展史上是一个十分重要的人物。他是唐代中兴左台吴氏一代祖、左台御史吴少徵的九世孙，官至御史中丞，食禄一品。他不仅是晚唐时一位杰出的政治家、军事家，更是新安左台吴氏莲塘派、金竺派、石岭派、城门派和丰溪派五大派之城门派第一代祖。他的子孙遍布浮梁（包括景德镇），外迁至北京，河南，浙江，安徽池州、祁门，江西鄱阳、乐平、彭泽，湖北黄州，广西等地，形成左台吴氏人丁繁茂的重要一支，并把吴姓得始祖吴泰伯的谦让、开拓和至德精神在居住地不断继承和发扬光大。

综观吴晹的一生，是勤奋好学、忧国忧民的一生，是忠君爱民、敢于奉献的一生，也是继承泰伯精神、开拓进取的一生。明代赐进士及第、特进光禄大夫左柱国少师兼太子太师、吏部尚书李春芳曾对吴晹的一生做出了评价：

丹凤呈祥锦城村，晹公馨号在乾坤。

政司东阁图书府，文武全才佐帝君。

吕 曙

吕曙，字正阳，系三国时吴国大都督吕蒙的后裔，于唐宣宗李忱大中十年（856）农历四月初八出生在江南东道歙州（后改徽州）的歙县西乡芳村（今为黄山管理区），乾符年间进士。

唐僖宗李儇中和元年（881），山东人黄巢率领饥民起义，攻下京都长安（今陕西西安），自称"大齐皇帝"。

僖宗逃至蜀地，向沙陀族首领李克用求助。李克用会同左仆射郑畋、副都统程宗楚、户部尚书程仲繁、御史中丞吴昺等，共率大兵十万余众保卫长安。

中和四年（884），唐王朝调动大军与黄巢会战于陈州（今河南淮阳），一举打败了黄巢的义军。黄巢连连败退，最后逃到山东泰山脚下的狼虎谷中无法突围，拔剑自杀。黄巢死后，其从子黄皓仍然打着黄巢的旗号，率残部南下，渡过长江进入浙东，经温州转入福建休整并筹措军需粮草，后从闽北进入江西，计划从赣东北地区北上。

途经浮梁时，浮梁县令金安领军阻击，驻扎在储田的郑玫领兵驰援。黄皓招架不住，率残部退回乐安河南岸的黄巢山，据险坚守。朝廷派兵屡剿不果，将黄皓视为大患。天复元年（901），昭宗李晔调曾任御史中丞、军务都监，时任兵部尚书的吕曙为天下兵马大元帅，率领副将闵铨，大将林瑞，旗牌官羊高、占起和数万大军，南下江西征剿黄皓。吕曙临行前，唐昭宗一再叮嘱他："对黄巢残部一定要斩尽杀绝，不留后患。兵力不足，可凭兵符从沿途各节度使处调用。"

吕曙受命领兵经过河南、江苏、安徽等地，沿途看见田地荒芜、房屋倒毁、路有饿殍、民不聊生，心中很不是滋味。当他进入江西浮梁境内顺着昌江左岸下行时，沿途人烟稀少，有的村庄已是焦土一片，片瓦无存。吕曙感到这个朝代真是大厦将倾，举步维艰了。但当他率领部队到达浯溪都境内时，不禁眼前一亮，觉得这里山水秀丽，昌江由北而来，在此处拐了几道大弯，江水清澈，江面开阔，形成自然屏障。身后有个叫红花源的地方，在群山环抱之中有一大片较开阔的盆地，南面有连绵数十里的蟠龙山，与临江突起的明堂山紧紧相连，山脚下仅有一条临江小道出入，地势非常险要，易守难攻，利于屯兵用兵。他决定先在红花源驻扎下来，安排防守，再考虑进剿方略。

《孙子兵法》云："知彼知己，百战不殆。"吕曙将部队部署好后，立即派出几名亲信，到万年黄皓兵马驻地侦察敌情。侦察员经过多日的明察暗访后，返回浯溪红花源向吕曙汇报所掌握的情况：黄皓部驻守在乐安河南岸、万年县境内的黄巢山，地势险要，工事坚固，易守难攻。乐安河河宽水深，绕山而行，对黄巢山形成一道天然屏障，而且黄巢山周围均为平原之地，只要在山寨上登高一望，四周动态皆收眼底，山下的一举一动，尽在掌握之中。此处又是鱼米之乡，粮草充足，不愁给养。同时，他们在驻地一带不扰民，不要附近老百姓缴纳钱粮，专靠打劫官府和富豪的财物解决部队的给养，因此周边老百姓对他们并无反感。再加上黄皓部都是亡命之徒，彪悍骁勇，战斗力较强，所以过去十多年中朝廷屡屡派兵围剿他们，每次都以失败而告终。

吕曙了解这些基本情况后，便召开将领会议，通报了敌情，分析了当前敌我双方的利弊，做出了不轻易出战，以攻心为上的部署。他一方面调动部队做出进攻的态势，另一方面组织军垦，积蓄军粮军需，等待时机成熟，一鼓作气拿下黄巢山。同时，他动员各位战将将家属从长安迁来红花源定居，做长远打算。

吕曙还私下对副将闵铨说："大唐鼎盛时期已成为历史，如今是日落西山。我虽身为天下兵马大元帅，皇帝也给了我兵符，但各地节度使拥兵自重，我调不动各位节度使的一兵一卒，不是我无能，而是朝廷政令不行。李克用将黄巢兵马赶出长安后，借征战为名在各地大肆掠夺。李克用早有异心，迟早要叛变自立。我观天下大势，将有一个较长的混乱期。懿宗第八个皇子李侦放弃了王位，早就到江南深山隐居，我们还有什么值得留恋的呢？趁早将家属从长安迁来浮梁定居，以避开乱世。不知你意下如何？"

闵铨听后，觉得很有道理，便说："你是主帅，又是大哥，你远见卓识，我们听你的。"自此，吕、闵、林、占四家陆续落户在浯溪都境内，其中吕家在红花源建房定居，闵家定居在闵家湾里，林家定居在泊湖（即百湖滩），占家定居在占家坡。羊高是单身，则随部队居住。这些事情安排好后，吕曙将他们剿灭黄巢残部黄皓的计划和步骤写成奏章，派亲兵驰送到长安。

唐昭宗收到吕曙等五人署名的奏章后，大发雷霆，拍案而起，怒骂吕曙变节，不仅不加速剿贼，反而替贼人开脱，不诛，必为后患！于是他当即下旨，并派出执法队带着尚方宝剑，快马加鞭，赶赴浮梁浯溪都，将吕曙就地处斩，令闵铨、林瑞、羊高和占起自行了断。于是，天复二年（902）四月，吕曙、闵铨、林瑞、羊高和占起五人于同一天被处死在浯溪口昌江左岸的一块平地上。那一年，吕曙刚好46岁。

吕曙五人被处死后，四姓家属将他们五个人的遗体收殓完好，安葬在浯溪口西去三里的白茅坦。墓坐东北朝西南，中间一座大坟，安葬吕曙、闵铨和林瑞，吕曙居中，闵铨于左，林瑞处右。大坟前下方约三米处有两座小坟，分别安葬羊高和占起，三座坟呈一品字形。自此，白茅坦这个地方便被当地人叫成了"五姓同居"，安葬吕曙五人的地形也被命名为"风吹蓝带"，寓意昌江河水湛蓝，像一条蓝带向远方飘去。

吕曙的夫人陈氏，贤淑端庄，知书达理，她察觉到昭宗李晔刚愎自用，听信谗言，不会轻易放过吕家。为了保住吕曙的血脉，她命可靠家人将长子吕凉、次子吕净领去鄱阳谢家滩和弋阳县山中隐居，自带幼子吕况守在红花源，撑起吕家门户，后来繁衍成浮梁吕氏的二世祖。

吕曙死后，朝廷再次派出军队赴江西万年围剿黄皓。这支部队的统帅依然参照吕曙攻心为上的策略，用分化瓦解和军事围剿并重的方法，

最终把黄巢残部消灭了。黄皓本人只身外逃，传说去浙江奉化雪窦山当了和尚。

曾 舆

曾舆，字元任，新平枫林人，大中年间进士，授雍邱簿。他聪敏而有心计，口碑很好。度支尚书赵瓒举为分司。时瓒奏行除陌钱间架法，舆奏瓒曰："国之所恃者民，民之所恃者食与货。近自用兵以来，民困已极，坏口分世业之法为兼并，坏租庸调之法为两税，至于盐铁、鼓铸、榷利、括苗、助商、献助，举祖宗爱养斯民之意，尽废无余矣。今复算及屋椽贸易，民何以堪？"瓒不纳，舆遂解职。归，躬耕于南溪。（详见《昌南历记》）

陶 玉

陶玉，新平镇钟秀里人，因新平镇在昌江之南，也称他为昌南镇人。他精于制瓷，是唐代著名制瓷高手。具体生卒年月不详。

陶玉出生在一个陶瓷世家。受家庭影响，他从小就对制瓷感兴趣，加上机敏伶俐、聪慧好学，又不怕吃苦，很快就练得一手好技艺，还掌握了配料、烧炼等方面的工艺技术。所以，他制作出的瓷器"土惟白壤，体稍薄，色素润"，与众不同，

陶玉

十分精巧，得到人们的喜爱，远销关中平原。唐武德四年（621），他载运自己制作的瓷器进入当时的京都长安，向朝廷进贡。由于陶玉所烧制的瓷器素润莹洁，瓷质接近珍贵的玉器，当时被誉为"假玉器"。从此，昌南镇的瓷器饮誉海内。因"类玉"的陶瓷是陶氏所造，所以人们也把陶玉烧造瓷器的窑称为"陶窑"。《景德镇陶录》谓陶窑云："唐初器也，土惟白壤，体稍薄，色素润，镇中秀里人陶氏所烧制。"《浮梁县志》载："唐武德中，镇民陶玉载瓷入关中，称假玉器，且贡于朝，于是昌南镇名天下。"

　　民间流传着一个"陶玉进京献玉瓷"的故事。

　　故事还得从唐高祖李渊说起。经过长达十年的征战，李渊消灭众多割据势力，建立了大唐王朝，定都长安，定年号为"武德"。即位后，他派出一批重臣任安抚使到全国各地巡视，以勘察战乱受灾地区。李大亮是其中一位。

　　李大亮是唐朝开国功臣。他在巡视后向高祖建议，把一些大县进行拆分，州县主要官员由朝廷任命。在奏议中，他还写道："饶州鄱阳县，地大物博。尤其是位于其东北境之新平，山川秀丽，民风淳朴，手工业发达，可谓富庶一方，建议从鄱阳县中析出，单独置县，以利发展。"高祖准奏。由此，武德四年（621），一个新的县治"新平县"诞生。

　　新任县令姓周名彤，原为朝廷少府寺一名总管百工技巧的监官。他听说当地陶瓷业发达就四下寻访，抵达主要产瓷区湘湖。当时湘湖已有窑十余座，最出名的当数钟秀里兰田的陶窑，窑主三十出头，叫陶玉。

　　周县令一行来到陶家窑场时，正赶上陶玉为儿子举办满月宴会。周县令参观了陶窑瓷器后，十分欣喜。

　　此时，有位年近六旬的老汉，手里托着一个瓷腰鼓在旁。他是陶玉岳父，姓霍名仲初，新平东山里人，也是当地制瓷高手，拥有霍窑，名声很大。清代蓝浦《景德镇陶录》载："霍窑，窑瓷色亦素，土墡腻，质薄，佳者莹缜如玉。"他手里的瓷腰鼓，乃前不久外商定制。

新平东山里，也就是今天的瑶里，位于浮梁县东北与安徽省休宁县交界处，离景德镇四十余公里。这里山高林密，景色优美。周县令刚一到村口，就被一座庞大的瓷窑惊呆了。这座窑像一条巨龙卧在山坡上，窑长约百尺，窑身高过头顶。

回到县署后，经过一番考量，他给观风使李大亮修书一封，汇报几个月来的工作，推介新平瓷器，并让陶玉带上陶窑、霍窑瓷器，走出江南小镇，去长安拓展市场。于是，陶玉携瓷翻山越岭，坐船涉水，历尽千辛万苦，来到京城。

令陶玉万万没想到的是，他的瓷器一摆上长安街市，就受到广大市民的青睐。他们称这种瓷器为"假玉器"，购者如潮。

再说安抚使李大亮，看了周彤的书信和陶玉的瓷器后，进宫面呈皇上。高祖李渊看了瓷器后说："新平瓷器，器容大度，色泽圆润，与我大唐风尚契合，实是难能可贵，何不召进宫来，让爱卿们一起享用！"

于是，陶玉立即派人送信回家，霍仲初在家组织精瓷进京。

清乾隆版《浮梁县志》记载了这件事情："武德四年，有民陶玉者载瓷入关中，称为假玉器，献于朝廷。于是诏仲初等进御。"这段文字记载的就是这个"陶玉进京献'假玉器'"的故事。

明代万历年间《江西省大志》卷七所记与《浮梁县志》在时间上略有出处："唐武德二年，里人陶玉献假玉器，由是置务设镇，历代相因。"新平瓷器走出家门，销往全国，并通过丝绸之路，走向世界，名声渐起。

霍仲初

霍仲初,新平镇东山里人,唐代浮梁制瓷名手,与陶玉齐名,具体生卒年月不详。

据地方文献资料记载,霍仲初家中比较富裕,在镇上颇有名气,但他不贪图富贵,一心扑在制瓷事业上,又为人朴实,勤奋好学,常常深入民间,向工匠名师请教,深得时人敬重。他烧造的瓷器色素、质薄,佳者莹缜如玉,与陶窑生产的瓷器相比,有过之而无不及。朝廷曾于武德四年(621)下诏,命霍仲初等人为宫廷烧造瓷器。霍仲初精心烧造了一批瓷器进贡朝廷,受到皇帝的垂青。当时人们就把他烧造瓷器的窑叫作"霍窑",产品称为"霍器",可以说是古代一种名牌商标。《浮梁县志》载:"唐武德四年,诏新平民霍仲初等制器进御。"由此可见,霍窑产器其质之优,声誉之高。

霍仲初

薛仲佐

薛仲佐,字光辅,生卒年月不详,浮梁新平镇人,唐宪宗元和年间进士。他生平勤劳谨慎,为官政绩卓著,任县尉时就以作风正派、处理事务果断、严于律己而闻名。其后,因公务入朝,路遇成德守军。成德守军军纪松弛,凡朝臣过境,车载物资往往被掠夺。当薛仲佐被拦阻时,他按剑斥责,随兵士来到镇上谒见主将。见面后,仲佐从容长揖,说明

缘由，临危不惧。主将听了他的慷慨陈词后，觉得此人气度不凡，便放他入关。薛仲佐后升任山东南经略判官。当时有息武之议，他向皇帝提出"武备不可太弛，文职不可骤致"的建议，被提升为兵部员外郎。薛仲佐与朝臣意见不合，有关军国事者，都力言之，后被调任武昌节度府判官。宝历年间，他因得罪节度使李祐，被贬催税司，后告假归里。

程仲繁

程仲繁（约820—890），字茂才，系程灵洗的十五世孙。其父程宗楚是唐代僖宗朝的御史中丞、副都统，在剿灭黄巢义军、捍卫京城的战争中立下了不朽功勋，后来在黄巢血洗长安时冲锋陷阵，身先士卒，最后壮烈捐躯。

在这种家族背景下长大的程仲繁，拥有祖宗的基因。程仲繁弱冠之时就通晓韬略，骁勇过人，辅佐其父抵抗黄巢军队，屡建奇功，因此拜检校户部尚书。《程氏宗谱》载其"尤善走马，常以六钱排于道左，遁躬腹下，驰取其钱而去，人咸服"。

乾符年间，程仲繁、御史中丞吴晹、游击将军朱迁等奉僖宗之命，率部进入安徽祁门和江西浮北一线围追堵截黄巢义军，朱迁屯兵浮梁昌江沿岸的营里，吴晹驻扎浮北城门，程仲繁驻军祁门，在昌江两岸排兵布阵，形成近百里的攻防战线。而在营里之下的福港，僖宗又派兵部尚书吕曙等率兵驻防在浯溪口沿江一带，郑传、郑玫等则率兵驻守在北乡储田新居等地，形成掎角之势，迫使黄巢的军队既无法驻足浮梁，也无法回驰徽州，只得从徽州和浮梁撤走。

在乾符、广明、中和十余年间，程仲繁在抗击黄巢进攻京都和驻扎祁门防守黄巢兵马进攻徽州的战斗中谋略深远，继承了先人程灵洗和程宗楚骁勇善战、勇猛刚强的家风，身经百战，从未受挫，身上从未受过伤，被称为"常胜将军"，成为一代名将。

但是，程仲繁深知唐王朝已病入膏肓，千疮百孔，且无力回天。于是，他驻军祁门之时，便将家眷先迁至祁门县北的善和，后发现浮北夏田（现兴田乡境内）的山形水势更胜一筹，有利于躲避战乱和晚年隐居，于是又将全家迁居到了夏田，再迁至隆田，并改隆田为兴田。此后数百年，经过苦心经营和繁衍生息，兴田村的程姓日益壮大，发展成为浮梁一大望族，分迁于各地，人口发达，人才济济，为居住地的发展做出了积极贡献。他们一致尊程仲繁为他们的始迁一世祖，称其为"仲繁公"。程仲繁逝世后，安葬在兴福都锦里潘村，后人建祠于城门都的桐林寺侧以祀之。

程仲繁迁居浮北兴田后，其后裔不断向外开拓，分迁到县域内的浮东府前、县城、槐里、景德镇、寿安、湘湖、储田、峙滩等和祁门、乐平、黄梅等地。

自宋至清代，其浮梁后裔中有19人高中进士，44人中举，考入太学2人，贡士20人，武举4人，可谓人才济济，科甲蝉联。仅宋一代，程仲繁的后裔中有程节、程筠、程瑀、程宏图、程克俊等15人考中进士，程源等25人中举。

吴 钧

吴钧（907—949），名懋，讳彦春，又名棠，字汉杰，浮梁县黄坛乡福凤村人。吴钧生于唐天祐四年（907），系唐代御史中丞、左台吴氏城门派始祖吴昺的九代孙，也是提督永平军事升押班左侍郎兼天下都提点总江南兵马吴岚的父亲。

吴钧出生之时，正是唐末朱全忠建立后梁之年。后梁的建立，标志着中国再度分裂，五代十国的混战从此开始。吴钧幼时博学有大志，唐末兵乱之时，事于杨行密，官封都尉，后来又凭借战功晋升为枢密使，治理江淮，享有名声。

唐末之时，政治腐败，黄巢等发动起义。而此时，只知享乐的唐僖宗慌了手脚，不知所措，匆匆召集天下诸侯起兵勤王。虽经苦战将黄巢剿灭，但大唐的荣光却已开始退散，而给大唐最后一击的便是朱温这个曾经被唐王赐名"朱全忠"的勤王功臣。然而，就在中央政权发生急剧变化之时，南方的吴地却慢慢地崛起了一位英雄，他就是杨行密。

杨行密（852—905），庐州合肥（今安徽长丰）人。他自小父亡，家中贫穷。杨行密力大无穷，单手就能举起一百斤重的石头，且行动敏捷。杨行密从军后被派往边疆戍卫。一年期满后，军吏郑欲却看他不顺眼，想方设法再把他弄回边疆去。杨行密一气之下，抽刀就割下了郑欲的脑袋。从此，杨行密靠着威望就起兵造了反，杀掉了贪官，占领了庐州城。此时的朝廷已经无力讨伐他了，只好先封他做庐州牙将，中和三年（883）又提任他为庐州刺史，归淮南节度使高骈节制。杨行密在庐州站稳脚跟后，便找准了机会攻占了扬州，然后在辖区内与民休息，积极恢复生产建设，安抚流民，鼓励农耕，选贤任能，使江淮地区经济得到了较快复苏。乾宁二年（895），朝廷封杨行密为弘农郡王。天复二年（902），杨行密被唐昭宗正式封为吴王，成为唐朝的藩王，开始名正言顺地割据一方。

在这一阶段，在杨行密的治理下，淮南地区战事少，经济发展好，社会环境开放，科技文化水平也得到了较大提升。南吴被南唐取代后，成为南方最为重要的割据政权，南唐文化的繁荣实现了中国文化重心的南移。

也就在这一阶段，吴钧先担任杨行密的都尉，协助杨行密治理淮南，尤其是在发展经济、安定秩序、简政息讼、政事宽闲等方面做出了积极贡献，后被杨行密晋升为枢密使。其女儿太八姑嫁给徐知诰，徐知诰即南唐开国皇帝李昇，太八姑也成为一代皇妃。

吴钧卒于吴乾祐二年（949），年仅42岁，安葬于家乡黄坛福凤村九龙岗九龙尖。吴钧的后裔播迁于鄱阳、乐平、余干、彭泽和湖北红石等地，发展成为左台吴氏城门派人丁旺盛的一个重要支脉，为播迁地的经济社会发展做出了重大贡献。

五 代

吴 岚

吴岚，又名定生，字承勋，号汉辛，浮梁县安西乡黄坛福凤村（今黄坛乡福凤村）人，生于后唐同光元年（923）八月十五日寅时，系枢密使吴钧之子，黄坛福凤吴氏始迁祖吴潜之五代孙，御史中丞、金紫光禄大夫、忠愍公、左台吴氏城门派始祖吴昺之十世孙。

《吴氏宗谱》载，吴岚"自小聪慧有大志，读书过目即可背诵，诗词赋文随口而出，不须起稿，宗党奇之"。吴岚于壬子科高中一甲进士，授郎中，升南京府尹，在任时"政尚简静，不事苛细，民赖以安"，既而提督江南东道。在任上，他"综理缜密，使淮南十余之地虽穷离之日，而安堵如故，保障厘饬之功居多"，继升刑部侍郎，复升天下都提点总管江南兵马，赐尚方宝剑，先斩后奏。在提督江南兵马期间，吴岚十分关心教育和人才的培养，每劝其主"同学养贤以变化漓俗"，因而选定南康白鹿洞为书院，召集老师，造士育才，宿儒教训其中。一时人才蔚起，甲于中国。

吴岚于建隆元年（960）病故，开宝二年（969）因功葬于南康星子县（今庐山市）外三十里之庐山中岭，赠兵部尚书。宗谱记载："朝廷差朝官十八员，每官亲自奉土一尺，计一丈八尺。蒙恩御祭，谨具流传，以便子孙之检校耳。"

吴岚娶黄氏、康氏，赠一品夫人，葬石桥头。生子太初、日初、德初，其子孙遍布江西浮梁、鄱阳、乐平，湖北等地，形成左台吴氏城门派的重要支派之一。

臧南图

臧南图，字高师，生于五代后唐长兴二年（931）七月，卒年不详，为江西浮梁臧氏始迁祖。

浮梁《臧氏南图支谱》载："因巢寇乱，天下纷乱，公以戎职武烈仕于边霸，屡以战，胜为先锋，尚书授符玺总管军事。宋太祖建隆二年（961），家徙鄱阳，因官，同年再迁浮梁福东乡尚西部都（今浮梁县臧湾乡臧湾村）。传居数世，子孙延蔓，遂为始迁元祖。"故浮梁臧氏宗谱中尊称为南图公为一世始祖。

臧南图父亲为臧文昌，即谱中尊称的文昌公，字景理，世居东海郡（唐代改海州为东海郡，领朐山、东海、沭阳、怀仁、涟水五县，治所在朐山即今江苏连云港海州区，其时辖地为今江苏省东海县以东、淮水以北一带地区）节义里。

《臧氏南图支谱》云：文昌公"智勇兼备，任护国上将军。子三：东图、南图、北图。因唐广明间巢寇乱，兵锋不息，移妻儿避难歙州黄墩。公同张氏（即其妻）葬黄墩坑口壬山丙向。次子南图迁居鄱阳，移葬让湖，以官居浮梁尚西部都"。这段话很明确地告诉我们：唐末为剿灭黄巢之乱，护国上将军臧文昌领军从东海郡一路南下，与敌寇作战，后至今安徽屯溪的黄（篁）墩，将家属安置在那里。再后来，文昌公夫妇均葬于黄墩。若干年后，其二儿子臧南图因官迁居到鄱阳县，就将其夫妇移葬到鄱阳的让湖。再后来，臧南图因职务变动而迁居浮梁县的上西部都。

浮梁南图臧氏在宋代属名门望族。南宋汪肩吾在《昌江风土记》中载：

浮梁之俗，洁而居，鲜而食，华而出。其山川林木，望之郁郁疏秀……至唐五代，雄杰崛起，不可胜数。至今为故家者，皆其绪余。若东北里之郑、朱，界田之李，槐里之金，凤栖之汪，湾市之臧、程皆是也……

汪肩吾先生在文中所点的"东北里之郑、朱"是指今储田的郑司徒之后和勒功乡沧溪的朱宏之后;"界田之李"是指今东乡界田的三田李之一的李氏子孙;"槐里之金"中的金,有两种说法,一说在今浮梁镇原属新平乡的槐里村,另一说在今鹅湖镇的朱锦村委会虎形水库附近的金村,这里的金氏都是金日䃅的子孙;"凤栖之汪"是指今浮梁县西湖乡桃墅的汪姓;而"湾市之臧、程",就是指臧湾的臧、程二姓。

事实上,浮梁臧氏自臧南图迁入浮梁上西部都之后,臧南图的长子臧宗礼荫受父爵,丰功骏烈,后丁渐繁盛。自第五代始,臧翊举进士,其胞弟臧若虚赠大理寺丞,之后名人辈出。

据《臧氏南图支谱》(民国十年即1922年修六卷本)、《臧氏南图支谱》(2010年修六卷本)及史料核计,浮梁臧氏自宋至清,共有正科进士20人,举进士4人,童科进士2人,举人27人,举教授、儒学教谕2人,封宗人府中奉大夫1人,贡生及各种社会名流不计其数。正如臧氏宗祠中堂联文所云:

前贤树伟功,仰祖孙父子科甲联登,簪缨继美,而五岁明经九龄中选,知牛石白马之英,既钟乎是;

后裔建祠宇,羡钥祀蒸尝威仪不忒,笾豆静嘉,而万年锡类百世俾昌,卜铁柱长虹之盛,再振于斯。

([清]程象求 题)

臧南图因剿黄巢而由东海郡迁居浮梁,也是北方大量人口为避战乱而南迁的缩影。浮梁臧湾乡臧湾村的臧氏,既是目前江西省内可查的臧姓最早迁入者,也是全国臧姓当中,宗谱体系最为完整、追溯时间最长的一支,同时还是臧氏向江西其他地区(鄱阳、婺源、吉安、上饶、南昌)以及向湖南、贵州、安徽(淮南)、重庆、北京(德胜门)、台湾等地迁徙和繁衍的主要中转站。臧南图迁居浮梁之后,与其他同时期从北方迁徙而来的各族人士,共同带来了孔孟之乡的文化教义和思想,有力

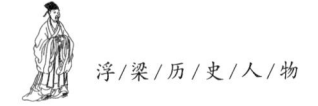

地促进了古代浮梁的社会、文化、教育的兴盛和发展，也开辟了宋代浮梁臧氏子孙科甲联登、百世俾昌的兴盛之端。浮梁人士在宋代朝廷之中的数量、地位、作用和影响力，在历史上达到顶峰，千年以来从未被超越，而臧南图的臧姓这支，就是其中的佼佼者。

宋 代

黄叔道

黄叔道（909—?），北宋时期，勒功村出了一位名垂千古的人，他就是建造双峰寺、双峰塔和观音阁的中书侍郎黄叔道。

勒功村位于浮北，依山傍水，土壤肥沃。从建村发展至唐宋时期，勒功经济发达，人丁兴旺，文化繁荣，已是一个富甲一方的显赫街市，是浮梁县四大古街之一。

五代十国，兵荒马乱，黄叔季十七岁由祁门左田迁住勒功，为勒功黄氏始祖。黄叔季博学广智，勤俭持家，为黄氏后裔兴旺打下了物质基础；他又特别重视子孙的耕读教养，形成了崇学尚德、乐善好施的家风。

黄叔道是黄叔季三世孙，自幼聪慧，持守家风，耕田读书，遂成功名。据鄱阳某地《黄氏宗谱》记载："黄信，字叔道，一字道枢，生于宋太平兴国元年（976）六月初九亥时，景德元年（1004）任醴泉县令，次任杭州学政，三任翰林中书兼行国子祭酒事……景祐三年（1036）致仕……"另据浮梁某地《黄氏宗谱》记载："（黄）信，字叔道，仕至翰林院中书侍郎行国子祭酒事[①]。"

黄叔道28岁入仕，从县令开始，恪尽职守，后入京升迁翰林院中书

[①] 结合黄叔道墓碑额"宋景祐翰林院"，疑为翰林学士、中书侍郎、国子祭酒。宋随唐制，元丰改制前，中书侍郎（副宰相）为正二品，翰林学士为正三品，国子祭酒为从三品。

侍郎，身份显耀，故世称黄侍郎。景祐丙子（1036），黄叔道60岁回归故里，衣锦还乡。

勒功村西南六七里，有一个佛教圣地——宝莲山。山顶地势平坦，四周是五座环形分布的小山峰，这五座小山峰就像五片叶子，把宝莲山装扮成一个巨大的莲花座，宝莲山上的五叶莲山大概因此得名。

勒功街自古就有关于佛寺的记载，清雍正版《江西通志》记载："双峰寺在浮梁县大惟都①，汉元嘉元年（151）僧如志建，元末毁。"双峰寺就建在宝莲山上，这也是有关双峰寺最早的记载。到了北宋初期，清平盛世，百姓安居乐业，佛教盛行，各地纷纷修寺建塔。

黄侍郎为官32年告老还乡，他没有沉醉于光宗耀祖的喜悦，面对父老乡亲的殷殷期盼，感恩之心难以释怀。

黄叔季曾在宝莲山上的大源头山地建了一座阇黎庵，供香客游人和村民劳作之方便，由于匆忙，草草完成罢了。一天，黄叔道游宝莲山，看到祖父建造的阇黎庵破败不堪的样子，内疚不已，于是决定重建阇黎庵，建造双峰塔，造福乡里百姓，弘扬黄氏家风。

庆历二年（1042），黄叔道在宝莲山觅得风水宝地，建造寺庙。因为佛寺建在两座山峰之间，故将"阇黎庵"改名"双峰寺"。双峰寺占地200多平方米，坐东朝西，采用天井式二层结构，古朴庄重，富丽堂皇。一楼有各式房间若干，二楼有环形"走马楼"。寺内供金身菩萨，塑十八罗汉，请大德高僧。自此，沉寂几百年的宝莲山又传来晨钟暮鼓、诵经梵音，一时香火鼎盛，信徒如云。

160多年后的1209年，双峰寺立碑，上刻《双峰寺记》②。文载："双

---

①大惟都，今勒功村，只是清代大惟都辖区比今天的勒功村辖区略大些。
②《双峰寺记》碑刻由郑梦龙撰文。郑梦龙，浮梁东隅人，嘉定戊辰（1208）进士，道光三年（1823）版《浮梁县志》有记："郑梦龙，字子俊，嘉定戊辰进士，通判永州，迁知柳州，改彭州。所在教士养民，多善政，民立祠祀之。"

峰在浮北，古无寺。天圣二年（1024），海内名山例，得建寺以栖佛。里人黄公叔季因构一庵舍，大源头山地，以给游食。适时侳偬，聊具苟完而已，名曰'阇黎庵'。公之孙曰叔道，以名进士，官至侍郎，游其地，惜庵居隘以陋，于庆历壬午（1042）遍择山之最者，得本业宝莲山秀也，即是改庵为寺，法所宜有，靡不具备。而寺始胜，扁（匾）曰'双峰'，取诸山也。时郡守范希文①留题以额之，岁久浸敝。"

今天的双峰寺遗址就是当年黄叔道建寺庙的地方，此后历代也重修再建，至20世纪60年代损毁，遗址上只有两块倾斜的碑刻了。2018年，双峰寺遗址被列为江西省第六批文物保护单位，得到了应有的保护。

1042年，黄叔道在双峰寺北侧②山坡上建双峰佛塔，以供信徒参拜。《景德镇市志》记载："双峰寺塔，位于浮梁县勒功乡双峰寺遗址左侧山坡，为北宋早期建造的砖塔……（该塔）为六角七层。底层约为拱率1∶20的弧线，塔身收分亦呈弧线。这种形式的砖塔，在国内尚属罕见，是研究中国弧身建筑的一个很好佐证。"1989年5月，双峰塔被公布为景德镇市文物保护单位。

双峰塔外部应该是五层，内部是九层，取"九五之尊"之意。塔基边长3.5米，占地约32平方米；塔身用大块红砖砌成，底层墙厚90厘米。六向墙面都砌成规整的图案，层次分明；内部红砖雕刻各式图案、花纹，

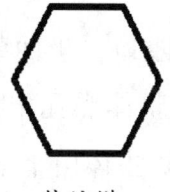

传统塔　　双峰塔

---

①范希文，即范仲淹(989—1052)，字希文，北宋杰出的思想家、政治家、文学家，时任饶州知府，与黄叔道交好，曾为黄叔道题诗。

②唐代寺院以塔为主要崇拜对象，故塔建在殿前或塔院；而宋代寺院以殿作为主要崇拜对象，所以将塔建在大殿的后面或旁侧。

依稀可辨；每层的每个墙面均设计了一人多高的立式圆门。由于年代久远，如今已看不到当年的佛像神龛了。

叔道除了出资出力，还召集乡绅募捐，发动百姓出工出力。修寺建塔都需要大量的砖瓦，考虑到从勒功村搬运砖瓦上宝莲山费时费力，黄叔道于是就在双峰塔北面山坞潘家源专门筑造砖瓦窑（遗址尚存），烧制砖瓦，供修寺建塔之用。

南宋绍兴年间，民族英雄岳飞行军路过勒功，曾专程前往双峰塔拜谒。

双峰塔保存现状较好，是研究我国佛教建筑和勒功族姓发展的重要实物资料，具有极高的文物价值和历史价值。2019年10月，该塔被列为全国第八批重点文物保护单位。

范仲淹和黄叔道同朝为官，私交甚好，曾为叔道题诗。《双峰碑记》记其诗云：

> 谁人积德在双峰，创置开业众不同。
>
> 儿孙盛绍官功业，杏坛经训世儒荣。

范仲淹对黄叔道的双峰开业和崇学尚德给予了热情褒扬。

为造福乡里、聚气生财，就在同年[①]，黄叔道在勒功村口还修建了一座观音阁[②]。

观音阁雄踞村北隘口，坐西朝东，占地面积140余平方米，高11.5米，三重飞檐翘角，整体黑瓦朱漆。观音阁采用最常见的抬梁式结构，中轴对称，方正严整。主体由十根檐柱、十根金柱和四根重檐金柱构成，

[①]同年，一般说法是宋天圣年间(1023—1032)建观音阁，笔者认为应该是庆历壬午年(1042)建观音阁。此观点笔者另有短文探究。

[②]观音阁，很多朋友认为叔道建造该阁时取名"迎官阁"，笔者认为应该叫"观音阁"，一是由于叔道信佛，二是当时勒功仅有叔道本人由"京官"告老，身份显赫，无官可"迎"。其后代(如南宋初期"黄家五桂")家族兴旺、权贵辈出，重修再建观音阁时易名"迎官阁"是合情理的。

受力均匀，结构紧固。歇山式屋顶设计（等级仅次于庑殿顶），高傲大气，彰显身份。斗拱、额枋、梁柱，装饰着青蓝点金和彩画。整座楼阁共有十二个鎏金斗拱，左右对称，造型美观，庄重秀美。拾级而上，二楼、三楼的雕刻、油彩与一楼风格一致，简约朴素，四面临窗，雕栏相望，视野开阔。

当年观音阁二楼曾挂有一巨幅匾额——"江左通衢，勒市古镇"，可见古阁风采卓尔不群。观音阁虽经历代重修再建，几易其名，但均在原址，亦基本保持原貌。千百年来，观音阁作为勒功锁钥，镇守风口，荫庇子孙；如今，观音阁是展示勒功风貌的精神文明窗口。1993年，观音阁被列为浮梁县历史文物保护单位。

黄叔道修寺、修塔、修阁，以积德举善的为官操守和造福乡里的勒功情怀表率后世，流芳千古。漫漫千年，勒功走进了新的时代，2017年入选江西省首批省级传统村落，2019年入选江西省美丽休闲乡村。漫步勒功街，"勒市古镇"的历史画卷已缓缓合上，红砖碧瓦，侍郎因缘，先贤圣哲的风采化为一个个美妙的音符，伴随着蜿蜒的古街代代传唱。

冯仲昭

冯仲昭（1072—1120），讳荣，字允和，原住安徽休宁冯村，后迁浮梁，为浮梁冯氏始迁祖。他生于宋熙宁五年（1072）九月，性敏好学，登绍圣甲戌（1094）毕渐榜进士。初授晋陵尉，继任晋陵主簿。

晋陵，是一个古县名，治所在今江苏常州市。尉和主簿都是古代各级主官属下掌管武装及文书的佐吏。出任此职后，年轻的冯仲昭为人正直，处事果敢，除暴安良，很快得到了上级官员的赏识。元符三年（1100），宰相韩忠彦来晋陵视察时，发现了他的才干，就向皇上极力举荐，认为他是一个可大用之才。于是皇帝下诏，升其为监察御史。

上任后，冯仲昭夜以继日地审查案件，微服私访，发现贪污腐败、

鱼肉百姓之事严厉处置，不留一丝情面。故他在巡视江东之时，一些贪污之吏便"望风解印"而去。

冯仲昭自己作风正派、刚正不阿，也十分喜欢具有同样品质之人。如陈瑾、邹浩、于韩等，他向朝廷极力举荐，最终三人都召为"正言"之职。冯仲昭推荐贤能的目的就只有一个：积聚正能量，与邪恶势力做斗争。

冯仲昭对一些腐败分子、恶势力，不管是谁，无论官位多高，他都要进谏。宰执章淳、蔡京等被贬，皆有他进言之力。后来，因官场险恶，冯仲昭就以身体有疾为由辞职回归故里。

宣和元年（1119），退职在家的御史公带领妻子方氏和三个儿子叔仁、叔义、叔礼，从休宁冯村迁到浮东新正都（今瑶里镇汪湖一带）。宣和二年（1120），仲昭公逝世。方氏用三个银碗将家中所有积蓄银两分成三份，每个儿子一份。这就是今天瑶里镇"三银碗"这一地名的来历。

宣和三年（1121），方氏和三个儿子沿着东河水继续西行，来到高岭。高岭是一个美丽、富饶、颇具特点的地方。虽然名叫高岭，但实际并不高，海拔仅800米。它位于浮梁县东北部，属黄山、怀玉山余脉，距浮梁县城和景德镇市区46公里。高岭村坐落在一个小盆地之中，四周青山环抱，绿树成荫。

在高岭生活了两年后，三儿子冯叔礼定居高岭，成为高岭冯氏迁祖。方氏则带着老大、老二又踏上了新的征程。最后，老大冯叔仁定居劝义都鹿角园，成为今天鹅湖镇冯村、锦溪两村冯姓迁祖。老二冯叔义定居杭溪苏家坞龙源，成为今天经公桥及周边地区、湘湖、寿安、东至等冯姓迁祖。

金鼎臣

金鼎臣，字希臣，又字希尹，槐里人。景德二年乙巳（1005）李迪榜进士，早擅文誉。弟汝臣，字致均，与兄齐名，天圣八年（1030）登进士。兄弟俩每以文章为己任，终昭信节度掌书记和太常博士。

金君卿

金君卿，字正叔，淹贯百家，下笔顷刻千言，文声甚著。景祐中，范仲淹任饶州太守时，聘请他为州学老师。金君卿登庆历二年（1042）进士，历任秘书丞、知临川、权江西提刑，入为度支郎中。著有《易说》和《金君卿文集》十五卷。

关于金君卿的生平事迹，散见于各种古籍，现辑录若干，以飨读者。《金氏宗谱》收录的与他同时代的浮梁人，也是金氏姻亲苍舒的文稿《仙堂寺记》中说："正叔弱冠取巍科，未五十为郎中，称明德大用具可量乎？"弱冠是二十岁的专用名，巍科即高科，金君卿是甲科进士（宋初甲科共五名）。据此可知金君卿应生于1022年。《四库全书·金氏文集》收录的金君卿文稿《江西运判到任谢两府启》中有"冠年得第，猥忝英俊之躔；白首为郎，莫伸涓埃之效[①]"句。《金氏文集》的原序撰稿人富临则称他"逾冠举进士"，即满了二十岁时中进士，富临作序的年款是元祐六年（1091），且富临说原序后附有彭汝砺为金君卿作的墓志铭（清时已亡失），故富临的话同样不可小觑。自唐开始，进士榜都是杏花开时公布，即阴历二月，因此金君卿的生年在1022年是可以肯定的，月份当在阴历二月前。

他卒于何年？富临序言里称他"享年不永"，怎么才算"永"？古人认为耆年，即六十岁才算老，才算"永"，据此可知他不到六十岁去世。从笔者目前所掌握的文献资料看，他在世的最晚记录时间是1075年（李

[①]意为：二十岁时中了进士，很惭愧地进入英俊之才的行列；头发白了还是个郎中，微薄的报效都实现不了。

泰《续资治通鉴长编》卷二百六十四熙宁八年"王安石进前后再任不升任例"条，其内容就是以金君卿为例来说事的）。从《金氏文集》来看，至少是在1072年上表谢恩时，他就已带病为官。金君卿《江西提刑落权字谢表》中有"窃念臣滥中科选，白头朝行……惟利病是图"句。"白头朝行"是反用李白"朝如青丝暮成雪"意，表明自己衰老得太早。江西近家，有利于养病，故有"惟利病"句。其后，金君卿任广东转运使，他的《广东运使到任谢两府启》中也说"老病羸之躯恐难集事"。因此推算他的卒年应在1075年之后1082年之前，且按常理应距1075年不远。

对于他的生平事迹，有些学者写得较详细。南宋洪迈《夷坚志》里的金君卿只是小说人物而非历史人物。即便是北宋同时代人提供的信息，也有误导后世读者的可能。譬如曾巩为金君卿父亲写的《卫尉寺丞致仕金君墓志铭》里称金纯臣"四子皆进士"，王安石为金君卿母亲写的《仁寿县太君徐氏墓志铭》里也说"四子皆进士"，两者相呼应更加令人深信不疑。然而宗谱上却只有君卿、君佐进士科记录，君著、君佑的记录为举人。

在《金氏宗谱》上，金君卿的人物传内容为：

公字正叔，卫尉寺丞纯臣公季子也，治"五经"，尤长于《易》，与王仲舒①同年。最善淹贯百家，下笔顷刻千余言，少有文名。景祐中范仲淹守饶，延为子弟师。登庆历二年（1042）杨寘榜进士，历官秘书丞、太常寺博士、知临川县，升南康军，转尚书屯田郎，任广南西路转运判官，擢提举，入为度支郎中。擅能誉，常著《易》笺。有文集十五卷行世。娶臧氏，封玉城县君；继娶乐氏，封金华县君。居槐里，葬址略。

（《金氏宗谱》"历朝宦迹"条）

---

①浮梁三龙人。

人物传后还附有《君卿公十任纪》：

初任太常寺博士，出授庐州观察推官；二任抚州临川知县；三任南康军南康知县；四任尚书屯田员外郎、澶州通判；五任雄州通判；六任池州通判；七任广南西路转运判官；八任提刑；九任广南东路转运使；十任度支郎中。

《十任纪》原始记录的时间不会晚于南宋，因为宗谱收有南宋文学家谢枋得（1226—1289）题君卿公诗：

> 十任权分十九州，功名何处不传流？
> 恩沾六子皆蓝绶，更作褒封满画楼。

谢枋得对君卿公任地"十九州"之说，估计是来源于彭汝砺（1041—1095）。其题君卿公诗云：

> 少年文章冠世流，甲科犹恨不鳌头。
> 一行作吏皆公正，万古功名十九州。

从笔者目前所掌握的文献资料看，金君卿能够确定的行踪年份如下：

景祐三年（1036）四月至景祐四年（1038）十二月范仲淹知饶州期间，在鄱阳任门馆子弟师。(见洪迈《容斋随笔》卷三"鄱阳学"条考据)

皇祐二年（1050）官秘书丞，皇祐五年（1053）始官太常博士，嘉祐二年（1057）仍是太常博士。(见曾巩《金君墓志铭》)

治平三年（1066）初，河北屯田卸任回家，待迁。(见苍舒《仙堂寺记》)

治平三年（1066）八月十三日，金君卿母亲卒于池州金君卿官舍。(见王安石《仁寿县太君徐氏墓志铭》)

熙宁元年（1068）已官度支郎中，1067年在家葬母并省祖墓。(见王安石《仁寿县太君徐氏墓志铭》、苍舒《仙堂寺记》)

1071年任漕使（转运使）。(见"历史追学网"之《万安县古代名人官职官员名单》："熙宁辛亥（1071），漕使金君卿、宪使王宜温、常平使苏

獬联名上书朝廷议建县事。")

1072年正月，由权（代理）提点江南西路刑狱（简称提刑）提举常平仓（简称提举），转正任提刑、提举，且身兼多职在江西推行王安石新法。(相关史料见《宋史·卷一百七十七·志第一百三十·食货上·五》,《续资治通鉴长编》卷二百二十九、卷二百三十八,《文献通考》卷十二《职役考》)

1075年在广东再任转运使。（见《续资治通鉴长编》卷二百六十四）

曾任宋仁宗知制诰（负责诏书、敕命、制等文稿起草）的胡宿，在其《文恭集》卷十二就收录了《范道卿、郑夔、金君卿并可著作佐郎制》："敕某等：佐著有局，本隶修书。令名虽存，旧职已废，犹曰美秩，必用清流。尔等体行交修，才辞参劭，并繇（古"由"字）茂士之选……既合考法，仍中赏科，命除此官，且申吾信，切近朝籍，益思官箴。"

这篇由胡宿写的制命，虽然没有年款，但透露了以下信息：

著作佐郎纯粹是个阶官，授此阶官多是清流官员；金君卿授此阶官是因为品质优秀、业绩考核突出的超常晋升；金君卿此时还不是朝官，只是离朝官近了，说明京官只有达到一定的品级才算朝官。

按金君卿时代官员叙迁考核特点，无功无过的平庸者四年一迁，有业绩者可缩短两年，微过者可延长两年，有过者要降级。

比如与金君卿同时进阶著作佐郎的范道卿，在至和二年（1055）七月时还是秘书丞，此后才转为太常博士，而金君卿则在皇祐五年（1053）就已是太常博士了，可见金君卿年轻时业绩突出。

但著作佐郎是从地方任职后初选出来的吗？也不是。《金氏文集》有篇《范资政移镇杭州一百韵》诗，这是写给范仲淹的。范仲淹改革失败后辞去宰相职务，改任资政殿学士出任地方，诗的内容主要是歌颂范仲淹功勋业绩及品格精神，其中也回忆了自己受其教诲影响等。诗中也叙述了自己首次进京"乃以名字归冬铨""区区一入太常选"时，便渴望能借机拜见范仲淹，但是"公时提师出万里，一伏门下无由缘"，后来竟是在各自奔波途中巧遇，"十年始得拜车下"，分别十年总算是匆匆见了一面。

范仲淹知杭州是在皇祐元年（1049），金君卿与范仲淹在鄱阳分别约是1038年初，十年已是1048年，而选入太常又是在见面前，所以肯定不是指太常博士。按当时的叙迁制，著作佐郎前还有两级，进士出身的太常寺太祝、奉礼郎转诸寺、监丞（如大理寺丞），进士出身的诸寺、监丞转著作佐郎。因此诗中的选入太常肯定是指太常寺祝或太常寺奉礼郎，至于在什么地方任职，具体任何职，估计现在是难于知道，也无从知道了。

综上所述，笔者对金氏宗谱中的《十任纪》做了个判断。《十任纪》记录的累官经历不太完整，遗漏不少，事实肯定多于十任，同时也不规范，将阶官和差遣混为一谈。但是，该文还是有历史参考价值的，尽管缺时间要素，可先后顺序正确。因此可将金君卿的累官经历大致表述为：

1042年，甲科进士入仕，在某个地方任主簿、县尉、司法参军等从九品类的小官。此后入选太常寺太祝或奉礼郎，之后升阶为大理寺丞、著作佐郎。

1050至1053年，阶官升迁为秘书丞。

1053至1057年，阶官为太常博士。

1050至1057年，金君卿先后任庐州（今安徽合肥）观察推官、抚州临川知县、南康军南康（今庐山市南康镇）知县。

1057年始，因父丧守孝在家，按宋制丁忧期为27个月，原官停止不迁。

1060至1065年，阶官为尚书屯田员外郎，按制依次从后行员外郎升至中行员外郎、前行员外郎，这期间曾在河北从事屯田职任，并先任澶州（北宋又称开德府即今河南濮阳）通判，后任雄州通判。

1065至1066年，阶官由前行员外郎升至后行郎中即度支郎中，职任池州（今安徽池州）通判。八月其母去世，按制丁忧。

1069年初至1071年底，阶官度支郎中（或后行或中行郎中）差遣职任为江南西路转运判官，后期还代理江西提刑、提举，1072年正月始正式任江西提刑、提举。

1075年前后，阶官仍度支郎中，职官为二任广东转运使。《金氏宗谱·

人物传》及《十任纪》里说金君卿最后（第十任）"入为度支郎中"即回到京城做度支郎中，这只能说明他像丁忧一样已离职，停止了升迁。曾三任大行政区监司官的金君卿如果真入京为官，阶官至少也是太常少卿了。

史料见证能吏

金君卿称得上是北宋时期的能吏。苍舒说他："未五十为郎中，称明德大用具可量乎？"这并非单纯的溢美之词，金君卿的能力在北宋也是比较少见的。金君卿年轻入仕，业绩又十分突出，所以同龄段晋升情况比一般人快了许多。从称呼上看，苍舒年龄比金君卿还要大些，但苍舒署款时的熙宁元年（1068），其阶官不过是秘书丞，而此时金君卿尽管升迁已停止两年，却已是度支郎中了！后期金君卿的升迁速度要慢了很多，金君卿对此颇有微词。他在《江西运判谢两府启》中将"冠年得第"与"白首为郎"对举，在《再任运使谢两府启》则称自己"早尘科甲，晚困郎曹"。金君卿对自己辖区内品级比自己高的知府们做此幽怨，似乎意在暗示这些人不要在他面前摆资历，他的资历本该也不浅，只是因丁忧及差遣之故使他晚年得不到升迁。

熙宁二年（1069），宋神宗起用王安石变法，急需能吏去推行新法。丁忧期满的金君卿便被派到江西去推行新法，身兼数职（如判官代摄转运使、代理提刑、代理提举常平仓、代理提举保甲司），其后又到广西、广东任转运使，积极推行新法。

如果宋神宗需要个能吏去阻力大的地方为他推行变法，那么就需要循例来减少用人阻力，所以在金君卿得到重用的时间里，官位难免停滞不前。

金君卿被视为神宗眼中的能吏，可从两则史料加以佐证。

《续资治通鉴长编》卷二百三十八中讲了一件事：神宗听到河北对保甲不满言论，便想在河北成立弓箭社，王安石不赞成，他劝谏神宗凡事不可求完美，并以金君卿为例："如金君卿在江西作保甲，以远故异论不到陛下左右，陛下又何尝疑其扰事？"

《续资治通鉴长编》卷二百六十四载：熙宁八年（1075），王安石在劝神宗对前后再任转运使不升迁事时，说："金君卿元（同"原"）为广西了役法不得，君卿去了得，用特与升一任。"

金君卿任广西转运使是因为免役法在广西推行不了，金君卿去后才推行，留任广西还是推行新法的需要，这就打破了宋官在一个地方最多三年的惯例，品级本该升却不能升，故只好称"升一任"。王安石两次劝谏神宗都用金君卿为例说事，可见金君卿在神宗心目中的分量。1072年，神宗曾下诏奖谕金君卿，也是因为他推行新法卓有成效。

1079年，宋神宗第三次起用王安石继续变法。遗憾的是，一向被帝、相二人所倚重的变法干将金君卿，却自1075年之后，在史料中再也找不到踪迹。

所以，笔者认为正是在广东转运使任上，金君卿病体难支，才回家休养，不久去世。因为金君卿有《病起》诗一首：

　　黄祖城边下石船，蕉林暗地雨如烟。
　　只知问俗求民瘼，却愧经旬卧瘴天。

原诗在"下石船"后注"粤人云舟桨出泷谓之下石"，可见诗第一句是用了粤地方言俚语，金君卿怕人读不懂才注解。"蕉林"句也是写热带风光。唐至北宋初，广东气候还是闷热潮湿，很不宜居，此后南北温差才渐渐缩小。韩愈贬往广东潮阳时就曾作《左迁至蓝关示侄孙湘》诗，尾联有"知汝远来应有意，好收吾骨瘴江边"句。韩愈自己都认定这把老骨头要扔在广东了，因此原本体弱多病的金君卿在广东时，虽然时刻想着自己的责任是巡查民间疾苦，但无奈病体，总是连续十几天地躺在瘴疠横行的天气里，满怀愧疚。

德才堪大用，奈何天不假年！如果金君卿真的能活到1098年，那么他肯定会跻身璀璨的北宋政坛明星行列，但历史无法假设。

佛　印

佛印了元禅师（1032—1098），宋代云门宗高僧，为云门偃公五世法裔。佛印姓林，字觉老，名了元，佛印是宋神宗赐的法号。他是浮梁西河（今浮梁县蛟潭镇建胜村）林氏宗族人。浮梁西河林氏，开基祖林端，字茂正，唐末从福建莆田迁来浮梁明堂山下吴口坦定居，传至三代大阆清、小阆清，生子仁一至仁十一，共十一子。佛印父亲排行第九，名仁九。

北宋天圣十年（1032）五月，了元出生。诞生之际，祥光烛天，满室辉煌，取名丁原，为浮梁西河林氏第五代。佛印自幼天资聪颖，三岁能记诸家诗三千余篇，说话合乎经史。"元生三岁，琅琅诵《论语》、诸家诗。"邻里乡亲都称赞他是神童。

他因读佛经著作有了领悟，十二岁便到县治所在的县城北宝积寺拜日用僧为师，出家当小沙弥，后取法名了元。他年方十五岁即于本邑考核《法华经》，成绩优秀，得圆受具戒；十七岁时在宝积寺拜别师父日用，手植两棵柏树，离开浮梁出境游方。

他先登临庐山，拜谒圆通寺住持释居讷，居讷惊其翰墨曰"骨格已似雪窦，后来之俊也"，遂命其掌书记。后又拜谒开先寺，谒方丈善暹禅师，为善暹法嗣，禅师称赏："以为真英灵衲子也。"二十八岁时，他经居讷推荐去承天寺（在今江西九江）任住持，历任斗方寺（在今湖北浠水），庐山开先寺、归宗寺，丹阳（今江苏镇江）金山寺、焦山寺，袁州（今江西宜春）仰山寺，云居真如寺等知名古刹住持。他前后四十余年，于九座道场弘法传教，博通中外，工书能诗，能言善辩，德化广被，接得四方云衲，广为人称颂。

宋元丰初，佛印出任云居山真如禅寺住持，大行禅法，座下千余徒众。真如禅寺一时成为名震天下、众望所归的盛大道场。宋神宗复御赐云居山真如禅寺匾额。黄山谷曾有诗赞叹了元禅师"白发庞眉老尊宿，祖堂秋鉴耀真灯"的高岸道行。

住持金山寺时，他修寺宇、建妙高台、接待高丽王子"祐世僧统"义天来朝、兴办水陆法会弘扬佛法。在金山寺，他与苏东坡一见如故，结为至交。有一回，苏东坡欲以佛印禅师四大五蕴之身为座。佛印禅师说："四大本空，五蕴非有，请问学士要坐在哪里呢？"苏东坡一时语塞，将玉带输给了佛印禅师，此玉带后成为金山寺镇寺之宝。苏轼写给佛印的书信共15封，诗5首，文牍6篇。佛印禅师与苏东坡的禅机对话，千百年来一直为人所传颂。

"道冠儒履佛袈裟，和会三家作一家。"佛印了元禅师融儒、释、道三教的气度，与其过往的经历亦相关。他性格豁达开朗、潇洒倜傥，与之相交的缙绅之贤者众多，如周敦颐、王安石、苏东坡、黄山谷、苏辙、秦观、彭汝砺、李公麟、王子纯、郭功甫、蒋之奇、张舜民、米芾、韩宗古等，均与之友善，有的甚至奉其为师，由此留下许多令人神往的逸事趣闻和诗书墨宝，成为僧俗两界盛传的佳话。

元丰间，了元游京师经引荐为神宗皇帝赵顼入内讲经，深得皇帝与众大臣嘉许，赐予高丽袈裟和金钵，并赐号佛印。苏轼为之写《磨衲赞》一首，并撰序记此事，以龙象赞其为高僧大德。佛印自京师还，路过金陵时，释可遵大师遂作《佛印元公自京师还过金陵作诗赠之》予以高度赞扬，其诗曰：

上国归来路几千，浑身犹带御炉烟。

凤凰山下敲蓬户，惊起山翁白昼眠。

在浮梁县，离佛印故里不远的宝积寺，被称为佛印道场。宝积寺有供奉苏东坡、黄山谷、佛印禅师的三贤堂。据传，元丰七年（1084）苏轼去汝州上任团练副使前，佛印以书简约苏轼到庐山相见。正好苏轼送子苏迈到饶州银阳（今德兴）为官，苏轼在景德镇探望同年程筠后，与黄庭坚、佛印顺道来浮梁宝积寺拜谒，并沿昌江到明堂山下探望了佛印的母亲。在林宅，佛印母亲酌上浮梁鸭舌茶，并奉上炒咸水粑等特产小吃请他们品尝。据《浮梁县志》记载：佛印禅师还为宝积寺题过诗：

昌水贤侯德泽深，旧山闲与县僚寻。

刚肠可夺相如玉，重诺能饶季布金。

黄菊谩劳夸栗里，白莲休更问东林。

与君共结诗禅社，何日松关话此心。

一日，佛印了元禅师请大画家李公麟为自己绘制肖像，要求作笑容，且有诗句自赞："对现堂前俱不识，太平时代自由身。"他还整编白莲社流派，担任青松社社主，倡导弘扬净土思想。绍圣五年（1098）正月初四，了元禅师于寺中听客人谈话，值有会心投机之处，不由得欢笑起来，一笑而寂，享年六十七岁，法腊五十二。佛印圆寂后，浮梁人为纪念他，誉之为"僧中之魁"。

朱天锡

朱天锡，字庆逢，明溪人，元丰七年（1084）应童科。宋神宗到睿思殿亲试，发现朱天锡诸经皆通。当时，神宗第六子延安王在旁边，神宗指天锡而抚王曰："你能像他那样会读书吗？"神宗赐朱天锡五经出身，又赐买书钱五万，官至朝散郎。

赠朱天锡

张景修（县令）

黄金满籯富有余，一经教子今何如？
君家有儿儿不愚，背诵九经随卷舒。
渥洼从来产龙驹，鹭鹭乃是真凤雏。
今朝过我父子俱，自云勤苦世为儒。
雪窗夜映孙康书，春陇昼荷倪宽锄。
翻然西入天子都，出门慷慨曳长裾。
神童之科今有无，谈经射策皆壮夫。
古来取士凡数途，但愿一一令吹竽。
甘罗秦理不时诬，时人看取掌中珠。
折腰未便赋归欤，待君双桂还乡闾。

朱 尹

朱尹，明溪人，原名君陟，字彦明，宋哲宗改其名为尹，字汤辅，娶待制程节之女为妻。

据《朱氏宗谱》载，宋元符二年（1099），因为参加童科考试，朱尹

被哲宗赐五经出身。当时他九岁，被召入宫，皇太后朱氏将朱尹抱在膝盖上抚摸着说："这是我家儿孙也。"皇帝赐朱尹金钱玉果，后以"督视讨峒冠"，擢尚书，礼部员外郎，升江淮九路招讨。

朱虎臣

朱虎臣，字卫功，又字伯武，明溪人。建炎二年（1128）三月，高宗亲临童子科考试。朱虎臣方七岁，步射十二矢中九的，诵《武经七书》如流，能熟练排出诸葛亮八阵图，群臣称贺。高宗认为他很奇特，特赐金带，赐武状元，并当殿封他为两浙巡辖，迁右承信郎。朱虎臣有两个儿子：致远、致谦。

赠朱虎臣

程元祐

我闻汪童生列国，能执干戈卫社稷。
孺子可教繄复谁，张良授书为帝师。
寥寥厥后不复继，棘门老将反儿戏。
迩来忽得朱虎臣，九岁知兵及古人。
仆姑十射九破的，玉帐七书咸诵忆。
垒石布作常山蛇，指陈八阵复横斜。
天姿忠勇亚二子，脑脂壮士欲羞死。
虎生三日便欺牛，勿谓渠小将何求。
志在奇功平祸乱，自许多多多益办。
欲造天阊试所长，中兴君相正明良。
拔萃为将上不惜，好奖此郎明劝激。
凌烈九岁初无谋，犹呼虎子封亭侯。
观君头颔合食肉，胆大于躯早惊俗。

皇家右武喜逢时，洗眼行看得意归。

——《浮梁县志》

注：在唐朝实行科举考试，特设"童科"，年龄在10岁以下的，只要读通一本儒家经典著作，经过考试合格的，就给予"出身"，不再是平民了。虽名为"官"，但因年龄小，实际上是不让他们去治民的。宋朝曾一度废除"童科"，但后来又恢复了。朱天锡、朱尹、朱虎臣为三位出生于浮梁明溪的童科。

朱　褒

朱褒，明溪人，宋绍圣四年（1097）何昌言榜进士。初授洪州新建县（今南昌市新建区）主簿，后历经多次升迁，官终朝议大夫。徽宗曾三次下诏书嘉奖，还亲自赐紫罗旋斓官服。

臧几道

臧几道，字公恕，生卒年月不详。北宋天圣八年（1030）庚午科王拱辰榜进士，浮梁臧氏南图第六世。道光版《浮梁县志》卷一三载："臧几道，字公恕，弟论道，字公弼，并有文名。天圣景祐间相继登进士，兼以功业自奋。几道终陈留尉，论道终职方郎中。"陈留郡为今河南开封、兰考、封丘、长垣一带。尉，为郡守或郡令的副职，主管军事、政法方面的事务。事实上，县志上的传记，长期使人发生误解，以为臧几道、臧论道是同胞兄弟。其实，他们是隔了四代的堂兄弟，他们的高祖父才是同胞兄弟，而臧论道与臧永锡则是同一祖父的堂兄弟。

臧论道

臧论道，字公弼，生卒年月不详。北宋景祐元年（1034）甲戌科张唐卿榜进士，浮梁臧氏南图支第六世，历殿中丞、知漳州、尚书屯田员外郎、兵部职方郎中。熙宁元年（1068）以都官郎中任漳州知州事，后以郎中知洪州。

关于臧论道的史料记载，除了《臧氏南图支谱》《宋史》之外，还有三处。

一是石刻，即1969年景德镇出土的《宋舒氏夫人墓志铭》。该方墓志铭高129厘米，宽80厘米，楷书十七行，每行三十个字。志周边刻卷草纹，志尾署"昌水进士徐公彦刊字，篆盖者：臧论道，字公弼，江西浮梁县人，景祐元年进士"。志石藏景德镇市陶瓷历史博物馆。这方石刻上的文字记载，与《臧氏南图支谱》上的内容一致，确认了臧论道的字、籍贯、中进士时间等。

二是在福建省情资料库（地方志之窗）的"唐至清漳州行政官员名录表31-1"中有其知州事的明确记载；在《宋稗类钞》卷之七、卷之八《能改斋漫录》中载："臧论道郎中出知洪州日，有老兵为园子，能致非时果疏（蔬），臧氏子弟稍异之。问之，则给以得于市。使他人求之，终不得也。"这些史料，为我们勾勒了臧论道任洪州（今南昌市）知州时，家人的生活趣事图，同时也弥补了《支谱》中关于他的职务表述不完整的缺陷。在《臧氏南图支谱》中，缺少他曾任洪州知州和知漳州的明确记载。

三是曾巩的《元丰类稿·卫尉寺丞致仕金君墓志铭》载："博士以君之外孙、尚书屯田员外郎臧论道之状来属，曰：'子为我铭吾亲，吾死足矣。'巩不敢辞，铭曰……"可知，臧论道与当时浮梁的另一大家族——金氏，是亲戚关系，他是浮梁英溪金纯臣的外孙。金纯臣一家共出了九个进士。

臧几道、臧论道、臧永锡三兄弟，是浮梁历史上较早以科举进入仕途的官员，是北宋早期（1038年以前）浮梁七位进士中的三位。在他们之后，浮梁臧氏才真正开启了"祖孙三进士"的"科甲连登"兴盛时代。

臧永锡

臧永锡，字孝恭，生卒年月不详，北宋宝元元年（1038）戊寅科吕溱榜进士，官至著作佐郎、如骑都尉、光禄寺丞、监录秘书省，有墓志。

臧永锡与臧几道、臧论道都是堂兄弟，均为浮梁臧氏南图一支第六代。臧几道是臧氏南图公长子臧家礼的玄孙，而臧论道和臧永锡均是臧南图次子臧家晏的玄孙；臧论道的父亲是臧家晏的长曾孙，而臧永锡的父亲是第三曾孙（幼子），臧论道与臧永锡是仅仅隔了一代的堂兄弟。浮梁史料上多记载几道、论道是兄弟，殊不知论道与永锡更亲。

臧 浑

臧浑，字子道或祖道，浮梁臧氏南图支第八世，约生于庆历元年（1041），卒于元祐三年（1088）。北宋熙宁三年庚戌科（1070）叶祖洽榜进士，历桂阳县令，终任尚书（令），1078年归隐家乡青峰寺，自建留隐轩。

臧浑出生于官宦世家。祖父、堂叔祖父分别是臧几道、臧论道、臧永锡，为浮梁县在北宋前期较早考取进士的七人中的兄弟仨。由于宋之前浮梁的进士无考，县志中对进士的认定是从宋代开始的，因此，至北宋熙宁三年（1070）臧浑中进士时，浮梁籍进士仅有18人，而其中就包括其祖父兄弟三人、父亲臧伟及其堂兄弟臧仪，多达六人，占三分之一。

并且，在比臧浑早登进士榜的五位臧姓进士当中，除其祖父任职地方官外，其余均为京官。更何况，早在其祖父臧几道中进士之前，浮梁臧氏还有臧论道的叔父暨臧永锡的伯父臧翊（浮梁臧氏南图支第五世、臧浑的曾祖叔父）因善诗词赋而举进士，同时臧翊的胞弟、臧永锡的父亲、臧论道的小叔父臧若虚被朝廷赠大理寺丞。可见，家庭的显赫和优势，是其能及早进入政治集团的基础和保障。

关于臧浑，现存的史料确实不详，但我们能通过对状元彭汝砺的诗集《鄱阳集》的解读，再结合其他史料，对臧浑其人有一个大致的了解。

在彭汝砺《鄱阳集》中，有关臧浑（臧祖道）的诗歌，共有十一首。如《祖道京淮道中酬唱》《和祖道国门外文渊子至东父钱席上赠别》《送祖道朝奉》等。

臧浑出生于宋仁宗朝，与彭汝砺是同时代的人，且交往甚密。彭汝砺从小就在浮梁读书，二人于治平二年（1065）结伴进京考试，彭汝砺高中状元，而臧浑落榜。

臧浑性格耿直，不善迎合，个性很强。对这一点，《臧氏南图支谱》记得最清楚："以道事君，不苟取容，后致仕归。归隐家乡青峰寺，自建留隐轩"。程瑀说他"直道何伤""苦求晚节"，彭汝砺也说他"蜡屐阮孚人不会，鲈鱼张翰子何如"，是个很认真，不会敷衍、哄骗的人，以致"直道何伤竟不容"。可见，他有自己独特的政治见解和主张，但性格固执或者讲是执拗，不为朝廷所容，毅然归隐出家，真是可敬、可佩、可叹、可悲！

臧浑在思想上信奉道教。不光《臧氏南图支谱》说他"以道事君"，彭汝砺在诗歌中也多次提及其信奉道教，如："留与先生作隐居""清隐传闻""林泉宁复挂尘缘"等。南宋时期的臧湾后人程瑀小时候读书处就是臧浑自建留隐轩的青峰寺，程瑀自幼对臧浑的人生很了解，因而他也在诗《留隐轩》中写道：

> 先生肮脏与谁同，直道何伤竟不容。
> 欲约故人赓素志，苦求晚节隐青峰。
> 祥符谶地诗篇重，客倦僧床归兴浓。
> 问舍求田端有日，从他百尺卧元龙。

这里对臧浑一生的性格、思想、志向等都做了高度概括，让后来人看到了一个矢志追求"道"、追求清名、忧国忧民的思想家的形象。

臧浑志存高远，心高气傲。他中进士后赴桂阳上任，好友彭汝砺作为先他五年的过来人，在诗中就特别提醒他："莫笑长官权势轻，所怀端可及生灵""礼节但能坚玉石，清名亦合上丹青"。可以说，彭汝砺摸准了臧浑的脉，对他的思想、心理活动了如指掌，特意要求臧浑"勤忧每见朝尝胆，劝恤遥知夜戴星"，并"饯行欲以言箴赠，留作君家座右铭"，交代臧浑以此作为座右铭。

臧浑支持变法中的募耕，彭汝砺有诗《和祖道募耕者赴西北》可证。

臧浑作为北宋朝廷士大夫的一员，留给后世的文字记载信息极为有限。他就像在历史天空上划过的一颗流星，发过热，发过光，但最终未能留下多少痕迹而显得神秘。个中缘由，我们只能依据上述分析而稍做揣测：

1.非正常致仕只源于其政治观点不合宋神宗所需。臧浑从1070年登进士第到1078年离开京城返乡，虽《支谱》中记载为"后致仕归。建留隐轩在青峰寺右，十年后卒"，但细细分析可知，其致仕时并未达到常规的退休年龄，属于非正常的"致仕"。从他与彭汝砺交往甚密，而彭汝砺又是被王安石所看重提拔的人这一人脉圈来看，极有可能就是：臧浑虽然是王安石变法的支持者，但其思想或主张不被宋神宗所喜，故被皇帝采取了严格禁止的措施予以封杀。

2.固执、倔强的性格，士大夫的忠君思想和济世情怀，对清名和"道"的追求，是臧浑隐居青峰寺的根本动力。北宋对士大夫偏爱，待遇很高。与其他的士大夫一样，臧浑也希望自己能为朝廷多出力，但他的思想和主张并不被皇帝认可，而他仍希望通过自己的坚持，最终能再次被皇帝所接受或被证明是正确的。或许，彭汝砺早在臧浑赴桂阳令时就读懂了他的心思，特意嘱咐"礼节但能坚玉石，清名亦合上丹青"。臧浑归隐青峰寺三年后，彭汝砺发现，臧浑"清隐传闻志尚贤"，初心未改，仍然追求清名、崇尚圣贤。确实，臧浑是浮梁臧氏第八代子孙，前七代的多数人老来均未离开祖籍地，且归葬于臧湾村道士观（土名），但臧浑致仕后偏偏选择到青峰寺右自建留隐轩，以至自他始，臧湾臧氏分迁一支到青峰岭附近建村，延续到清代中后期才废村。他去世后，葬在靠近旧城的原福港乡叶村附近的枫树坦（宋时为三里都叶村），这是后话。彭汝砺的诗中还有一句"可怜老大忧为客"，应是实指臧浑到老仍在外修道，没有真正回到儿孙满堂的家里享受天伦之乐。所以，我们在对臧浑宁愿朝廷负他，他也不负皇上的忠贞、执着，直至去世仍潜心修道而感到惋惜之余，也对他坚定的毅力、恒心感到敬佩！

3.特殊的宽松社会环境和北宋思想多元化，缺乏主流思想是臧浑隐居青峰寺的外部条件。北宋皇帝崇尚道教，在京城内外建立许多宫观，并为此专门建立了宫观祠禄官，儒学、佛教一并盛行，整个社会环境宽松，思想多元，占绝对主导地位的思想尚未形成，因此，探索和践行自己所崇尚的思想，就成为臧浑他们的必然选择和追求。更何况，江西本身就是中国道教的发源地，道教文化在江西源远流长。尽管在近千年之后的我们看来，臧浑的那种探究显得有些迂腐和可怜，但从中国思想发展的历史来看，这是时代的必然。站在这个角度，说臧浑是一位道教思想的忠实探索者和践行者并不为过。

臧浑在家乡历史上的影响主要有：

1.在浮梁，受臧浑影响最大的莫过于程瑀了。为了说明清楚，又得介绍一下臧浑与程瑀的关系：

臧浑是浮梁臧氏南图这一支的第八世孙，是始迁祖臧南图的长子臧宗礼的后代；而程瑀原名臧瑀，姑父臧崇之是北宋政和二年（1112）进士，是程瑀的实际养父，也是始迁祖臧南图的次子臧宗晏的后代，同为浮梁臧氏南图这一支的第八世孙。与程瑀同岁的表兄弟——姑父臧崇之的儿子在程家（现浮梁县臧湾乡府前村）遭水碓舂亡，程瑀母亲为解难，忍痛割爱，将程瑀暗中送给姑妈为子，冒充表兄弟被带回臧家，直至程瑀1124年中进士回乡时才得知真相。他上奏皇帝，禀明原委，皇帝很受感动，赐其所生子嗣，分臧、程二姓。后来，程瑀生了十个儿子，依圣意，让第二、三、四、六、十子姓臧，第一、五、七、八、九子姓程，这就是现在臧湾"五程五臧"的由来。其本人待姑妈、姑父去世后，认祖归宗改回本姓程。因此，按照臧氏谱中排序，程瑀应是臧浑的宗侄。正因为如此，出生于1087年的程瑀，才可以在宗伯臧浑修道的留隐轩、青峰寺读书，此两处后来成为浮梁县昌江八景之一的"青峰脚圆"和"程瑀读书处"。臧浑的人生经历深刻影响着程瑀的成长历程，如：忠君爱国、为人正直、敢于斗争、信仰坚定等，我们都可以从《程瑀传》中体会到。

　　2.臧浑后人枝繁叶茂，人丁兴旺。从《臧氏南图支谱》的记载可知，臧浑有四个儿子，仅其长子臧孝这一分支，就繁衍出大量人丁。现在的浮梁臧氏后人中，绝大多数是臧浑长子臧孝的后裔，并不乏出类拔萃之贤能。如：南宋被皇帝称为"社稷之臣"的臧文通、神童臧廷凤、在浮梁最早用铸铁技术建造大桥——铁柱桥的能工巧匠臧法，等等。

　　3.无意中为古代浮梁打造了文化圣地——青峰岭。青峰岭是集古寺青峰寺、道观留隐轩、名人遗迹程瑀读书处于一体的历史文化景观园。

　　留隐轩原址位于现在从县城往鹅湖、臧湾方向去的刚出县城跨昌江的新平大桥头右侧青峰岭上，旁边建有青峰寺。因系宋臧浑所建，后被浮梁县列为名胜古迹。

　　青峰脚圆——青峰岭下昌江河边，著名的浮梁县昌江八景之一。青峰岭上有古代著名的"程瑀读书处"，另有大量文人墨客题写的诗文碑刻。

　　青峰寺，该寺初建于唐宣宗大中七年（853）。在宋代，青峰寺与昌

江河对岸的宝积寺遥相呼应，是浮梁县城的标志性建筑。青峰寺至元末被毁，明代洪武五年（1372）重兴，崇祯年间，僧逃寺荒废。清代康熙元年（1662），知县萧蕴枢召僧海溁复修，诸家诗互详山川志，今已废。据道光版《浮梁县志》记载：青峰寺有大量的文人墨客的诗文碑刻。县志录有五首。

臧崇之

臧崇之，生卒年月不详，臧仪长子，臧永锡孙，浮梁臧氏南图支第八世，宋徽宗政和二年（1112）壬辰科莫俦榜进士，官拜兵曹郎中。臧崇之为程瑀之亲母舅，其子与程瑀同岁，随娘回娘家殁，以程瑀冒其子，由臧崇之抚养长大成人。程瑀于宣和六年（1124）甲辰科高中进士，后归宗程氏。臧崇之在现安徽潜山市天柱山题有铭刻，潜山市博物馆藏《天柱山山谷流泉石刻》中可见。

臧 浤

臧浤，熙宁六年（1073）出生，字自泓，臧谌之子，臧论道孙，浮梁臧氏南图支第八世。元丰五年（1082）壬戌童科进士，时年九岁，后任尚书。

清道光版《浮梁县志》载："旧志作嘉祐，按嘉祐无壬戌，乃元丰五年。宋自宝元元年（1038）罢童科，至元丰时（1078—1085）始复（而嘉祐为1056—1063），臧浤亦无由试于嘉祐也。"

另：《支谱》在"臧氏历代官爵名号"中为"浤"，而在谱文中又为"泓"，实为同音所致。

臧仕楷

臧仕楷，臧氏北图支第五代。北宋元祐六年（1091）马涓榜进士。因臧北图与其兄臧南图（即浮梁臧氏始祖）同迁浮梁，直至臧仕楷因任歙州右迪功郎而迁居婺源疆溪，因而臧仕楷是臧北图一支迁婺源的真正始祖。但浮梁、婺源二地的臧氏家谱为区分《支谱》的世学方便，而尊称臧北图为迁居婺源的始祖，将臧仕楷列为其第五世孙。从事实上看，臧仕楷在浮梁读书成长，考取功名后乔迁异地。而当时婺源属歙州，故《浮梁县志》中对其没有信息记录。其生卒时间不详，政治主张、历史功绩暂无资料可寻。

臧　洪

臧洪，字洪父，生卒年月不详，浮梁臧氏南图支第八世。浮梁《臧氏南图支谱》谱文中载其"登淳熙辛丑科（1181）进士"，官至司理。司理，司理参军的简称，掌狱讼。

臧文通

臧文通，字达夫，浮梁臧氏南图支十世，生于宋崇宁癸未年（1103）九月初一，在尚书程瑀的推荐下，以春秋明经登南宋绍兴二十四年（1154）甲戌科张孝祥榜进士。

臧文通初任新州知州，次任御史中丞。他治政清廉，教化大行，皇帝召之入宸殿曰："卿有故祖辰风之遗风，当为庙朝之器。"他三任吏部侍

郎，四任金华殿中奉大夫兼管尚书事，再被皇帝召入宸宫曰："卿为社稷之臣。"御赐白马一乘，白鹤一双，金缎犀带无数。

臧文通于绍兴戊寅年（1158）致仕。辛未岁（1151）造石桥一座、屋九间，因御赐白马，遂号曰"白马桥"。此桥旧址在今臧湾村头到臧湾派出所之间的小溪故道上。道光版《浮梁县志》对此桥及来历均有记载。

臧廷凤

臧廷凤，谱名志二，名廷凤，字仪祥，号悟冈。南宋景定三年（1262）壬戌童科进士，年五岁，后任镇江教授。

《支谱》记其"博极群书，归宿于濂洛关闽之学。故其文庶几近古，教授镇江学者，称为悟冈先生"；有"几度春风披玉尺，一轮明月映冰壶"之句传世。著有《悟冈文集》《浮梁州志》。

臧湾流传至今的一个"神童巧断案"的故事，主人公就是臧廷凤。

话说臧湾在古代有两个神童，一个是臧浤（泓），元丰五年（1082）壬戌童科进士，年九岁，后任尚书。另一个就是臧廷凤。

臧廷凤五岁就中了童科进士。由于年龄太小，生活起居都得有人照料，无法履职。到十二岁时，朝廷派人来接其到镇江上任，当时他正在屋外跟同伴玩耍，不巧挡了官丁的路，而官丁又不认识他，一阵呵斥。待进入臧廷凤家中，禀明事由，他奶奶喊臧廷凤回屋接旨时，官丁方才发现刚刚呵斥的正是要接的官老爷，后悔莫及。臧廷凤按礼节接旨之后，命人对呵斥他的那位官丁掌了两记耳光，斥道："仗势欺人，看你以后还不长记性？"

奶奶看着玩心重的宝贝孙子，暗暗担心年仅十二岁的他，千里迢迢去外地为官，无法履职，怕上负皇天，下负百姓。可圣旨已下，不能公开抗旨，面对正在厅堂里的官府来人，出身书香门第的奶奶，心生一计。

她快速悄悄地在自己随身用的火炉桶上烘熟两只鸡蛋，呈上厅堂，又趁官差们忙与臧廷凤说话之际，偷偷将两只熟鸡蛋自己吃下。吃完之后，奶奶突然大声喊道："好大的胆子，这里竟然有贼，敢偷吃我刚刚烘熟的两只鸡蛋。孙子，你既然要外出为官，何不先把这贼人给我抓出来？"奶奶是想诬陷官差里有人做贼，不值得信任，是冒牌货，从而阻止孙子外出赴任。臧廷凤听罢，只得说由他来断案，抓出小偷。众人为洗清嫌疑，一致要求臧廷凤快速断案，也想趁机看看这位神童是否果真神奇。

在众目睽睽之下，臧廷凤双手抱拳，对奶奶施礼道："奶奶，既然您命孙儿断案，孙儿便照公堂断案的模式来办理。"奶奶回答："理应如此。"

于是，臧廷凤令所有到过厅堂的人员，包括奶奶都不得离开厅堂，集中在厅堂排队等候，再命人打来两大盆清水放在厅堂中央的八仙桌上，所有人员依次用碗从其中一盆清水中舀出半碗水含在口中，咕噜咕噜几下后，当众吐进另一盆清水中。众人不解其意，依次照做，待所有官差、用人、杂役等悉数验完，臧廷凤看到那一大盆清水中，没有半点蛋黄屑，心中已有数了。

他再次双手抱拳对奶奶说："奶奶，现在在场的人，仅剩下您没有验证了。"

奶奶嗔道："难道孙儿还怀疑奶奶偷吃鸡蛋不成？"

小神童笑道："奶奶，是您准孙儿按官府断案的模式来审理的，断案就得一视同仁啊！今天您老在案发现场，孙儿是命所有人员一律要验证的，我也不能因为您是我的奶奶，就妄断您没有嫌疑吧？"

奶奶听孙儿的话句句在理，无话可说，只得口含清水，咕噜咕噜几下后吐进另一盆清水之中。顿时，盆中泛出一片鸡蛋黄碎末。面对此状，臧廷凤笑嘻嘻地说："奶奶，偷吃鸡蛋的人我已查出了。"

奶奶无奈，只得说："我孙儿年纪虽小，可确有办法审案。至此，我也不再阻止你赴任，你已具备审案的能力了。"众人目睹了整个事发的经

过，无不佩服神童的聪明，同时也为老祖母的爱心和担心所感动。

三天过后，这位年仅十二岁的神童，便正式远赴千里之外的镇江，任镇江教授。

据臧湾村老人回忆，臧廷凤的出生地和故居都在村中臧氏宗祠附近，其逝世后，从镇江归葬于臧湾，就埋葬于此，坟茔直至1970年左右才被推平，墓葬内无任何陪葬品，仅剩两枚棺材钉，可见他人品高洁，正如他的传世诗句"几度春风披玉尺，一轮明月映冰壶"那样，冰清玉洁。

臧从义

臧从义（1736—1800），浮梁臧氏第29世孙，谱名文森，字崇懋，号徙齐，邑庠生。其好学不倦，蹈义履仁，辑修宗谱，小心克勤，存有七律组诗《臧湾八景诗》：

来脉蜿蜒

兑宫来脉效灵长，帐峡横开毓福乡。
一字平分层累晰，双峰耸拔叠峦彰。
环来隐隐飞云碧，湾抱徐徐翠色芳。
独许主人高照眼，门间接见秀非常。

清潭水聚

滉漾流来潭影平，波澜层折喜分明。
朗如皎镜深深见，洁比寒泉混混盈。
静阅游鱼随浪舞，惯看人影带眉呈。
伟哉风景可人意，任许逍遥养性情。

石牛峰秀

嵯峨怪石倚云州，对面迎来翠影浮。

仿佛苍苔成物体，依稀蔓草助粮糇。
从来不食溪边草，自古难耕垄上丘。
怪杀牧童鞭不起，笛声斜挂夕阳休。

铁柱沃壤

此柱生来立震方，金茎簇簇吐星芒。
三秋黍稻轻收拾，四季高粱自敛藏。
阡陌崇墉歌大有，里间饶裕效贤良。
分明有个真消息，田亩纵横庇阴长。

文笔点水

辛水流来映碧天，秀凝文笔四时鲜。
梦花不假人间语，脱颖常钟地脉边。
俯视清流堪作砚，遥瞻翠影自成篇。
书斋夜月宜勤勉，勿负地灵不志坚。

鲤池山环

池以鲤名出兑宫，四围环绕喜盈风。
草铺裀褥层层见，木羡纷披万万丛。
腾跃亦需多雨力，赢余何事厚藏功。
千岩叠叠疑侵眼，修竹茂林四望中。

水口三关

水绕萦回不见流，关山叠叠密何周。
秀峰万仞波间笋，岩石千层浪里浮。
春涨银花连翠影，秋澄练影接风飙。
泉声潺潺多旋折，定许高人煮酒游。

鼓山环护

无声有象鼓山东，不必人间巧匠功。
夜雨邻难音暗应，松风自可韵遥通。
惊来群兽离岩穴，催起栖禽上碧空。
环护晴岚饶淑景，凝眸兴趣自然同。

何召一

何召一

何召一，浮梁县高岭人，约生活于南宋绍兴年间。《高岭何氏宗谱》载，其祖何茂，字宗智，以文学任职于唐武宗会昌间。初任河南通判，次任太平通判，后任节度使，同汪、许二总管巡行宣、歙、池、饶，道经浮东白水新正俨坑，见山清水秀，遂定居于此。茂公之子何浚，字伯俊，见高岭风景幽雅，嘱其子叔信迁居于高岭。所以何叔信是高岭何氏之始祖。何召一乃何叔信第九代孙，是发现和使用高岭土的第一人。他乐善好施，造福一方，后人称之为"玉土仙"，并建庙奉之。

景德镇古窑民俗博览区的风火神庙里，供奉着雷公电母、金木水火土风六神，以及陶瓷各行业祖师的雕像。其中一尊鎏金木雕格外引人注目。这尊雕像高约1米，只见所雕之人左手掌微微弯曲地斜搭在眼眉之上，须发飘逸，双目炯炯有神；右手握着一根长长的烟杆并斜靠在腰际，栩栩如生。像座上刻着四个大字：高岭土圣。

说起何召一发现高岭土的经过，浮梁民间流传着一个古老的传说。

南宋初年，朝廷偏安一隅，君主荒淫，宦官当道，胥吏层层盘剥，原本一个富庶的江南，被弄得国库空虚，民不聊生。

其时，饶州府浮梁县高岭村住着一位何老汉，年届知天命而膝下无子，夫妻二人靠租种地主的几亩冷浆田维持生计，一年到头辛辛苦苦打下的一点粮食，交完租后所剩无几。遇到歉收之年，有一半的时间要靠野菜、瓜薯充饥。

何老汉生活虽然过得拮据，但心地善良，为人仗义。村里人凡遇到难事、急事，他都会赶紧去帮助。要是哪家揭不开锅了，他宁愿自己挨饿也要帮助别人。一个有着两三百口人的大村子，只要邻居、夫妻、婆媳间闹点小别扭与摩擦，大家都会想到何老汉。何老汉也会第一时间赶到，乐呵呵地前去调解。由于他辈分高、办事公道，大家都亲切地称他"召一公"，也就是"一召就到"的意思。

妻子汪氏曾多次劝他娶个二房，延续香火，可何老汉说："这世道，连我们自己都难活命，还嫌累赘不够？再说，村里那么多孩子天天'公公公公'地叫，不和自己的孩子一样吗？"此后，妻子再也不提这事。夫妻俩恩恩爱爱，相濡以沫。

一个大雪纷飞的早上，何老汉打开门来，准备去牛棚给牲口添些草料。突然，他发现一位衣衫褴褛、被冻僵的白发老人蜷缩在屋檐下。他立即叫来老伴，将老人抬进屋子，放到床上，盖好棉被。两个时辰后，见老人慢慢苏醒过来，妻子便熬了一碗姜汤，何老汉便一匙一匙地喂他喝下。妻子又把米缸里仅有的半碗米熬成粥，何老汉又是一匙一匙喂老人喝下。喝了姜汤和米粥，老人脸色慢慢地红润了起来，精神也好了许多。老人握着何老汉的手说："谢谢你们，你们的善名义举真是名不虚传啊！"老人从怀里掏出一颗洁白晶莹的小石子，交到何老汉手上，说："我走后，你把它种在村后面的山头上，四十九天后再去挖。那里的土可以挑到镇上去卖。"说完，老人乐呵呵地现出真身，踏着一片祥云飞去。何老汉夫妇见状，连忙伏倒在地，叩着头说："多谢观世音菩萨！"

四十九天后，何老汉一大早就拿着土箕、锄头来到山上。当他朝种石子的地方挖了一锄后，奇迹出现了：原本黑黝黝的泥土，竟然都变成了白土！他弯下身子捧了一把在手里，揉了揉，捏了捏，松嫩的白土顿时变得像个面团，颜色渐渐变成了玉色。何老汉欣喜万分，这时，他想起观音菩萨的话来，于是约了几个后生，用谷箩挑了两担这种白土到景德镇窑上去卖。窑主望着这莹润、细嫩的白土时，眼睛霎时睁得像灯笼一样。窑主闻了闻，捻了捻，忙问这种土是从哪里挖到的。当听说是取自浮东高岭山上，窑主就吩咐手下说："这高岭土是不可多得的好土。以后，他们运来多少，收多少，价钱从优！"

从此以后，高岭土声名远扬。高岭及周边地区的百姓都纷纷从事挖土、运土和与之相关的服务行业，日子过得像芝麻开花——节节高。

走出镇窑的何老汉做梦也想不到，后来景德镇凡是烧造较为贵重的、大一点的瓷器，窑工们都少不了用这种土。高岭土竟然改变了整个景德镇瓷业的命运。高岭土的命运和景德镇窑工的命运紧紧地联系在了一起。

然而好景不长，见乡亲们富了，高岭村里的郑老财不甘心。他仗着"官府有人，行伍有兵"，还仗着自己头上顶着"里长"的头衔，以"占了他家的山，挖了他的祖坟"为由，叫手下将挖土的人全都赶下了山，在村头路口设岗把守。不仅如此，他还以"清债"为名，把别人的山场划到自己名下。乡亲们敢怒不敢言，生活又重新陷入穷苦的深渊。

后来，郑老财见这白土松软糯香，竟不满足于用它卖钱，而将其揉捏成丸子食用。这白土口感不错，但越吃越腹胀，郑老财夫妇不久就一命呜呼了。

郑老财死后，乡亲们重操旧业。大家推举何老汉做头领，整顿高岭土的开采秩序，避免纷争，提高村民收益。何老汉盛情难却，就挑起了这副担子。他不分姓氏，不分老少，将村里的人分成三组，年龄稍长者负责采挖，身强体壮者负责挑运，识文断字者负责记账。十年后，高岭及方圆数十里的穷苦百姓的生活发生了翻天覆地的变化，他们开始建房、置田产、开商埠。然而，常年劳累的何老汉却倒下了。

那年的九月九日，是一个阴雨连绵的日子，那天傍晚，何老汉在查清了最后一个坑口，确认所有下井的矿工全部上了地面后，才收拾工具回家。当走到高岭村前的水口亭时，他忽然感到一阵头晕目眩，随即倒在了地上。村里人闻讯赶到时，千呼万唤，但最终没能唤回这位德高望重、造福一方的高岭土发现者。

在何老汉出殡的那一天，监镇郭明专程到高岭吊唁，并送挽联一副，上面写着：

名留青史德及乡梓

前人典范后世楷模

为了让子孙后代铭记何召一的功绩，村民自发地在高岭水口亭旁建了一座庙，并从景德镇请来一位名匠，用檀木雕刻了一座雕像。像座上刻着四个遒劲的大字：高岭土圣。

从此以后，高岭及周边村民每年九月初九都要聚集到这里，凭吊这位高岭土的发现者和最早使用者。景德镇窑工也都要在窑门前设立"高岭土圣"牌位，年年香火祀奉，开窑前还要举行祭祀仪式，以祈何召一庇护。

朱 宏

朱宏（1130—1210），字元礼，南宋时浮梁长安都沧溪（今属勒功乡）人，沧溪村朱氏十三世祖。他年少时聪明颖悟，读书求理解大义，念诗文以理为主旨。长大成人后，他放弃科举考试，刻苦攻读圣贤之书。

年轻时，朱宏四处求师访友，问道解惑。步入中年后，朱宏隐居故里，一边教授村童，一边著书立说。他日记数千言，洞切子史，出入百家，精研义理。著有《礼编》《四书图考》《六经礼仪》《有信论异》《惠绥集》《回澜集》等多部著作。

朱宏教学非常重视言传身教，身体力行，对自己要求很严，即使平日在家也要冠带齐整。他将儒学之外的学术视为异端，对佛学的一些观点尤加驳斥。四方学士敬其品学，纷纷登门求学，从而使朱宏贤名远扬。

嘉定初年，朱宏病危之时告诫伺候床沿的儿子说："我死后，葬礼按规定的礼仪办，不要听从世俗迷信那一套。"朱宏话刚说完，便正襟危坐而逝，享年80岁。

在朱宏的学术道路上，有两个人对他的影响十分深远。

第一位是计衡。计衡，字致平，浮梁人，绍兴三十二年（1162）进士，历任徽州教授、监察御史、朝奉大夫。他博学多才，一次在太学讲学后，上书言天下大计。弃官隐居后，他四处讲学，广收门徒，活至105

岁，被誉为学术界的寿星。朱宏曾同其弟朱元美一道，提着行李，背着书箱前往求教，收获良多。

第二位是他的同龄人、理学家朱熹。朱熹（1130—1200），南宋哲学家、教育家、文学家，祖籍婺源，绍兴十八年（1148）中进士，历任泉州同安县主簿、知南康军（治所在今江西庐山市）、提举浙东常平茶盐公事、兵部郎官、提点江西刑狱、江东转运副使、漳州知州等职，但因与上司政见不合而屡屡辞职。

在访白鹿洞书院遗址之时，朱熹曾奏请修复旧观，订立学规，从事讲学。在江西任职期间，朱熹常访原籍，并四处讲学访友。婺源与浮梁山水相连，习俗相近，因此，两人常在一起切磋研讨。

朱宏非常推崇朱熹这位同龄人。在文学观点上，他与朱熹相近，倡导文道一贯之说，强调文道统一，认为道是文的根本，文是道的枝叶，二者不能分开，反对"文以贯道"；在哲学上，他认为在超现实、超社会之上存在一种标准，它是人们一切行为的标准，即"天理"。只有去发现和遵循天理，才是真、善、美，而破坏这种真、善、美的是"人欲"。因此，朱宏和朱熹探讨后提出"存天理，灭人欲"，这也是朱熹理学的核心。

朱宏与朱熹两人志趣相投，交往甚密，常常聚首一处，切磋琢磨，统一认识。《浮梁县志》称他是朱熹的"畏友"，即在道义上、德行上、学问上互相规劝砥砺，令朱熹敬重的朋友。朱熹认为他"高识笃行，鲜与伦比"，并为其书房题名为"克己堂"。由此，后来的学者称朱宏为"克己先生"。

朱宏一生著述颇丰，遗憾的是大多已经散佚，我们难以看到原著。据传，元代末年，战火四起，朱宏子孙怕这些书损毁，将它们放入大腹小口的大瓦缸里并埋在土中。后由于年代久远，这些书全部腐烂了，唯有《礼编》一书传世。

现在所能看到的朱宏的著述仅有两篇，一是朱宏为《礼编》一书所

作的序；二是朱宏的一篇散论《祭用肉论》。在这两篇文章里，朱宏的学术思想也可窥见一斑。

《礼编·序》是朱宏于南宋嘉泰二年（1202）六月在自己家里的书屋"克己堂"写的。

他在文中强调："人道之大莫先于礼，礼莫重于冠婚。""冠婚"是指"冠礼"与"婚礼"。所谓"冠礼"，是指古代男子二十岁（天子、诸侯可提前至十二岁）举行的加冠之礼，表示其成人。朱宏认为："冠者礼之始，将以责，为人子，为人弟，为人臣，为人少者之行也。婚者礼之本成，男女之别立，夫妇之义上以承祭祀，而下以继后世者也。"意思就是说，男子一旦加"冠"，便要承担一定的责任，要尽为人子、为人弟、为人臣、为晚辈的职责。而男子一旦举行了婚礼，就要担当家庭重任，尽丈夫之义务，以履祭祀先祖、启迪后人之责。这些观点与儒家思想是一脉相承的，但更具理性化、具体化。

从某种意义上说，理学与佛学是相生相克的。关于这一点，从《礼编·序》中也可以看出。其中曰："至于丧礼忽又甚焉，惑于浮屠诞诱之术，溺于巫史欺诈之说，天堂地狱无有也而凿，空以为言，因果报应无据也。"朱宏认为："礼教之不行非他也，异端害之也。"所以，在朱宏的倡导下，沧溪及毗邻地区，"治丧事屏置浮屠、羽士之教，排斥巫觋、阴阳之术者有年矣。乡里翕然效之者盖亦众矣。积习既久，人心必安。人心既安，风俗自变而守先王之礼矣"。由此，我们不难看出朱宏崇理排佛之心。

朱宏著书立说不拘泥于前贤之说，他总是用审视的眼光去读前人的著作，遇有不合自己观点之处，总是结合自己的实践体会写入书中，即便对著名的政治家、史学家司马光，理学家程颢、程颐等人的著作也是如此。

"宏不顾愚昧，辄加讨论又考之，于经参之，以世俗而备录之。"朱宏说，自己的观点可能在诸多地方与三先生（司马光、程颢、程颐）或有不同，但"推本"与"罢黜异端之说，则未始不同也"。

在谈及编纂《礼编》的目的与意义时，朱宏称："酌于古而合于今，约其文而总其义，非求异于三先生也，盖将以明示世人，使之易晓易知而易行也。"他认为，如果能实现"士大夫倡之于上，闾里效之于下"这一目标，则"人道斯立，习俗自美"。这是一个多么美好的愿望啊！

对朱宏的人品与学品进行评价的除了上文提及的朱熹外，还有一位重量级人物，那就是饶鲁。

饶鲁（1193—1264），字伯舆，又字仲元，人称双峰先生，饶州万年（今万年县青云镇）人，南宋大教育家、理学大家。

一次，饶鲁在双峰书院讲学时，当讲到《论语·子游为武城宰》一章时说："若朱克己者，信道笃礼，乃浮梁之灭明也。"而后，他又感叹地称朱宏"斯文宗主，吾道老成"。

澹台灭明，姓澹台，名灭明，字子羽，武城人，孔子弟子。他为人正派，办事扎实，不做投机取巧的事情。

饶鲁将朱宏比喻为"灭明"，是说他治学严谨，品行端庄，知行合一。这是对朱宏最大的褒奖。

史志上也有不少关于朱宏的评价。

清光绪七年（1881）版《江西通志》卷161"人物列传"载："朱宏，字元礼，浮梁人，幼厌程式之习，精研义，身体力行。朱熹尝称之曰：'高识笃行，鲜与伦比。'为铭其堂曰：'克己'。作《回澜集》以斥佛氏，述古冠婚丧祭之礼，名曰《礼编》。"

鉴于朱宏的学术与品德影响力，乾隆版《浮梁县志·人物》将朱宏列为"儒林"首位，邑人将其祀为乡贤。道光版《浮梁县志·序》将朱宏列为善于讲学的名流。

以上这些资料表明，朱宏是江西宋明理学的重要人物，是成果丰硕、知行合一、当之无愧的理学大家。

蒋 祈

蒋祈,南宋浮梁人,生卒年月不详。他的著作《陶记》是我国乃至世界上最早的关于瓷业生产的专著,影响十分深远。

《陶记》全文只有1090字,言简意赅,但其内容丰富,系统全面。蒋祈在文中对景德镇瓷业生产的原料产地、生产关系、制作过程、窑场建筑、窑器品种、瓷器贸易等情况都做了比较详细的记述。《陶记》不仅是研究景德镇瓷业发展史和中国陶瓷工艺史的专著,还是研究中国科技发展史的重要文献。

《陶记》在《江西通志》《饶州府志》《浮梁县志》中均有记述,引起国内外陶瓷专家学者的广泛关注。1910年,英国牛津大学出版的《中国的陶瓷》曾做过英文的节译。1937年,日本《陶瓷》杂志第九号发表了尾崎洵盛的日文译注本。

我国陶瓷学术界也十分重视对蒋祈《陶记》的研究,并对其进行考证、校刊与注释,20世纪80年代还引起了一场争鸣。过去学术界认为《陶记》写于元代,20世纪80年代初,新发现一部清代康熙二十一年(1682)版的《浮梁县志》中也录载了蒋祈的《陶记》,有人根据新发现的县志考证认为,《陶记》的写作年代应为南宋嘉定七年至端平元年间(1214—1234),这种说法近年来已被学术界越来越多的人所接受。据此,蒋祈也应为南宋时期人。

尽管蒋祈生卒具体年月不详,但他的《陶记》却永留人间,成为极为珍贵的历史文献。它为今后进一步研究景德镇古代瓷业史,研究中国陶瓷发展史、经济史、科技史,进而研究世界陶瓷史,提供了极为丰富的史料。因此,蒋祈的《陶记》是一本不朽的专著。

王仲舒

王仲舒，字茂先，宋仁宗至哲宗年间浮梁下连都蟠溪（今三龙乡盘溪村）人，庆历二年（1042）进士，曾在祁门、越州、池州、彭泽、宿州、符离等地为官。他在治理地方复杂问题、惩处地方豪强和违法犯罪上有方，在惩处违法犯罪量刑时很慎重。只要违法犯罪者认罪服法，并决心悔改，则量刑时都酌情从轻发落；对恶势力和刁钻顽固者则严惩不贷。故地方治安平稳，经济繁荣。为此，他被召入朝，升任太子中允，后又赠朝议大夫。今三龙乡盘溪村还完整保存了"王仲舒公祠"，并被列为市级文物保护单位。

王仲舒曾游历万寿寺（今蛟潭镇外蒋村内），并在寺前石壁上题词，今仍依稀可辨。

王仲舒公祠

李椿年

李椿年，字仲永，浮梁县丰田都丰田村（今鹅湖镇界田村）人，出生于北宋哲宗绍圣三年（1096）正月十八日午时。北宋徽州重和元年（1118）中进士，于绍兴二年（1132）出任江南东路宣州宁国县知县。他是南宋《经界法》的措置者，中国古代税赋制度的改革家。

李椿年

在宁国知县任上，李椿年首先处理了陈氏两兄弟相争田产积案，然后在弟弟李延年的陪同下到桥头、狮桥、中田等二十多个乡村了解民情，视察了东津河、中津河、西津河与水阳江和十六都墩坡水利工程，了解到民众企盼社会安定，要求减税和负担公平以及县衙不得任意摊派赋、税、费、役等要求。于是他和县丞吴柔胜商议，一是把当地的青壮年组织起来，建一支民兵队伍，加以操练，保卫家乡，震慑盗贼；二是利用农闲组织民众兴修水利；三是将当地历届文、武秀才和举人组织起来，对全县田地按户进行登记，核实田产，做到有产纳税、公平合理。这几件大事完成后，当地百姓喜笑颜开，拍手称赞，并赠送"熙春堂"匾额给李椿年，赞扬李椿年像一轮红日，给宁国带来了春天般的温暖。

南宋绍兴五年（1135），朝廷派监察御史、宣谕使刘大中巡视江南东、西二路，考核路、州、县官员。当刘大中微服到达泾县时，听到当地老百姓编唱的一首民歌：

> 宁国李公，仁德谦恭。
> 治县二年，人和政通。
> 组织民兵，盗贼无踪。
> 查田定税，负担很公。
> 发展生产，年年粮丰。
> 安居乐业，其乐融融。
> 宁国李公，化雨春风。
> 滋润万物，县民轻松。
> 祈望李公，位列三公。
> 犹如青天，日月当空。

刘大中听到这首顺口溜后，决定绕道宁国，直奔县衙，亲自会会这位万民称颂的知县。与李椿年交谈之后，刘大中觉得他是一位不可多得的人才。

回京后，刘大中立即向高宗做了汇报，并重点推荐了李椿年，说他"练习民事，稽考赋税，各有条理，深受百姓爱戴"。同年五月，宋高宗召见李椿年，升任他为洪州（今南昌）通判。在洪州通判任上，他结识了时任江南西路宣谕使兼洪州知州的赵鼎和时任武昌军统帅的岳飞，这三个人志同道合，关系密切，又都是"主战派"，故经常在一起探讨军国大事。李椿年向他们学习，对当时的国家大事有了更深入的了解，政治上也更加成熟。当1135年9月宋高宗再次召见他询问治国方略时，他呈上经过深思熟虑所准备的奏章：

> 今日之大弊有三：一曰铨选（吏部选才授官）之弊，员多缺少；二曰食货之弊，钱轻物重；三曰所司之弊，吏强官弱，吏欺官。

> 吏部应有铨试（考试官员），淘汰不才者，不才者，往往多作原故（指好生是非），以幸免之。臣愚以谓，稍清仕途，不如下考试之令，应初到部之人，试而后用。试而不中，亦不得调，允其一年后复试，再不

及格，不予起用。纵贵如宗室国戚、公卿子弟亦不能外。如此可去冗员，员多缺少之弊除矣。考试以断案为主，懂法、执法，吏欺官之弊可除矣。物重为何？种养之人少，井田之法毁矣，游手好闲者多，加之金兵入侵，天下之民，死于贼者十有五六，幸存者或从军或为僧，物焉能不少？臣愚以谓，兵不在多，在于精，可裁其老弱病残，以之为农或屯垦，何乐而不为？现官府鬻度牒（当和尚的凭证）以增钱财，得钱不下万数，然失却了万民。积而累之，民已尽矣。此"割肉医病'之举，得不偿失。古有越王勾践报吴仇，规定男女适婚而不嫁娶，罚其父母；生男女者，则予以奖励。今日却反之。

李椿年这份奏章大致的意思就是要严格官员选拔制度、减少军费开支、提高生产力并鼓励民众生育，以使国家强大。

宋高宗阅后，同意了他的意见，并将此文批转吏部、户部、兵部遵照执行。

绍兴六年（1136），宋高宗任命李椿年提举浙东，管理越州（含绍兴地区）、台州（今临海地区）、婺州（今金华地区）、衢州、处州（今丽水地区）、明州（今宁波地区）和温州七州的钱粮收支。在浙东，李椿年没有打着钦差大臣的旗号，而是每日徒步走村串户，访问百姓，到盐场和渔民中调研，收缴州县余钱和豪强富户历年拖欠的赋税。他不收礼，不吃请，不近女色。一些豪强见拉拢他不成，转而控告他。一日深夜，李椿年正在夜读，忽然一个黑影蹿入他的寝室，正在门口守夜的李延年立即迎上力斗，但渐渐力不能支。正在危急之时，侠客"一枝梅"赶到，一招便制服了那个黑衣人黄髯公。当黄髯公听"一枝梅"介绍李椿年是一位清官廉吏时，转而加入了暗中保护李椿年的行列。

接着，李椿年到了嘉善县收缴钱粮。该县知县贾某对李椿年说："我不上缴钱粮，你奈我何？"李椿年对他说："民众历来缴纳钱粮有据，只要将其数据汇总，除去正常开支，多余的钱粮就得上缴。你不上缴，到时发动民众核对，证据确凿，由不得你不交！"结果，贾某抓住"发动民众核实"这句话又告了李椿年一状。

在温州、明州收缴钱粮时，许多州县官员反映几年前，圣上到此驻跸，有些费用能否抵缴？李椿年将这类情况上奏高宗。不久，高宗批复：可以扣除。见此情况，明州知州郭明嘉当下表示，明州所有余钱、余粮全部上缴国家。明州带了头，其他多数州、县也只好将余钱、余粮上缴国库。可是，仍有顽固派再次向朝廷控告李椿年。

绍兴八年（1138）三月，尚书、中书、门下三省官员联名向宋高宗告状："台州有匿名信，控告李椿年刻薄等事，欲率众作过（煽动民众造反）。"宋高宗对三省官员说："兵火以来，官物多有失陷，既差官检察，若稍有留心，便生诬蔑，此必有州县所为，万一兵火作过，当用兵剿杀。"宋高宗驳回了三省官员的奏章，反对者遂服服帖帖地交出了余钱和余粮，豪强富户也补交了欠税，共收缴白银八千多万两、粮食数十万担。李椿年还了解到私盐获利甚厚的情况，提出盐业改制，直接由国家统一经营并得到高宗的批准，仅此一项，每年可为国家增收白银三千万两。

绍兴九年（1139）五月，李椿年任满回京。此时，刘大中、赵鼎等已被秦桧排挤出朝廷，一个去外地某州当了道观的住持，一个流放去了海南。而秦桧知道李椿年与赵鼎交好，便有意不起用他。李椿年当时只是个提举，难以直接面圣，虽有堂兄、时任吏部侍郎的李涧从中帮忙，但他无法直接安排堂弟的官位，只能告诉李椿年，岳飞元帅需要一位度支郎中（军中管后勤的职官）。于是，李椿年找到岳飞，由岳飞上殿奏明，高宗批准，到岳飞元帅麾下当了度支郎中。

在岳飞军营，李椿年向岳飞提出精兵垦荒屯田以解决部队给养等建议，同时组织教习军士学文化、论兵法，形成了"壮士日生产，虎将夜谈兵"的良好局面，岳家军由此兵强马壮，出征北击金邦，意在收复河山，迎回徽、钦二帝。但是，当岳家军一路势如破竹，抢关夺寨，收复了大片失地，直抵洛阳城，准备渡黄河北上之时，却接到了朝廷十二道金牌令岳飞班师回朝，李椿年也被吏部任命为京都救火官。

绍兴十二年（1142）五月，李椿年被任命为左司员外郎。眼见贪官污吏乘国家战乱之机大肆侵并土地，又倚仗权势拒不纳税，严重影响了国家财政收入，百姓苦不堪言，李椿年决心革除时弊，措置经界。他向宋高宗奏道："经界不正有十害""经界正，而仁政行"。此时的南宋已与金国议和，每年要向金国进贡大量金银，急需用钱，实施"经界法"既可增加国家收入，又能平息百姓之怨，于是宋高宗下诏同意措置经界，敕命李椿年负责施行，先在平江试行。完成平江试点后，李椿年回京向高宋汇报并呈上"砧基簿"。高宗看到融户籍、税籍、役籍为一体的"砧基簿"，非常高兴，于绍兴十三年（1143）六月，任命李椿年为户部侍郎，令其将经界推向全国，并命李椿年制定《经界法》，在全国统一实施。

绍兴十四年（1144），李椿年母亲程仰平在京去世，李椿年护送母亲回到浮梁界田，在家守孝三年，于绍兴十七年（1147）正月返京复职。李椿年回乡下丁忧三年中，秦桧举荐亲信王铁任户部侍郎，接任李椿年代行"经界"。王铁上任后，首先是篡改《经界法》，接着是暗增民税，致使贪官污吏营私舞弊，破坏了《经界法》的均税效果。李椿年返京复职后，立即采取措施予以纠正，以快刀斩乱麻之势，拨乱反正，使《经界法》的推行回到了正确轨道。南宋文学评论家罗大经撰写的《鹤林玉露》一书中记载："《经界法》推行后，回税均齐，田里安静，公私皆享其利。"

推行《经界法》触动了秦桧等奸佞权贵的利益，秦桧暗中指使殿中侍御史曹筠控告李椿年"求荐刘大中，阴交赵鼎，私结将帅，曲庇家乡"四大罪状，还说"不责之，难塞众议"。

宋高宗也不问曲直，便以"寝失本意"为由罢了李椿年的官，把他流放到江州，但没有否定《经界法》。绍兴二十年（1150），李椿年又被流放去了宣州（曾一度更名为"宁国府"），直到绍兴二十四年（1154），朝廷才任命李椿年为宣州知州。青年时期的朱熹也正是在这一段时间到宁国向李椿年求教《经界法》等治国方略，特别是李椿年的"青菜、豆腐营养丰富，尤其是豆腐的营养价值不比鱼肉差，足可以活命保身。一个过惯了平淡生活的人私欲不多，不容易被人拉拢腐蚀，失败的可能性就小了"的一番教导，对朱熹晚年形成的理学"存天理，灭人欲"的理念有一定的启迪作用。绍兴二十五年（1155）正月，皇帝的诏书到了宁国，调李椿年任左中大夫，知婺州（今浙江金华地区）。

婺州是东南较大的一个州，也是物产富饶的一个州，但当地民众受到富商大贾的盘剥，不得温饱。因此，李椿年到婺州后，即仿效王安石试行"平准务"法，并得到高宗的批准。"平准务"法实施后，婺州七县农民不愁买，不愁卖，不受重利盘剥，日渐摆脱了贫困。一时，种五谷、植桑麻、养禽畜、办作坊的浪潮掀起，城乡处处欢歌笑语，平民百姓过上了安居乐业的平稳日子。因为豪强富户与大商巨贾都不能再为所欲为、鱼肉乡里，经济上也蒙受了巨大损失，所以金华原县令朱中直的胞弟朱中正伙同霸市的不法之徒，串通富户商贾，联名上京状告李椿年，弹劾李椿年"所至刻削，阴取系省钱，名曰平准务，尽扰一郡之货，侵夺百姓利益，复以官钱贷于民，日收其利，谓之放课，及结合纳苗米，置圈猪、羊"等十数事。宋高宋又于绍兴二十六年（1156）正月下诏，再次罢了李椿年的官。罢官后的李椿年回到了浮梁界田自己的家中。

回到浮梁的李椿年并没有因罢官而懊恼，而是感到自己年轻时致仕，没有为家乡人办过什么事，于是他拿出自己平时省吃俭用攒下的一些积蓄，先后在东埠村的西面办起了"鄱源教院"，在桥溪村义学坞办起了"新田书院"，教授家族和当地乡亲弟子。这一时期，李家子弟有24人中了进士，这与李椿年的重教功德是分不开的。

南宋孝宗隆兴二年（1164），李椿年在家病逝，终年六十八岁。

1985年，《中国社会科学》一、二期所刊载的美国芝加哥大学历史系讲座教授何炳棣先生的《南宋至今土地数字考释和评价》一文中写道：

措置经界的中心人物是李椿年。由于他不畏强御，力行均税，既为政府增加了税收，又部分地减轻了自耕农和半自耕农的田赋负担，所以成了大地主和部分官僚的攻击对象。王安石新政遭遇保守势力的顽强阻挠而失败后，长时间士大夫的正统舆论，总是反对在经济和赋税制度上推行新政策，并且一直嫉恨所谓"言利"之臣，所以元代编拟的《宋史》，竟没有李椿年的传。《四十七种宋代传记综合引得》也同样不列李的传记资料。

何炳棣先生在文中不仅肯定了南宋时朱熹先生"此法之行，贫下户皆所深喜，然不能自述其情，豪强猾吏，实所不乐"的正确定论，也透析了李椿年这位古代赋税制度改革家、中国土地管理制度的创始人之所以在《宋史》中没有为其立传，也没有记载其《经界法》的时代背景。

此外，我们还可从何炳棣先生对李椿年的评价中了解到李椿年的人格和道德操守：

李椿年一生仿效桑弘羊、王安石，而且曾以力行经界，深遭保守势力的嫉恨，晚年成了官员的众矢之的，本不足怪。所可怪者，凌哲所弹劾他的都是为了增加政府收入的经济专利措施，并无一字涉及李椿年贪污自肥。后来，朱熹于1190年在漳州主张力行经界时，一再称赞李椿年行经界裨民生，从未批评李的人格和操守。

胡铨因勇于弹劾秦桧而闻名于世，颇具肝胆正义。他对李椿年的哲学修养有以下评价：某故人鄱阳逍遥公李仲永，潜心易学，卫道甚严。一日梦弼而有得，遂成一家之书。仲永名椿年，尝直学士院云。

在李椿年逝世十六年后，胡铨（江西吉安人）写出李椿年"卫道甚严"，足以反映李椿年一生为人是遵守相当严格的公私道德标准的，不是趋炎附势的机会主义者。

李椿年的一生，是奋发奉献的一生，是忧国忧民的一生，是改革图强的一生，是与豪强猾吏斗争的一生，也是廉洁无私的一生。他把自己毕生的精力献给了他的国家的税赋和土地管理制度改革，献给了民族事业。

李 涧

李涧，字仲行，生卒年不详，浮梁人。宋代政和五年（1115）进士，教授信州，任司封员外郎迁郎中，后任吏部侍郎。他向朝廷建言：人才选拔不能因循守旧，应该广为荐举选拔，革除弊端；主张加强武备，抗击金人。他后到秦陇川蜀巡视，认为这里山川关隘险要，为防备日后战患，应注重屯守垦田，并亲自慰劳官兵。李涧死后，封正议大夫、敷文阁待制、开国侯。

李芝才

李芝才，字汉公，生卒年不详，浮梁界田人，宋代绍兴二十七年（1157）进士。他涉猎十分广泛，作文章追求真理，性格刚直，平易近人。官授容州通判，历任成都太守、刑部侍郎。隆兴元年（1163），尚书右仆射史浩主张与金议和，国家逐步衰弱。李芝才经常叹息道："我不能收复中原，雪祖宗之耻，死有遗憾。"所以，他认为灵璧、宿州等多个战场失利，是朝廷重用将领不当，所以精力已用尽。李芝才后回归家乡，死在家里。他的儿子李彦通报告了朝廷，朝廷敕赐建祠堂于界田。在他的墓侧，端明殿学士杨栋为他写了传记。李芝才著有《四书类观》《读易大意》等书。

李大有

李大有，字贵谦，生卒年不详，浮梁界田人，是南宋赋税制度的改

革者李椿年的二儿子。宋代庆元五年（1199）进士，历任庐陵太尉、青阳太守、刑部郎中。他行为检点，公正执法，不屈不挠。著有《类藁狐白集》《奇难韵记》。

李遇龙

李遇龙，字叔兴，具体生卒年月不详，浮梁界田人。宋代绍定五年（1232）进士，历任枢密都承旨、刑部侍郎、集英殿修撰，赐金带封浮梁县开国男，连同土地一起封赏给他的有三百户人家，并享有完全统治权，谥忠定改忠靖。李遇龙持重敦厚，沉着稳健，经常为国事而担忧。他上书朝廷要减轻徭役、少征税赋，以舒缓民力；修缮城墙，建造要塞，以巩固边防；募集民众，多囤积粮食，垦荒种植，以充足粮饷；兴办学校，选拔人才，且誓死报国，收复国土。理宗皇帝赞赏他"信念坚定，精诚坚忠"。著作有《卷石笔稿》《奏议》《诸集子》。

计　衡

计衡，字致平，号墨庄，生于北宋宣和元年（1119），卒于南宋庆元元年（1195），饶州浮梁县新定乡西里都双溪（今景德镇市浮梁县经公桥镇港口村）人。

绍兴三十二年（1162）以太学上舍蒙恩释褐，赐进士及第。《江西通志》载："计衡中绍兴三十二年解试。"《浮梁县志·人物传》《饶州府志》载："壬午赐进士出身。"《浮梁双溪计氏宗谱》《宋朝散大夫国子司业墨庄先生计公行实》载："绍兴壬午，以大学上舍蒙恩释褐，赐进士及第。"《司业圹志》载其"登梁克家榜进士（与其他史料有出处，梁克家为1160年状元)",先后任左迪功郎、徽州教授、儒林郎、通直郎、岳州临湘县令、主管官告院、朝奉郎、太学博士、国子博士、大宗正丞兼权兵部郎官、御史台检法官赐绯银鱼袋[①]、朝议郎、监察御史、朝散大夫、朝奉大夫、国子司业、池州知府等职。

计衡以经学名于时,名士钦佩,学者景仰,尊称其为墨庄先生。任国子司业时,他曾向宋光宗奏言:"士子科举,一于经义则或不足于词(辞)藻,一于诗赋则或不根于理致,乞照绍兴十三年国子司业高闶条具太学课试及科举三场之制。"(见〔清〕徐松《宋会要辑稿·选举一·贡举》)他主张科举选拔人才应考虑兼科,培养通才,尤其要注重经学。

计衡年少时仰慕户部侍郎李椿年之才学,常登门求教。李椿年看中计衡的学问与才华,遂将孙女许配给计衡。李椿年晚年辞官返乡,创办"新田书院",聘请计衡等为老师。南宋著名理学大师朱宏仰慕计衡才学,曾与其弟朱元美负笈前往求教。

计衡与朱熹同朝,曾先后任兵部郎官。两人同为影响朱宏学术思想形成过程的重要人物。

计衡悉心于天下大计,于太学上舍时曾向宋高宗上书,献"留介使以款敌国之谋,下诏书以感河北之士,先举士以决进取之策,用人望以激忠义之气"四策。宋高宗嘉曰:"有士如此,不负教养。"

计衡为官多善政,元代《浮梁县志》称其"严毅有守,博洽刚毅"。任监察御史时,他因监试失察,自劾免官三个月。后由国子司业出任池州,其间修学养士,整理修补尤袤刻本《昭明文选》,以利学子,并为后世留下该书重要版本。他清廉为官,秋毫无犯,捐出自己的俸禄为百姓

---

①鱼袋制度始于唐朝:三品以上着紫袍,佩金鱼袋;五品以上着绯袍,佩银鱼袋;六品以下着绿袍,无鱼袋。官吏有职务高而品级低的,仍按照原品服色。如任宰相而不到三品的,其官衔中必带"赐紫金鱼袋"的字样;州的长官刺史,亦不拘品级,都穿绯袍。这种鱼袋制度,宋以后渐渐衰落。

修桥铺路，政绩大著。池州提点赵丕迹、提刑邓郭、提学陈士楚、运使傅伯受、安抚郑侨、总领郑湜等因此保举。任期满后，光宗特赐禄养，担任祠官，主管华州云台观。

计衡育有三子：长子计簧，字仲均，登绍熙庚戌（1190）余复榜进士，后授奉议郎，任宁国府泾县县令；二子计罃，字仲石，任南平军金判；三子计岿，字仲山，任蒲圻（今湖北赤壁）县丞。当时父子双进士，一门俱入仕，传为佳话。

计衡一生为官三十余载，历事六帝，而离世之日，家无余资。元代杰出理学家、经学家、教育家吴澄誉之为"清白太守"。

金君佐

金君佐，字彦博，浮梁槐里人，元丰五年（1082）黄裳榜进士，中进士时已67岁。按宋代规定，七十岁就要致仕了，所以金君佐的文散官阶是宣义郎（从九品进士起步阶），寄禄官阶是兴国司户。金君佐为何中进士这么晚？金君佐有首诗便是感慨自己功名太晚，其诗云：

雁行尽着紫兼绯，唯我功名独恨迟。
一荐便期膺帝选，夫何造物不扶持？

首句是说当年一同参加殿试都取得了身份的进士们，都进入了高官行列。唐代时有个习俗，录取的新科进士都会到长安（今陕西西安）的大雁塔题名纪念，所以用雁一语双关，既写眼前景象又暗指进士。宋官服四品以上为紫色，五六品为红（绯）色，七至九品为绿色。原来宋初参加科举的考生，通过礼部试（宋称省试，明清称会试），之后殿试如果不合格，还有落第的可能，从宋仁宗后期至英宗时，才改为殿试不再黜落。从金君佐的自咏诗中可知，他是在殿试中被淘汰的，原来金君佐一紧张就结巴，所以他感慨造物（上天）不帮他。但是上天有时候往往很公平,他弟弟口才一流,中进士也早,可天寿不永;他中进士晚,可享年期颐,更何况他的曾孙竟是童科。

金志宁

金志宁是金君佐的曾孙,字以通,是宋仁宗到宋徽宗年间二十个赐出身的童科之一。

据金氏宗谱载:金志宁在崇宁二年(1103)被霍端友及金君佐一起带到京城应试。他把该记的内容倒背如流,徽宗皇帝很赞赏他,赐他五经出身。当时考试是正对着御筵举行,皇上正好在用膳,就把自己的食物赏赐给他吃,结果金志宁并没有吃。皇上询问他不吃的原因,他回答道:"臣有曾祖父在外面还没有吃,臣不敢吃。"皇上于是召见他的曾祖父,把自己的御膳赐给君佐吃。当时在场的朝臣以诗赠这对老少说:九旬高寿方垂白,七岁曾孙已拾青①。

金去伪

金去伪,字敬直,号草窗。孝宗淳熙十年(1183)李孔隐榜进士。金去伪中进士后舍弃前程而跟随朱熹游历,专心致志钻研理学,当时的学者都称他为草窗先生。他曾作自咏诗云:

自知富贵若浮云,何用虚名伴此身!

四十挂冠林下去,始知清世有闲人。

---

①拾青:语义双关,既与"垂白"相对,言头发由黄变黑,又以典故表义,拾青指以学问求富贵。

他与朱熹亦师亦友。朱熹喜欢饮酒，常常在夜间豪饮。为此，他作文劝谏朱熹。

金去伪性格率真直爽，一向不喜欢伪装。宋代习俗，出门往往带着鸦扇，遇见不想打招呼或交谈的熟人时，就用鸦扇遮脸，所以鸦扇本是风雅礼仪用具，制作也很精细。可金去伪平时不用，却在夏季月夜时挥舞它扇风，以此来表示物当保持本意。

他常常写文字贴在门上，说是桃符①。有人劝他著书立说。他说：《经》是经线，《史》是纬线，各位儒学大师的阐述解释，晦庵②兼容并蓄，是汇集他们学说的集大成者。金去伪最终不肯著书。

宋朝廷授他钟离县主簿一职，他坚辞不就，和各儒学学者在鄱江书院讲学，成为鄱江书院的创始人之一。他讲学的地方曾号称弦歌巷。他死后祀乡贤祠。作为程朱理学学者，金去伪的地位可以从余大雅的两首《挽草窗先生》诗中管窥一斑，其一云：

天欲丧斯文，微公谁与伦？
颓梁支一木，涌濑峙三门。
礼乐千年主，簪缨十世孙。
芝山云惨惨，何处望归魂？

意思是说上天要消除人间的斯文啊，没有了公还有谁能和紫阳③先生一样呢？在理学大厦将倾倒的时候，只有你独自苦苦支撑，公和先生就像三门峡中的鬼石和神石一样，屹立在汹涌澎湃的浊浪里。公出身于千百年的礼乐钟鼎之望族，是高官显宦的第十世孙，芝山上愁云惨淡，是

---

①桃符，是古代挂在大门上的两块画着神荼、郁垒的桃木板，以镇邪驱鬼。宋已发展成联语，金去伪此举是规劝朱熹，对他夜饮常醉不满，有评论他人不人鬼不鬼之意。
②晦庵，朱熹年轻时的自号。
③紫阳，朱熹书斋名。

你思念家乡的孤魂吗？

此诗应作于宋宁宗时，此时理学被斥为"伪学"，朱熹被斥为"伪师"，朱熹门生故吏也纷纷作鸟兽散，理学大厦将倾，只有金去伪依然坚持宣扬理学。

"涌濑"句，涌濑，指湍急的水，喻指险恶的形势。"三门"，即三门峡，黄河水道途经三门峡时，被对峙在河道中的鬼石和神石将河流分成三道，如同"三门"。这里喻指朱熹、金去伪师生为理学的中流砥柱。

"礼乐"句，指金氏家族千年为礼乐钟鼎之家。"簪缨"句是说金去伪为金安十世孙。"芝山"两句，说明金去伪死在鄱阳并葬在鄱阳芝山。因当时理学遭受朝廷迫害，为免给家族带来政治灾难，金去伪生不能归里，死不能归葬，很凄凉。

另一首为：

> 身任斯文七十春，执经侍立紫阳门。
> 蓁芜不假锄耕力，千载谁知道学尊？

意思是说，金去伪拿着经书，侍立在先生（朱熹）身边，矢志不移地追随先生，像开垦荒地那样创建了鄱江书院，艰难地播撒理学的种子。千年之后，还有谁知道理学道统的崇高与神圣！

余大雅的两首挽诗，感情深沉悲愤甚至带着绝望情愫，创作时代当在朱子去世之后，理学仍在禁锢中时。结合金去伪的自咏诗可大致推算出金去伪的生卒年为绍兴十三年至嘉定六年间（1143—1213）。

金从龙

金氏家族中以身殉国的悲壮人物是英溪金可封的后裔金从龙。

金从龙,字成之,嘉定四年(1211)和浮梁籍朱震一起登上赵建大榜辛未科进士。他任涪州乐温县知县时,逢金兵攻入蜀地,有个叫王全的溃军将领带着部属进入乐温县境。

危急时刻,金从龙随机应变,坚决果断地籴米充作军饷,要这支部队留下来守卫乐温县。过了半年,遇上旱灾,金从龙估计常规的赋税不能供给粮饷,遂请求朝廷拨付军用饷银,购买粮食供应军粮,又用剩余的赈济饥民,从而保全了县邑。

魏了翁西巡,见满目残垣断壁,唯有乐温县安然无恙,大加称赞,举荐金从龙出任泸州纳溪县令兼泸州通判。不久,金兵涌入纳溪,守军溃逃,金从龙临危不惧,竟率衙役抵抗,悲壮赴死。

事情经过传到朝廷,宋廷追赠他为银青光禄大夫,谥号"忠烈",入乡贤祠,并按从三品例封荫其子。金氏亦建专寺祭祀,名为"茴香寺"(既喻指品性芳香,又呼唤忠魂回乡)。又因是金从龙的坐骑白马驮回他的无头尸身,为追念白马忠心事主之德,也塑像配享,故"茴香寺"又称"白马寺"。《浮梁县志》亦有传。

朱貔孙

朱貔孙（约 1258 年前后在世），字兴甫，江西浮梁高砂人。生卒年均不详。宋理宗淳祐四年（1244）进士，授临江军学教授、福州儒学教授，历擢监察御史，迁殿中侍御史，升侍读，以文华阁学士知宁府，后起知袁州，升敷文阁学士，知福州。

浮梁有王师山，《大明一统志》记："王师山，在浮梁县东五里，宋朱貔孙未显时居其下。有道人云：'兹山秀拔，当出王者师。'后貔孙授太子谕德，为度宗师。"朱貔孙在理宗朝先后任崇政殿说书、太子左谕德、侍讲、侍读等职，是理宗、度宗两朝太子的老师。

《宋史·朱貔孙传》记载："貔孙在讲筵，言及宋臣挠政事，忤旨。迁大理少卿，又迁司农少卿兼太子右谕德，诏许乘马赴讲。貔孙谕导得体，衍说经义，有关于君道者，必委曲敷畅，阴寓警戒，太子每为之改容。""推《春秋》尊王绌霸之旨，劝帝崇仁政，用吉士，崇正论，赐赉甚渥。""'回天心自回人心始。'辞旨恳切，帝为之感动。"

徐善继、徐善述所著的《地理人子须知》中记载："朱尚书（朱貔孙）祖坟风水地，大贵风水位于江西省景德镇浮梁县城东边五里处，小地名高园。"

朱貔孙在任监察御史时，曾上书朝廷要求减轻人民负担，惩办奸邪，极论宦官专权的祸害。后升任监察御史兼崇政殿说书，上疏论权奸误国

之罪。

时宦官董宋臣、猾吏丁大全专权，朱貔孙与之坚决斗争，进言："丁大全奸诈阴险，狠毒贪婪，假借陛下的声威钳天下百姓之口，倚仗陛下所赐的爵禄笼天下财路于一己之身。"

丁大全，字子万，江苏镇江人，宋淳熙九年（1182）调任浮梁县知县。丁大全阴刁圆滑，为官奸诈，贪得无厌。每到一地，他不顾百姓死活，无视地方利益和国家法律，千方百计拼命盘剥，卖官鬻爵，营私舞弊，敲膏吸髓，中饱私囊，老百姓对其恨之入骨。然而丁大全极会溜须拍马、巴结讨好上司，因此，其劣行一直得不到惩罚。

丁大全任浮梁知县期间，拼命敛取不义之财，勒索百姓钱财，贪污公粮公款，搜刮名瓷名产，把浮梁闹得鸡犬不宁。当时的吏部尚书朱貔孙在派员查核丁大全贪赃枉法后说："论其奸回，险狡狠毒贪残。"他上疏揭露丁大全弄权误国之罪，为六名士人申辩冤情，建议广泛招揽人才、凝聚人心，选择贤良官吏治理内郡和坚守江南，并严整舟师，加强海边的防守，以防"突至之敌"。《宋史》赞其"直声著于中外"。

这时，正值北方蒙古铁骑南侵，朝野甚为恐慌，有人建议迁都。朱貔孙对皇帝说，"銮舆若动"，就会使戍边的"将士瓦解"，而四方的"盗贼蜂起"。朝廷接受了他的意见，停止了迁都动议。

而后是外戚贾似道擅权，朱貔孙又以自己帝师的特殊身份，向理宗反映情况，进谏斗争。他遇事敢言，不畏权势，屡言贾似道公田法之弊，被贾似道忌恨。贾似道指使言官弹劾，使朱貔孙被罢官。度宗即位后，朱貔孙被任命为吏部尚书，后因病向皇帝辞职归乡里。皇帝因为曾受教于朱貔孙，意欲挽留。临行时，皇帝派使者在路旁劝说，而他归意已决。后来，朱貔孙知袁州，有惠政，《宋史》记载朱貔孙到袁州后，"宣布德意，以戢暴、禁贪为先务。郡仓受租，旧倚斛面取赢，吏加渔取。貔孙知其敝，悉榜除之，许民自概量。宿敝顿革，田里欢声。兴学校以劝士"。没过多久，朱貔孙病逝于袁州（今江西宜春）。

时任崇政殿说书的文天祥得知后,写下了《挽貌孙》五律一首,对朱貌孙的人品做了极高的评价,表达了对朱貌孙的敬仰之情:

一代文章贵,千年谏议名。①

天球声浑厚,元酒味和平。②

岩穴思风采,朝廷惜老成。③

东西生死别,江水泪为倾。

朱貌孙也以文章显名,有文集、奏议行于世。文天祥称其为"一代文章贵"。《宋史·朱貌孙传》载:"时大礼成,封命丛委,吏持词头下,每夕无虑数十,貌孙运笔如飞,夜未中已就,皆温润典雅。"他一天写骈体制诰数十篇,文采不让苏轼、洪迈。

朱貌孙还与饶州神童神话有关。宋代饶州神童最多,饶州神童以浮梁最著,浮梁神童又以朱姓最著。北宋时,明溪朱天锡等曾创"九子十神童,其一乃甥也"的佳话。南宋末年,朱貌孙后代又以"九子十神童"著称。

县志载:浮梁朱姓神童北宋19人,南宋绍兴间5人。浮梁朱姓作为宋代科考极成功的姓氏,在南宋灭亡后便辉煌不再。而科举不再出神童,责任在李伯玉。《宋史·度宗本纪》载:咸淳二年(1266)秋七月壬寅,

---

①首联谓朱貌孙文章、谏议受到重视,因朱貌孙为官正直、直言敢谏,曾多次上书要求减轻人民负担、惩办邪恶、揭露权奸、阻止迁都,又曾任右谏议大夫,故有"千年谏议名"之说。

②颔联谓朱貌孙堪为庙堂伟器,朝廷重臣。天球:玉名。《尚书·顾命》:"大玉、夷玉、天球、河图,在东序。"疏:"天球,雍州所贡之玉,色如天者。"天球美玉,其声浑厚,朝廷礼乐用之;玄(元)酒色黑,其味平和,庙堂祭祀用之。这里借以盛赞朱貌孙堪当大任。

③颈联谓朝廷甚重其才。史载朱貌孙晚年因病向皇上辞职,欲归乡里,宋度宗意欲挽留,临行前还派使者在路旁劝说。岩穴:岩穴之士,即隐者。

"礼部侍郎李伯玉言：'人材贵乎善养，不贵速成，请罢童子科，息奔竞，以保幼稚良心。'诏自咸淳三年为始罢之"。也就是说，从1267年起，中国的科考不再有童子科，苦读经书的神童自然从此绝迹。

朱貔孙是名儒，长期在朝廷任职，以直谏气节著名，曾为度宗老师，事迹载宋史。故《大明一统志》卷五十介绍饶州府人物，称"俱有时名，号称饶三尚书"。

操斗祥

操斗祥（1212—1295），字朝辰，别号洁斋，江西浮梁人，学识渊博，智慧不凡。《饶州府志》载其端平元年（1234）甲午解试中举人，淳祐元年（1241）中进士，历官开化知县、太府寺丞、太常少卿，封朝奉大夫。他的父亲也因为他赠封朝奉大夫，母亲叶氏为太宜夫人。

浮梁，位于江西省东北部，地处赣、皖两省交界处，是一块人杰地灵的土地。昌江河绕城而过，养育了浮梁人民，也给浮梁带了繁荣。尤其是南宋时期北方的工业与生产力以及手工业技术随南宋政权南迁，从而将浮梁的制瓷工艺推向了一个崭新的时代。

南宋年间浮梁有个操村，该村有十几户人家是半商半耕半读之家，曾经流传着"兄弟并仕，叔侄同科"的传奇。在浮梁城东，有一户主人姓操名得喜，人称得喜财主。得喜财主中等身材，继承祖业，家有百亩

操斗祥

田产、千亩茶园，又经营一间药材铺和几间杂货店。药材铺里除聘请坐诊名郎中外，他自己也常常为患有疑难杂症前来就诊者号脉开方，医术医德在当地甚高。

得喜财主在当地算得上是较富裕的人家，他娶本郡方员外之女为妻，生有三个儿子。是年初，方夫人又为得喜财主生下一对聪明伶俐的双胞胎儿女，儿子名叫斗祥，天庭饱满，头颅圆阔，轮耳方面，两眼炯炯有神。女儿乳名云儿，生得樱桃小嘴，长得柳叶细眉，口齿伶俐，甚讨人喜欢。自从得喜财主夫妻生下这对龙凤胎后，更是乐善好施，常常救人于危难之际。久而久之，乡人尊称得喜财主为"好好老爷"，人们亦称"好好老爷"之妻为"好好夫人""好好嫂子""好好婶婶"。

斗祥不但仪表堂堂，而且自幼聪慧过人。到了该读书的年龄，得喜老爷就聘下塾师。操斗祥在塾师的教导下，已能熟读《昭明文选》与诸子百家经典以及程朱理学，并能出口成章、落笔成文，十五岁中秀才。

次年，操斗祥娶本邑大户豪门苏家淑女为妻。由于操斗祥为人大气，因此，平时常常被邻县才子邀请参加诗词歌赋琴棋书画酒会。

有一年早春二月间，文人墨客相聚于浮梁昌江边酒楼吟诗作赋，对酒当歌。酒过三巡、菜过五味之后，众儒生不约而同地邀请东家操斗祥以山水作对联一副。操斗祥放下酒杯，嘱咐酒保笔墨侍候。他移步于案台前，眺望滔滔昌江之水片刻，挥毫泼墨，写就上联，曰：绿水滔滔直流东海浪不还。此时，有儒生夸此上联为大气之作，也有儒生说此上联为千古奇对、绝对。只见操斗祥闭目沉思片刻即完成下联：青山丛丛相连南岭争春归。众人大为惊讶，连连竖起大拇指。

同年，操斗祥为求程朱理学精粹，负笈担簦入皖南、过浙江，行走于武夷，拜访名师，涉猎百家，随后潜心苦读于浮梁操村。

公元1234年农历正月初一，浮梁县境内仍是十月小阳春，城东从大年初一开始，喜鹊成群结伴在空中起舞嬉闹，一会儿飞向操得喜的店铺，一会儿又飞向江面上，好像城东操氏家族人人在放纸鹞，引来城里城外

以及周边无数人整天观看，甚至婺源、乐平的人也徒步前来一看究竟。

转眼已是大年初三，天刚放亮，只见一须发皆白的道士直奔浮梁县城东，敲开操斗祥店门。店伙计见状，立马通报主人得喜老爷。道士入店环顾四周，找一僻静处先坐下。"好好老爷"平日也有早起的习惯，他以为店中来客，急忙整冠来到厅前。见过道士，礼毕，分宾主入座。店伙计端上糕点零食，上茶。道士端起茶盏，品上一口清茶道："好茶！""好好老爷"微笑着问道士："不知道长云游到此，失敬，失敬！道长清晨造访小店有何指教？"道士答曰："贫道从安徽官道徒步而来，昨天路过操村，见村中有吉祥喜兆，一路访来才找到吉兆主人。连日喜鹊在您店房顶盘旋不散，是喜鹊把贫道引到您店里来的。此乃喜兆，喜兆。文曲星下凡您家，不久必出富贵之人。"听了道长的一番言辞，"好好老爷"以为道士要讹几个钱，便急忙掏出钱币酬谢道士。道士见状口中连连说道："罢了！罢了！"言毕，道士起身离去，操得喜目送道士摇曳手中拂尘，喃喃自语，云游而去……

南宋端平元年（1234）秋放榜，21岁的操斗祥[①]中举（见《饶州府志》第1625页）。这一天，操斗祥之妻苏氏又添弄璋之喜，取名文翰。"好好老爷"除打赏报喜者外，又要应付整个浮梁操氏家族及姻亲外戚前来道贺操斗祥中举及弄璋之喜。家里天天宾朋满座，宴席上满是山珍海味、鸡鸭鱼肉、奇异瓜果，八大盘九大簋，"好好老爷"一家人一直忙到腊月初。

操斗祥自中举又添弄璋之喜后，全家族上上下下又忙于拜祖先、酬恩师、访同年、走亲戚、谢稳婆[②]，天天如此这般，真叫人应接不暇。

弹指间已经是年底了。这天，浮梁大雪纷飞，"好好老爷"与往年一

[①]浮梁操氏族人口述，操斗祥时年21岁，或者是27岁。
[②]唐宋读书人考取功名后要求谢稳婆（接生婆）。

样早早吩咐店伙计煮好三担白米饭，分别由大儿子斗福、二儿子斗禄、三儿子斗寿挑着，四儿子斗祥则紧随父亲沿街施舍饭菜给行乞者。

除夕夜，得喜财主全家回操村守岁，夫妻俩对儿女们说道："明年老大斗福继续打理茶园山林及新开设的两间油坊的事务；老二斗禄依旧打理杂货铺买卖；老三斗寿仍然打理药材铺；老四斗祥是有功名的读书人，就继续读书，将来封妻荫子、光宗耀祖；云儿远嫁婺源胡家夫唱妇随，每逢年节或操家有喜庆，则回娘家小住。"儿女们点头答应，向父母大人请安后回各自房间。

转眼已是春暖花开之时。一天，操举人接到同窗好友、同年吴举人之邀去他家做客。操举人坐在轿里，书童紧随其后来到浮梁城南门。这时，城里的叶举人、林秀才、张秀才早已等候多时了。他们一行四人坐在轿里，一路观景，朝吴家村吴举人府第方向而去。

走着走着，只见前面有一长亭。此时，吴举人已备下茶饭恭候诸位。几句客套话后，大家便开始用餐。餐毕，略做小憩，五顶大轿来到吴举人府第门前。乡下人从未见过大世面，今天吴举人请来两位举人和两位秀才，十里八乡的父老乡亲把吴家大院前后左右挤得水泄不通。

席间，众儒生一阵推杯换盏之后，各人都略带醉意。吴举人吩咐家人掌灯，安排众儒生歇息。次日，吴举人又大摆宴席请操举人、叶举人、林秀才、张秀才品尝美味佳肴。

大凡文人雅士聚会席间，自然是诗词歌赋伴随着杯中酒。众儒生各自发表长篇阔论，或批秦始皇无道，焚书坑儒；或赞唐太宗好文，开科取士。此时，众儒生邀操斗祥举人阐述对两宋理学的见解。操斗祥谈论起程朱理学，接着又说鹅湖之会，对修身、顿悟有独到之见解，引经据典，滔滔不绝。众儒生齐声高喊："妙哉妙哉！"吴举人又道："人说我吴字头上一个口，自然能说会道，又怎比操举人操字三个口。"吴举人话音刚落，引得众儒生个个捧腹大笑。此段佳话千百年来一直被当地人代代传颂。

时光流逝，犹如白驹过隙。这一年是南宋淳祐元年（1241），秋闱放

榜日，操斗祥又蟾宫折桂，高中进士。这一下，浮梁操氏家族乃至整个浮梁城都为新进士忙前忙后，鼓乐喧天，鞭炮齐鸣，赣剧、黄梅戏、采茶戏各种戏班子轮番登场，县太爷也携衙门里的官僚前来祝贺。

次年，操斗祥进京（临安）候职。淳祐五年（1245），操斗祥任江山（今浙江省江山市）县丞。任职期间，他抱病忠于职守，传为佳话。淳祐十一年（1251），操斗祥辞官还乡，他抱病回到浮梁县操村。德祐元年（1275），元军沿长江东下，操斗祥变卖家产充作军资，亲自招募浮梁籍壮丁响应文天祥勤王。操斗祥亲自送长孙操可人及操氏家族二十壮丁与浮梁籍壮丁共八百余人入浙勤王。

数年后，据从广东死里逃生回来的几个浮梁籍壮士说，操可人以及浮梁籍壮士已为国捐躯。操斗祥闻讯仰天长叹，捶胸顿足，竟一病不起。一代文人雅士随时代更迭而消逝……

操　安

太守作为一郡长官，与民生休戚相关，任务繁杂、责任重大。一郡有一个好郡守，能使这一郡大治。天下各郡都有得力的郡守，天下就能稳定、繁荣。因此，郡守的选拔任用必须尤为慎重。

为此，皇上多次诏令朝臣推举贤才委以重任。这样的做法施行了很长时间。郡守的选用尤为严格。然而，并不是所有的官员都既贤明又有才干，为此，朝廷又让吏部尚书属下铨选考核。

操安，作为监察御史，经吏部两次审查考核，功勋显赫，名闻天下。当时，郡守官员多空缺。吏部因为操安功勋卓著，擢升他为云南曲靖军民府郡守，是经过严格遴选的。

操安起初以太学上舍生的身份，任贵州乌罗推官，后改到南雄及辰州任职。任职期间，他崇尚德政、宽缓刑罚，当地百姓至今还非常想念他。

尤以乌罗地方百姓对操安感念甚深。直到操安升任监察御史很长时间，乌罗百姓还有人上书请求皇上，让前任推官操公为郡守，让乌罗百姓能继续享受操安的仁政恩惠。这种请求虽然不合朝例，朝廷不能这样做，但从中足见操公善于理政、深得民心。

操安为人庄严持重而不虚浮，敦厚朴素而谦恭有礼，自己清正廉明，处理案件公平公正。无论是当府推官，还是任监察御史，他一直谦逊谨慎、严格约束自己、生活俭朴。后来，朝廷委任他为云南曲靖郡守。

有操安镇守边境，曲靖的百姓从此受操公的恩泽，感念他的宽厚仁爱。

宁　询

宁询，字文仲，浮梁县长山都（今浮梁寿安）人。他师从桐庐人倪天隐，勤勉学习，品行敦厚善良，"勇于任事"，敢于担当。他的老师常常在弟子们面前称赞他，要求大家以他为榜样，做一个对国家、对民族有用的人。

宋嘉祐八年（1063），他和老师倪天隐同榜考中进士，并任海州判官，后又任祥符县丞，并兼任京城监酒税。他在任期内，由于为人正直，才干卓著，抑制豪强，治理有方，被朝廷重用，升迁为靖安军节度推官，后调任淮南推官。

熙宁七年（1074），是北宋历史上的多事之秋，国家政局波动，而旱灾从头一年的秋冬即已开始，波及全国。即便是京畿所在的开封府界的旱情也比较严重。三月底，皇帝所下诏书中便提到"自冬迄今，旱暵为虐，四海之内，被灾者广"。四月入夏之后，旱情还在继续："河北、河东、陕西、京东西、淮南诸路久旱；九月，诸路复旱。时新复洮河亦旱，羌户多殍死。"司马光所上奏章称："北尽塞表，东被海涯，南逾江淮，西及邛蜀，自去岁秋冬，绝少雨雪，井泉溪涧，往往涸竭，二麦无收，民已绝望；孟夏过半，秋种未入，中户以下，大抵乏食，采木实草根以延朝夕。"当时，甚至有贫下户"拆屋卖钱以给己家粮及官中诸费者"。

而宁询任职的淮南地区更是遭遇百年难遇的大旱，庄稼颗粒无收，民不聊生，经常有百姓饿死。宁询心急如焚，找到儆帅，请求开仓放粮赈济灾民。儆帅不耐烦道："粮食是军需物资，不能动。"听他的口气，宁询知道没有商量的余地，于是打开泰州仓储，把粮食发放给灾民。这时，海滨的盐户借机聚伙抢劫，扰乱集市，甚至行凶杀人，营造恐怖氛围。宁询又向儆帅请求前往安抚。儆帅认为非出动军队不可。宁询据理力争，儆帅根本没听他的建议。

儆帅发兵浩浩荡荡前往征剿。宁询单枪匹马直奔海滨。到了那里，他置个人安危于不顾，对盐户们晓以大义，权衡利弊。于是，众人倒戈，将他们的头目献上。这样，凭借他的智慧和胆略，叛乱得以平定，也免除了一场血雨腥风的灾难。

没想到宁询在他之前把这件事处理好了，儆帅心里不是滋味，越发厌恶他，思前想后，准备向朝廷奏他一本，说他以下属官员身份竟然越权行事。宁询得知后，嘲讽他道："朝廷对你委以重任，不是让你拥兵示威，而是应该让人感受朝廷的恩惠。况且，想要消除大患，怎能不在细小的问题上谨慎行事呢？"儆帅置若罔闻，根本听不进他的话，依然上奏朝廷弹劾他。宁询考虑再三，和这种人共事简直玷污了自己，他义无反顾，罢官回乡。

历史上，北宋对西夏发动了多次战役，其中最为著名的有延州之战、好水川之战和定川寨之战，战争加重了百姓的负担，加深了国内的矛盾。

宋神宗元丰四年（1081），朝廷重新任命宁询为兵部右司郎中。这年六月，西夏梁太后囚禁了西夏惠宗李秉常。李宪、种谔等人提出乘西夏内乱之机彻底消灭西夏。气盛的宋神宗于是下令向西夏全面开战。朝廷任命李宪为统帅，发动五路大军共五十万人马进攻西夏。宋军计划先取灵州（今宁夏吴忠），然后直取兴州（今宁夏银川兴庆区），企图一举荡平西夏。

箭在弦上，战争一触即发。宁询斗胆上书道："熙河开边战役，没有成功；韩缜出兵西夏，结果兵败，也算不上勇武。出征讨伐，在战略上不能审时度势，就没有必胜的把握；如果趁他们内乱而征讨，也不是安抚百姓、讨伐逆乱的正当做法。与其事后后悔，不如事前谨慎处理。"出兵西夏，是宋神宗的意思，宁询质疑圣意，宋神宗很不高兴，当即将宁询贬为户部左司郎中，后来又以言事罪将其贬为楚州驿丞。宁询是一个宁折不弯的人，后来他一直任通判，直至告老还乡。

程 节

程节，字信叔，宋庆历年间出生于浮梁县镇市都，系唐代户部尚书、浮梁程氏一代祖、兴田程仲繁的裔孙。

道光版《浮梁县志》载，程节自小聪慧，性英敏，博学多才，且通晓兵法韬略，胆识过人。仁宗嘉祐五年（1060），程节去京都赴试，路经安徽亳州柳林时，看见远处飞尘四起，有十几个人骑马张弓奔来。他勒马张弓发箭，射落了对方射出的箭镞，走在前面的一个人见状十分惊奇，急问是什么人，程节说是往东京考进士的举人。那人一听，啧啧称赞程节为奇才。

嘉祐六年（1061），程节参加礼部会试，取得第三名的好成绩，接着参加殿试，荣登进士，授陇右招讨使推官。任推官期间，程节曾常领精锐骑兵入敌境数百里，察看敌情，侦探敌方虚实，以便做好对敌作战的准备。他将所侦察到的敌情和自己对敌作战的想法报告元帅，被帅府全部采纳。接着，程节被任命为唐邓经略使司司马。上朝入奏机宜时，所奏方略得到皇帝和大臣们的首肯和称赞，被提拔为荆湖转运副使。在任

转运副使时,志载程节"历瓒帅关,所至推重"。熙宁年间,南方发生骚乱,程节向宋神宗建议:"示以威不如怀之以德。"他单骑衔命到南方安抚。不久,南方骚乱未动用一兵一卒就全部平定。宋神宗曰:"程节真奇才也!"程节因此被提拔为广南西路转运使,坐镇广西元帅府。在广西任职期间,程节曾登临逍遥楼并写下《奉命节度粤西秋日登逍遥楼》诗一首:

龙章特许出中州,西徼筹边上郡楼。
万顷沧波炎海日,千林黄叶粤山秋。
国恩久沛殊方泽,臣谊惟纡圣主忧。
俯视苍梧绥服外,白云允塞是王猷。

在广西主政一段时间后,由于出色的治理才能,他的威信也越来越高,在当地深得民心,影响很大。神宗又升任程节为枢密院副使。程节调往京城任职不久,南方各部又再起骚乱,宋哲宗绍圣中,朝廷再次任命程节为安抚使重赴广西,南粤局势又很快安定下来。自此,程节便坐镇广西。由于程节对国家的贡献和显著的政绩,朝廷加封他为中书侍郎晋右仆射。此时,程节年事已高,几次上表请求退休还乡,终被批准并加封宝文阁待制,赐紫金鱼袋,封开国侯。程节著有《竹溪集》传世。

程 邻

程邻,字钦之,程节之子,浮梁县镇市都人,道光版《浮梁县志》载其"简厚恢宏,所业渊洽,以行艺列上舍生"。当时,国子监祭酒丰稷特别惊异程邻之才华,称"此子如太阿出匣,光芒四映"。意思是说程邻犹如一把太阿宝剑,一出鞘就寒光闪目,光逼斗牛。程邻于元祐辛未年(1091)中马涓榜进士,除校书郎。绍圣年间,廷臣李清臣因言时政获罪谪虔州(今赣州)监税,程邻被召授秘书省右丞调博士转右正言。

程邻为人光明磊落，论事观点鲜明，议兵尤切中要领。当朝中书侍郎许将经常在同朝大臣中称赞程邻，并推荐他为边防守将。

程邻在朝堂上向宋徽宗奏陈初政四事："一曰勤御经筵，以启圣明之治；二曰敷求贤能，以收忠良之效；三曰广阔言路，以采是非之公；四曰务审民情，以循好恶之孚。"意思就是，皇帝一要经常认真地总结和学习历朝历代的治国经验，找出最好的方法和途径，实现国强民富；二要不拘一格广纳贤才，使这些贤才都能为国家恪尽职守，辅佐圣君开创国家强大和人民安居乐业的局面；三要能够倾听百家之言，分清是非，主持公正；四要认真倾听百姓的呼声，了解民间疾苦，把老百姓的疾苦和要求放在心上，做一个爱民的明君。徽宗当即夸奖程邻能开诚布公，知无不言，表态说这四条建议于国于民有利，全部予以采纳。

程邻之父程节退休回乡后，广西一带的骚动又有抬头之势。一次朝廷之上议事，大臣们齐向徽宗建议："程邻为程节元帅之子，文武全才，可以担当安抚南粤的重任。"徽宗当即同意，于大观二年（1108）颁旨：程邻以翰林承制为广西安抚使，知融州①。

程邻因当时王祖道、庞恭孙等人在广西任职开边耗内、凿宝为功，而力辞融州知州一职，请求只担任抚军安民使臣一职，并要求宋徽宗给他一定的时间。所奏得到徽宗批准。

程邻到任后，充分展示了自己的才华，指挥若定，安抚从容，不亚其父，不识内情的人都以为是程节重新回到了广西。经过几个月的努力，广西的局面又一如既往地安定下来。

同年，贵州蛮酋蒙光有被宋将军黄忱等打败，将边陲三州三镇及户口六万一千献归宋廷。

---

①辖境相当于今广西融水苗族自治县,罗城仫佬族自治县、融安县及三江侗族自治县。

徽宗又命程邻前往黔南路①抚谕。他到黔南后，在做好安抚工作的同时，对当地官吏的忠奸作为和边防情况进行了明察暗访，感觉到当地官吏"推恩有差"，对朝廷的指令敷衍了事，军队防务松懈，军纪很差。因此，程邻在军府中严厉地对各位将领申明自己的态度："马可经年不阵，不可一日不驰。兵可经年不战，不可一日不厉。"在程邻的严格要求下，军队演练又立马开展起来，军队纪律松弛的现象很快得到了扭转，军队战斗力也日渐加强，成为边陲地区的劲旅。

黔南靠近交趾②，当时的交趾人与粤民③互市，已成为惯例。为了巩固边防，程邻说："我重臣督师在外，奈何利夷货乎？"于是，他禁止了黔南与交趾的互市。他在黔南督师的几十年中，有人多次请求开市，程邻始终不允许。朝廷鉴于程邻督师的功劳，升其为徽猷阁待制，享受银青光禄大夫待遇。

程克俊

程克俊，字元凯，生于1089年，浮梁县寿安寺前人。道光版《浮梁县志》载其"博极群书，游太学有闻"。宋宣和甲辰（1124）徽宗亲策进士，先任湖州刑曹，改太学录。程克俊被皇帝召对，论事讦直，擢给事中拜中书舍人兼侍读学士。

当时淮河有一座瓦梁堰淤废很久，皇帝派他去视察。他带人到故址察看，见瓦梁堰绵亘四州，"屹然金汤之势"，非常牢固，只不过被泥沙淤

---

①今贵州省中南部，处在大西南对外开放出海的黄金通道上。北靠省会贵阳、南与广西壮族自治区相邻，是多民族聚居之地。
②今越南。
③今贵州、云南、广西一带的人。

塞，很久没有清理，故而失去了应有的作用。

当他把这个情况上报徽宗，并提出治理办法后，皇帝十分高兴，除表彰他办事认真有能力外，又提升他为给事中、直学士院。当时，大将怙恩恃宠，"制书所及多裁抑之，中外严惮"。顺昌之捷后，金国使者到宋朝议和，程克俊当着他的面起草誓约，提笔一挥而就，使金主叹服。

鄱阳学宫经兵火毁坏，一些当地权贵上书，想请老乡程克俊帮助奏报皇帝，但程克俊没有这样做，而是将制书封好退还，让当地主动想办法解决。

宋高宗在资善堂认真读书，程克俊每以道德仁义辅之，对于古今治乱，必反复论述并经辩论，从中找出规律和原因。绍兴十二年（1142），程克俊自翰林学士迁端明殿学士，除签书枢密院事兼权参知政事。皇帝对他说："得卿数人，可致太平。"

李椿年请行《经界法》时，程克俊积极予以支持。他对皇帝说："比年百姓避役，正缘经界不正，行之乃公私之利。"第二年，程克俊以身有疾，苦请辞归，未准，仍担任前职提举洞霄宫，并主持绍兴辛未贡举考试，又起知建康（今南京）改知湖州（今浙江湖州）。绍兴二十六年（1156）召还，引对内殿，劳问久之，又拜参知政事。志载程克俊主政期间"纪纲振举中外"，充分展现了他对国家的忠诚和治国才能。这时，程克俊再次以疾提出辞呈，得到皇帝批准，改任资政殿学士提举洞霄宫观使。绍兴二十七年（1157）七月，程克俊卒，谥号"章靖"，封鄱阳郡开国侯。他平生下士，推毂后进，创立义庄，以膳宗族。程克俊著有文集五十卷、《内外制》二十卷、《易通解》十卷。

据《宋宰辅编年录校补》卷16记载：山西省垣曲县发现的"垣曲县店下样"为宋代运输解盐所用的标准石衡器，"店为置物粥物之处"。"店下样"石刻有铭文293字，末刻有"张浩书，程克俊刊"字样。

程 瑀

程瑀，字伯寓，号愚翁，出生于北宋元祐二年（1087），浮梁臧湾府前人。《浮梁县志》载："其姑臧氏妇养瑀为子。姑死后始复本姓。"

他从小才气横溢，太学试为第一，登宋宣和甲辰（1124）进士，累官至校书郎。丁忧臧氏父母服满后，除兵部员外郎。

当时金人入侵中原，徽宗皇帝下诏求使臣，程瑀请求前往，未准。钦宗即位时，议割北方三镇求和，命程瑀往河东、秦桧往河中进行交割。程瑀反对割地求和，向皇帝奏道："臣愿奉使，不愿割地。"此番言语表达了他敢入虎穴，但不愿辱国的原则立场。但朝廷不允许，程瑀迫不得已来到中山（治今河北定州），只和诸将守城，绝口不言割地之事，回朝后，除左正言。他指斥当时政治的最大弊病就是苟且之习和结党营私之风，主张任用主战的李纲。

程瑀经常向钦宗谈起蔡京之罪，得罪了钦宗和权臣，被降为屯田郎官，谪添监漳州（今福建漳州）盐税。

靖康二年（1127）高宗赵构即位后，召程瑀为司员外郎，迁光禄少卿、国子司业，高宗命其主管亳州明道宫。程瑀疏十事以献，除直秘阁提点江东刑狱，召为太常少卿，迁给事中兼侍讲。建修政局，曰"省费裕国，疆兵息民"。程瑀提出的十四件事，皆切中时弊。不久，程瑀改任提举亳州明道宫寻复徽猷阁待制，再知抚州，提举江州太平兴国宫，丁父母忧服除后知严州，徙宣州，除兵部侍郎兼侍读。他向宋高宗提出很多富国强兵、抵御外来侵略的建议，得到高宗的重视，又提拔他为兵部尚书。但当时，秦桧是主和派，程瑀是主战派，遭到秦桧打压，为秦桧所不容。

程瑀后改任龙图阁直学士知信州，提举江州太平兴国宫，又因和李光通书事被降为朝议大夫。程瑀为人刚直，在朝无诡，不肯阿谀，其本人和家属子女都受到秦桧的陷害和打击，一直到秦桧死，程瑀的子孙才免遭禁锢。

程瑀生平著作有奏议六卷和《龙潭居士文集》，在朝时上疏十件大事为：厉志气、躬勤俭、访贤才、求将帅、申纪律、治财赋、广招募、治舟师、谨命令、责事实。史载其于绍兴十九年（1149）曾封广平郡开国侯。

程瑀卒于南宋高宗绍兴壬申年（1152），享年65岁。

汪　澈

汪澈（1109—1171）字明远，浮梁桃墅人，绍兴八年（1138）进士。道光版《浮梁县志》记载汪澈为秘书时，奏对称旨，升任监察御史，擢殿中御史，曾与陈俊卿劾罢左相汤思退，进为殿中侍御史，特赠鞍马。当时，边境被侵扰，朝廷打算议和，他向朝廷提出"养民、养兵、自治、预备"的建议，认为"靖康之变可鉴"，今将骄卒惰，必须"务选实才，不限资格"，并揭露镇江大将刘宝十宗罪。时值金国使者高景山寻衅，他上疏认为，天下形势强弱成败是变化发展的，关键是怎样对待。皇上屈己求和，厚赠金银和丝绸等物，而他们反出恶言，肆意入侵南宋。他希望皇上英明果断，加强防备，布告天下，上下一心，才能同仇敌忾。不久，汪澈由御史中丞出为湖北、京西抚谕使。他点精兵守襄阳重地，敌将刘萼拥兵十万，扬言先取荆南，后夺武昌。汪澈令部将严守武昌，自领兵协助江南令吴拱与敌军大战于汉水，敌军溃逃。不久，金主完颜亮死。汪澈要求出兵与荆襄军夹攻，兵还未出发，而金新主已罢兵求和。绍兴三十二年（1162），皇帝诏汪澈入朝，任参知政事，与宰相陈康伯共同辅佐皇室。孝宗即位，决意收复被金兵侵占的失地，以澈督军荆襄，募闲民汰冗卒以屯田。汪澈于隆兴元年（1163）任资政殿学士，乾道元年（1165）任枢密使，先后举荐名士达108人。在任两年后，汪澈担任

知鄂州兼安抚使、福建安抚使兼知州事等职。他终年63岁，卒赠金紫光禄大夫，谥号"庄敏"。

汪澈常言："臣起寒远，所以报国，唯无私不欺尔，其自奉清约，虽贵犹布衣。"他为人忠实、为官清廉，生平著有文集二十卷、奏议十二卷。

郑梦龙

郑梦龙，字子俊，嘉定戊辰（1208）进士。通判永州，后迁知柳州，再改彭州。所在教士养民，多善政。民立祠祀之。

程　筠

程筠，浮梁县人，字德林，程节之弟。他弱冠举于乡，为嘉祐二年（1057）丁酉科章衡榜进士。道光版《浮梁县志》卷十三《人物·贤良六》载：

方时文碟裂、诡异之弊胜，欧阳修知贡举，痛抑新体。读筠卷，喜曰："正人直道，溢于其言。"登进士，除江都令。

嘉祐五年（1060），王安石为度支判官，上万言书，论国政。筠读之而谓不然。问之，筠曰："彼谓法先王之政法其意，此欲以其学术傅会古人，以文其说。夫先王之政，行之百世而无弊，即时有损益，而先王之心，示之百世而可见，岂有别行一法而曰先王遗意在是乎？"

寻以事忤上官，贬如皋尉。阅五年，复起为令。历熙宁、元丰，时久苦新法，筠条其不便，移书谏臣塞昌言转达进奏。昌言因言："筠职亲民，周知下悃，披衷沥悃，献替无由，臣不敢避斧锧之诛，谨代奏刍荛之论。"神宗见疏改容。

其同年友苏轼闻之曰："疏远不忘纳忠，君子人也。"调知陈留。陈留畿县，筠均田赋，平徭役，不避权势，戚里诉之，宣仁太后曰："筠廉吏，吾何挠其政耶？"元祐末，知真州，苏轼美之以诗。擢户部郎中，与制置司议不合，迁御史。未一年，疏数十上，政府议出之，遂转京东路按察使。会哲宗宴诸臣于迩英阁，诏筠前，谕曰："知卿才行俱优，故特委卿持宪畿辅也。"

史 邈

史邈，字守易，浮梁县长芗都官庄人，熙宁三年（1070）庚戌科叶祖洽榜进士。他行端学博，先为司农主簿。王安石荐其才，神宗召对与语，大悦之，擢兵部郎中、太平通判。寻以议新法不合，退而授徒讲学，远近学者翕然宗之，号江东夫子。弟逊，亦登进士第，与兄并以理学闻名。初随伯父居仁寿都，后归里，至今金滩西岸犹世其家声。邈著有《易传春秋发微》并诗十九卷。

彭汝霖

彭汝霖，字岩老，彭汝砺之弟。按《宋史》及《东都事略》等古籍之记载，彭汝砺为鄱阳人。但据道光版《浮梁县志》记载，彭汝砺祖父以负贩为业，往来于浮梁，遂寓居浮梁，死后葬于伴龙山。后来，彭汝砺之弟汝霖及子孙便安家浮梁。

彭汝霖，熙宁九年（1076）丙辰科徐铎榜进士。在宰相曾布的推荐下，彭汝霖为秘书丞，擢殿中侍御史，跟随在曾布左右。时值"绍述之论"复兴，都水丞李夷行乞复诗赋，汝霖劾之。韩忠彦议权合祭，汝霖言其非礼，迁侍御史。门下侍郎李清臣与曾布政见不同，布先讽江公望使击之，将处以谏议大夫，公望弗听。汝霖竟逐清臣，果得谏议。元祐

祸再兴，吴材、王能甫排斥不已。汝霖言："诸人罪状，已经绍圣出削，案籍具在，但可据以行，不必俟指名弹击。"于是司马光以下复贬。曾布失位后，汝霖罢知泰州，又谪濮州团练副使，后以显谟阁待制卒。

朱 震

朱震，字伯起，一字振甫，浮梁县北隅人，熙宁九年（1076）丙辰科徐铎榜进士。他倜傥自负，尤工于诗。取士之初未遇时，游京师，会大雪，朝廷宴外国使人于樊楼，客题诗，主者无人匹敌。宴席撤完后，朱震登楼，在客人题写的诗后也题诗一首，曰："昨夜狂随汗漫游，彤云遮断六鳌头。翻身跳入银宫阙，撼碎榆花遍九州。"侍从看见后启奏皇上，皇帝大加称赏，以"白衣送铨除"。朱震不应召，悄悄地走了。这件事可看出他的气节。及登第，授迪功郎，后官工部郎中。

程 祁

程祁，一作程祈，字彦中，浮梁县人，程筠之子。元丰五年（1082）壬戌科黄裳榜进士，官至郎中。以食禄家故复试合格，元祐初复举制策，文学行义为时所称。授国子监博士，历官礼部员外郎。绍圣时，擢翰林承旨。叶祖洽在中书，每观所论大政，辄抚几曰："不惟辞有体要，而忠尽见于声情，真仁义之言。"先是熙丰小人既斥，元祐廷臣畏其蜚语，有调停之说。祁力议其非，进陈学术之邪正，天下自有去从，何得是非错谬，以致理道乖离？两宫深然之。

宋之才

宋之才，字亮采，浮梁县里仁都横田人。元丰五年（1082）壬戌科黄裳榜进士。父亲名宋历，官韶州司户，留之才与母居。后父亲为盗所劫，漂泊海上，音讯遂绝。那时之才年幼，才上塾学，而母全氏有贤行，知书。之才日习于师，夜则全然松心自课之。之才亦性孝而敏，既长，工文史，厉风操。元丰登进士后，第试馆职，擢集贤校理，迁秘书省正字。迎母至东都。母曰："天下岂有不能为人子而能为人臣者哉？"之才感泣，即日陈情乞解官，踪迹其父。乃如粤东，匍匐岭海。久之，遇人从海船来，言日本国唐人街有宋翁为司市，之才询其年状，疑即父，请于海巡驾洋而往，果得父。日本吏知为天朝贵人，闻于王，王以信物节币召之，之才辞曰："之才以亲故来上国礼，人臣无越境之交，其敢邀厚聘以自取戾？"王嘉其有礼，遣还。初，历与全约曰："来年荔子丹迎汝。"逾期无音，全因种荔核，私嘱曰："倘夫返，尔生芽，随核甲成树。"及历归，荔子丹矣。后黄裳上其事于朝，之才得复召，终秘阁修撰。

方廷实

方廷实，浮梁县人，崇宁乙酉（1105）解试第一，大观三年（1109）己丑科贾安宅榜进士。令柘城，擢监察御史。绍兴八年（1138），诏群臣条议和金得失，廷实极言不可。第二年，为三京宣谕使，兼搜访隐士。至西京，见永昌诸陵皆遇发掘，而泰陵至暴露，因解衣覆之。归以白帝，秦桧怒之，迁宗正少卿，寻致仕归。绍兴末卒，葬邑西。子五：庶、几、中、庸、端。端中进士第，历河南采访使，按部风厉，所隶肃然，居北乡方家坞。端居县城西隅中。曾孙圣传，字可立，学问粹通，理宗朝登

105

进士。扬历中外,至辄有声。

李舜田

李舜田,字彦安,浮梁县湖田都人。大观己丑(1109)贾安宅榜进士,历龙水令、建州通判,移知登州。敏于吏事,案簿猝投,顷刻决遣,无不叹服而去,政声居最。时国家方收燕云,海上又屡有警报,乃简士卒,缮城浚湟,豫为战守计。宣和元年(1119),金人入寇,奉诏议举兵。勤王旋报北师渡河。舜田登陴固守。又闻许割三镇,大恸,曰:"时事错误至是哉?"康王立,诏各路州县吏有能安民捍敌者以闻,而舜田召诣行在,擢秀州团练副使,提举茶盐。金人之陷汴也,京兆府尹梅执礼被杀。梅执礼是李舜田的主考官及知音,他于是叹曰:"吾君、吾师俱若此,数载危疆,老吏更复何愿?"遂自请求免职而归。

鲍 昱

鲍昱,浮梁县人,字季明,家贫苦节,政和五年(1115)乙未科何栗榜进士。历教辰州、荆南、洪州,宰祁门,通判融州。时军务纷繁、国库空虚,鲍昱摄州事,戢奸贪,谨出入,用日以饶。久之,州益无事,乃新学官,申教令,上下翕然誉之。后走马和州,出为江南东路安抚制置司参议。昱有定力,不为浮议所惑,故所至有声。其子安世、安行、安国,孙升之,俱登进士第。

胡 涓

胡涓，字云卿，浮梁人。幼尝应童科，后登政和五年（1115）进士。丞遂昌县，以生民利弊为念。县治距溪不数步，而儒学切近其侧。每霖雨，溪流涨溢，则堤湍啮害叵测。涓因访旧龙图张根所筑堤址而修筑成坚固的坝堤，亲自拉车劳动。堤成，百姓受益匪浅。

程宏图

程宏图，浮梁县人，字士南，瑀之从子也。乾道二年（1166）丙戌科萧国梁榜进士。工词翰，负气节。绍兴讲和以来，金使来访所到之处，凡官司衙门门额，悉覆之以楮。其后金使往天竺，过太学门，临安尹命吏如例幕"太学"二字。时宏图为太学生，襕幞立其下，正色曰："贤士之关，国家储才地，何歉于远人？"拒之不听幕。吏白尹，上闻，孝宗在东宫，嘉叹久之。后即位，宏图登乾道二年（1166）进士第。孝宗喜曰："朕闻其名久矣，他日有用之佐也。"擢大理司直迁丞。著文集二十卷。

宁时凤

宁时凤，浮梁县人，字祥夫，嘉定七年（1214）甲戌科袁甫榜进士。主永嘉主簿，秉正无私，邑有事以身当之。时令为晋城刑麟，以时凤为贤，引与共政。宣抚使廉知之，曰："令不虞逼，簿不嫌比，真一堂麟凤也。"改蕲春主簿。嘉定十四年（1221），金兵围蕲州，情况紧急，知州李诚之曰："谁能与我共守？"时凤曰："见危授命，臣子大节；临难而免，

吾不忍为。"助诚之，百计以御，敌增而自己的援兵不至，城陷，宁时凤以身殉职。事闻，赠承务郎。

汪立信

汪立信，浮梁县桃墅人，汪澈从孙，淳祐六年（1246）丙午科进士。理宗见立信状貌雄伟，顾侍臣曰："此帅才也。"授乌江主簿，知桐城县（今桐城市），判建康荆湖制置使。景定三年（1262）改知江州，充沿江制置副使，不久升江西安抚使、湖南安抚使。咸淳九年（1273）任兵部尚书、荆湖安抚制置使，知江陵府。

时值元兵大举南侵，汪立信献策，劝贾似道尽国中兵沿江分屯置府，联络固守，为贾似道所忌恨而罢斥。德祐元年（1275），元兵沿江东进，迫及建康（今南京），贾似道督诸军次江上，复起用汪立信为端明殿学士、沿江制置江淮招讨使，命他至建康募兵增援江上诸郡。

受诏当日，汪立信抛妻别子赶至建康，守兵悉溃，率所部转至高邮。闻贾似道兵败芜湖，江汉守臣望风降遁，知大势已无法挽回，乃慷慨悲歌，大哭着说："吾今日犹得死于宋土。"说完，他自缢而亡。

赵介如

赵介如，字元道，浮梁县石岭人，宝祐元年（1253）癸丑科姚勉榜进士，是南宋著名宰相江万里的弟子，端趋向，澄念虑，其学静深有本。通判饶州，提举公田。后元起，退任双溪书院山长。他对书院明确提出"不事科举，而专义理之学"的宗旨，把传习程朱理学作为书院的首要任务，通过书院培养学生品行，通过读书讲学来传播理学，培养自己的学派人才。他的学生中有多名考中进士。

程东凤

　　程东凤，字朝阳，浮梁县镇市都人，咸淳元年（1265）乙丑科阮登炳榜进士。他励志有为，应举临安，抵掌曰："倘天启圣衷，使我一言悟主，小人退而君子进，从此廓清区夏，事未可知。"登进士后，即伏阙上书，痛斥宰相贾似道滥用职权。书信被送到了贾似道家。那天，正在下棋的贾似道愤然推翻棋盘站了起来，发誓要将他发配远州。棋友进曰："东凤未言误国何人，况以建炎为喻，阁下何怒之深也？"贾似道说："全是指我。"棋友曰："绍熙间布衣余古书诋光宗，上初欲加以编管，大臣为请，诏送筠州学听读。今稍优容东凤，亦以示量于天下也。"贾似道的脸色这才稍微缓和了一些，笑着说："姑从子一言。"初邸中皆忧祸不测，东凤毫不在乎，最后官终主簿。

元代

李三保

李三保,原名李勇,元代浮梁县城北隅人。他幼时结实伶俐,招人喜爱,在兄弟中排行第三,故家人称之为三宝儿,上私塾时,方取名为李三保。他记忆力强,读书过目不忘,且身体壮实,孔武有力,又喜打抱不平,深得小伙伴敬服。

传说,他八岁时,被一斑斓猛虎叼走,中途幸遇红眉道长救下。道长将他带到庐山三宝树下,结庐为庵,教他习文练武。经过师父六年的辛勤教导和培养,加上自己的勤学苦练,三保已成长为一个体格健壮魁梧的少年。他武功精进,硬功能一掌击碎巨石,轻功能上下山崖。为使他更好地成长,红眉道长命他下山与家人团聚,然后行走江湖,一来为百姓多做好事,二来历练自己。临下山时,师父告诫他,千万记住,不可倚仗武功胡作非为,更不能伤害无辜,要惩恶扬善、扶危济困,不可轻易伤害他人性命。他谨记师父教诲,在江湖上惩治豪强、扶危济困,深受百姓爱戴,所到之处都留下了他的侠名,成为一位行侠仗义之士。他在元代仁宗皇帝平定西南叛乱的过程中屡建奇功,被封为山海王。他的事迹尽管史书、志书均未做记载,但在民间广为流传。古代绣像小说《天宝图》《地宝图》写的就是他行侠仗义之事迹。说书艺人也将民间传颂他的感人事迹编成连续长篇鼓书《李三保》,并广为流传。

计 初

计初，字遂初，号初堂，生于南宋咸淳七年（1271），卒于元至治二年（1322），浮梁县新定乡西里都双溪（今景德镇市浮梁县经公桥镇港口村）人。

计初劬书不倦，为文立就，士论推举，初任本县书院、县学儒官。试吏池州路，因母亲眼疾，请求改调回乡郡，辟馆养士。其间父亲去世，依例去职守孝。期满，郡以茂异举贡，受到当时礼部尚书王约的赏识，推荐担任太保曲出公府掾吏。任职七年，因母亲年事已高，祈求回乡侍养。延祐六年（1319）六月受命，出任赣州路宁都州同知。

计初为官有道，清正执法，勤政爱民，深得民心。据《江西通志》《饶州府志》《浮梁县志》记载，计初任职宁都州期间，统计查实户册，据实征收税赋，审查冤狱，以正刑法。

当时宁都之民多隶属于南安万户府军籍，军民杂居，倚势负险，官府政令难以实施。计初妥善处理安抚军籍民户关系。计初常深入基层视察，老百姓扶老携幼，出村相迎，献果酒。宁都州久旱无收，饥民四起，匪盗猖獗，借机作乱。计初派人擒匪首四五人，安慰饥民道："我计某，今再来矣！尔少安，当使尔无饥。"于是劝富民，发粮舍粥，乱才得以平息。赣州路郡守贻书褒嘉曰："贤侯不至，宁都其再寇矣！"一时官声大振。

据清末陈衍《元诗纪事》及元代吴澄《吴文正公集·元承事郎同知宁都州事计府君墓志铭》记载，宁都数年不下雪，民苦瘴病，计初任年，大雪弥日。次年，宁都大旱，祷雨未应，计初带病出祷，大雨如注。当时宁都州民歌曰："去年雪，今年雨。微计侯，哪得此。民既悦，天应喜。"

因为在宁都任职期间操劳过度，计初患疾，请旨回乡疗养，病逝于返乡舟中，享年五十一岁。元翰林学士、文正公、草庐先生、临川吴澄

为之作墓志铭,国子祭酒邓文原书册篆额。

计初特别重孝,在外为官,因常年侍奉不了双亲,敬不了晨昏之礼,曾三次请辞回乡。计初任职池州期间,母亲患眼疾而失明,计初效仿舜帝舐目复明,每日以舌舔之,目顿明。当时人们都称赞计初孝感动天。计初病重期间,最放心不下的也是母亲,他临终前对儿子说道:"吾久困于病,殆不可起。有老母不能终养。汝善事祖母,是为能继志。"时至今日,族人谈及此事也是赞不绝口。

吴 迁

吴迁,生卒年月不详,字仲迁,号可堂,浮梁县治西隅人,为唐代御史中丞、金紫光禄大夫、忠愍公吴昺之后裔,元代地方教育家。

道光版《浮梁县志》载其天资过人,刻苦钻研理学。乡试合格后,因对辞章训诂不感兴趣,听说饶鲁讲学于双峰石洞书院,他便前去就学。饶鲁喜欢他"立志坚确,用功精密",便将平生所学传授给他。从此,他体会更深,专心致力于教育事业。

元兵进犯饶州时,他退隐于治东横塘山中。同他一起迁往横塘的有十余家,生活都十分困难。但在颠沛流离的艰苦环境中,吴迁仍然坚持讲学不辍。元仁宗皇庆二年(1313),知州郭郁请他为州庠师,兼长芗、双溪二书院山长。他教学程序清楚,课程安排合理,因而屡出高徒。周边和外地名士、乡绅来访者络绎不绝,学者都称他为"可堂先生"。

不久,吴迁回浮梁县治北的瑞莲精舍讲学,从师求教的人越来越多,就连当时很有名气的郑合生、章谷卿、徐进、汪克宽四位进士都来从师求教。吴迁终生钻研理学、从事教育教学、著书立说,年逾八十而视听不衰,诲人不倦,于九十三岁逝世。

著作有《易学启蒙》《诗传》《众纪书编大旨》《左传义例》《左传分纪》

《春秋纪闻》《孔子世家考异》《论语谱论》《孟集注附录》《论孟众纪》等，其著作之多，当推浮邑之首。明代永乐间，朝廷编辑《经书性理大全》，多引用他的学说。

明 代

朱 韶

朱韶（1481—1538），字菊泉，沧溪朱氏二十四世祖。他自幼聪颖，八岁能熟读诗句。在父母严厉管教下，他常常鸡鸣时起床背诵诗文，终于在明代弘治十年（1497）于南京举仕，先在安徽贵池县（今池州市贵池区）任推官，后任安徽池州知府。朱韶推崇理学，亲自为先师朱宏建造蜚英坊以资纪念。朱韶为官清廉，公正无私，所到之处无不受到百姓称赞。

受理学影响，沧溪后裔或以文入仕，或以商从文，村域经济不断发展壮大，涌现出一大批富商，故而留下了许多装饰华丽的精美建筑。

在安徽贵池至今还流传着一个"朱家柴"的故事。贵池有一种灌木，学名叫荆树，当地人却叫它朱家柴。这是怎么一回事呢？

相传朱韶在池州为官时，看到当地的百姓烧柴非常困难，要走上三四十里山路才能打到柴。为了打柴，天还没有亮，他们就要赶紧上路，起早贪黑，一天下来也打不了多少柴。他看在眼里，急在心里。如何解决他们烧柴的问题？想了几天几夜，他想起自己家乡的黄荆条。

黄荆条树属落叶灌木，高1—3米，小叶呈椭圆状、卵形，主要靠播种或分株繁殖。这种树成活率高，生长快，如果在池州大面积播种，既能解决本地村民烧柴问题，又能防止水土流失，还可以美化环境。秋季一到，他跋山涉水，回到自己的家乡，把自己的想法向哥嫂说明。哥嫂当即表示大力支持，并发动全村百姓，到野外去采集荆条种。村民花了几天时间，采集了四大麻袋荆条种子。他高兴极了，把袋子放在马背上，自己牵着马徒步走了回去。

朱韶带着荆条种子回到池州府，立马召集百姓，把种子全部分发到他们手中，并当场为他们讲解播种方法及栽培技术，要求他们好好爱护和珍惜这来之不易的种子。到了第二年夏天，荆条终于长成一片幼林。两年后，当地百姓再不用跑几十里地去砍柴了。当地的百姓为了感谢朱公的恩情，把黄荆树改称为"朱家柴"。

金　达

（一）

金达（1501—1572），字德孚，号星桥，峙滩英溪人。父玉璿，号儒隐，热衷于研读《易经》，精通堪舆之术，并以此营生。母张氏，峙滩阳村人。金达于嘉靖三十五年（1556）及第，高中会元、探花，初授翰林编修，后任南京国子监司业，著有《星桥文集》。

金达于弘治十四年（1501）七月十一日，诞生在英溪"青云得路"坊旁的一家民居里（其故居今已迁往景德镇明清园）。金达年少时凭借姻亲关系，与另一张氏甥汪柏有幸能够一起在阳村张氏家族学校读书。金达自小天资聪颖，十一岁便享有文名，因此得到了塾师及张氏有识之士的赏识。十四岁时，金达又去婺源求学，不久因其父患病而中断学业。正德十三年（1518）父亲病故，从此金达便与母亲相依为命，依靠母亲纺织为生，生活困苦。于是，金达一边读书，一边研读堪舆之术，想借此为营生，来减轻母亲的操劳。其时，流口有位叶翁，久闻金达贤孝之名，想为女儿谋个好归宿，主动托人联姻。后又不顾儿子们的反对，为女儿置办丰厚的嫁妆，以助金达完成学业。

嘉靖三年（1524），二十三岁的金达中了秀才，正式跨入了科举殿堂的门院。此时，自号"桂峰"的金达可谓踌躇满志。桂峰本是英溪自古流传的八景之一，中秋之夜，月出桂峰山顶，此景正暗合"蟾宫折桂"。

外界自古喜欢揶揄英溪金氏为"金蛤蟆"也缘于此。首次参加乡试的金达意气风发地写了篇《魁星赞》：

> 短发若飞蓬，文章盖世雄。
> 双眸窥北斗，一笔扫长空。
> 蹑足登云路，翻身步月宫。
> 来年春得意，拿定压诸公！

由此可见金达的前程规划，他正豪情满怀地去追求连中三元的最高理想。但是，造化弄人，此后金达连续七试落第！但是一次又一次的挫败，始终未动摇他的志向，有词为证：

西江月·卧虎赞

猛虎暂居篱下，藏牙敛爪收威。狐儿兔子敢相欺，且自吞声忍气。

有朝蓦然睡醒，依旧整顿毛衣。一声咆哮出山溪，任是英雄回避。

或许就在这落第的二十一年里，为了家人生计，他从事了不愿从事的行业，譬如替人占卜、看风水之类。总之，他再也不敢号"桂峰"，而是改号"星桥"了。

嘉靖十六年（1537），时任江西督学的徐阶赏识金达的文采，录取他为"廪生"。

嘉靖二十一年（1542），浮梁县令汪少泉因欣赏金达的人品，同情他的困窘家境，命令县学聘请他为景德镇塾师。

嘉靖二十四年（1545），江西督学蔡可泉褒举金达"德行第一"。

嘉靖二十五年（1546），金达第八次乡试，终于名列桂榜第三名，但第二年的会试又未中。此后，金达为了奉养老母几欲放弃科举。知情的汪柏再三劝阻。

嘉靖三十五年（1556）第四次会试时，金达最终名列会试榜第一名、殿试探花，按惯例授翰林编修官职。同年七月，他因丧母，离职丁忧。

嘉靖三十九年（1560），金达起复任为"内书堂"（皇宫高级太监学校）教习一职，嘉靖四十年（1561）充任册封乐安王副使之美差，嘉靖四十三年（1564）春才升为南京国子监司业，隆庆元年（1567）赐"文绮"①。

随后，南京国子监考生因求复皿字号事件而闹事。原来，明代国子监生不仅可以参加所在地顺天府、应天府的乡试，而且有独立的分配名额（三十五名），参考监生要在卷上标出"皿"（监字的下半部）字标志，以示区别。隆庆元年（1567），"上用议者言，两京乡试监生卷各革去皿字号"。结果，南京国子监中举的仅数人，由此引发了国子生抗议活动，监生名额得以恢复。

这件事的责任，本该由骤然改制的"议者"负责，至少也要由时任国子监祭酒的吕调阳来承担，但是言官们却在权贵的授意下，去弹劾国子监副长官金达，致使金达被罚俸两个月，故金达愤而连上三疏请求致仕，得隆庆帝允准。金达这年冬末（1571）告老归家，此时心态见其诗：

叨忝南雍著薄名，三年嚼尽一池冰。

天公怜我寒衣少，相送长途半月晴。

——《丁卯冬抄请告归途作》

致仕后居家五年，金达足不入城，每日在家教子弄孙，或流连于七星桥头的望梅亭。金达卒于隆庆辛未年十二月初六，享年七十二岁。

（二）

时至今日，在英溪及周边仍流传着不少有关金达的传说与记载，这些传说与记载或许有后人的附会与杜撰的成分，但也从侧面反映出了金达谦厚的品性与文采。

---

①封建帝王对文学才能卓越的大臣赏赐有花纹的锦缎，以示肯定与赞美，是纯荣誉性的表彰。

他一生与人为善，大度谦让。在今国学师府遗址的后山上有一座明嘉靖末年的古墓，正对着金达住宅中堂且相距不到两丈。何人如此大胆蛮横？竟敢将阴宅设在国学师的阳宅旁。据宗谱"达公轶事"载，当年金达的儿子就曾气愤地派仆人飞奔南京报信，商量与族人打官司事宜，而金达回信："私葬我屋后，看有碍否？于我无碍，听其所为。于我有碍，可托人与他好好说，不可与他蛮讲，讲而不听，是他自家坏了心术。"信中关于此事说的只有这些，接下来的内容就是说其他的事了，儿子见信后默然无语。

他天性忠厚善良，行事从不损人利己。国学师旁边的宅基地是金达族人儿子的产业，对金达家很是方便。族侄拿它质押给金达的儿子，借银六十两。说好的期限是两年。过了三年，族侄来赎这块地，提出加息二十两银。金达的儿子眼见又不方便，于是便刁难说："非倍息不可！"族侄说："你现在故意刁难，只怕我当面向大伯赎，息银都不要一分一厘呢。"不久，金达从南京回家，族侄拿着原银数当面赎地，请示利息数。金达说："这块地确实方便了我家，我如果收你银子的利息，你为什么不收地的利息？况且我是个穷官不能和富翁放债比，谈什么利息的事。"说完，他立即叫儿子收族侄原数的银子，将地契还给了族侄。族侄出来，向人夸耀："我料事如神吧，老兄刁难我，原来是嫌我的二十两银子有铜臭味呢。"

他性情质朴真诚，言行出乎本心。金达是秀才及举人的时候，曾经在外地设馆教学，每次出门，母亲都要规定他某月某日回家，他几十年没有食过言。在翰林为官时，金达因为母丧回乡，年纪已五十七岁了，每次哭到伤心处像个小孩一般。村里有个人忤逆他的父母，金达召他到跟前从容教导他，慢慢谈到了自己的母亲，想起母子相依为命的艰难岁月以及子欲养而亲不待的遗憾，情难自禁而号啕大哭。这个人见此情此景，惭愧得无地自容，也大哭起来，痛改前非。这个人在金达有生之年不敢再见他一面，每逢正月初一以及金达生日，便在门外四拜后离开。

据记载，金达一生酷爱梅花，独具梅花情结，赋有《梅花百咏》。诗人笔下的梅花是神是仙、是佛是道、是圣是人。总之，尘世间的一切神圣与美好的情感都融于梅花之中。

    老干曲还伸，花开满树新。
    来年春雷动，不负探花人。

  这首《老梅》告诉读者：诗人似老梅，老梅似诗人，真心在幻境，幻境立真身，彼此相知、相惜、相慰勉。这种亦师亦友亦知音被人格化的梅花俯拾皆是：

问　梅

    一别遘仙岁月过，寒梅消息隔烟萝。
    相逢花下因想问，晚节孤贞近若何？

水月梅

    树蘸横塘水气凉，暗香深夜伴清光。
    此中意味谁能识？只有青城老墨庄。

  诗中浓墨重彩地点染出了梅花的仙风道骨形象：一花一世界，一叶一菩提。如：

千叶梅

    枝枝瓣瓣翠重重，影浸寒潭清浅中。
    殊似观音能变幻，化身千百总无穷。

当然亦有尘世烟火味的，如：

绿萼梅

    元是仙人绿萼花，偶随春意到天涯。
    他时实结含酸子，本色青青是一家。

未开梅

    玉颜羞为露香腮，一点芳心郁未开。

好藉东君深爱护，等闲群卉莫相猜。

自然也不缺直抒胸臆对梅花痴爱的篇章，如：

庭　梅

瑶花开遍玉阑干，香影依微入院寒。

最是月明清夜永，高人乘兴卷帘看。

冯　诚

冯诚，字志诚，浮梁湘湖人，明永乐十九年（1421）进士，历任陕西道监察御史、浙江副使，擢湖广按察使。

冯诚以童子举秀才。当时，县里有一个叫叶懋的人瞧不起他，还侮辱他。冯诚没当回事，他发奋努力，终于考中进士，任陕西道监察御史，而叶懋则以贡生的身份担任山西平遥的卫仓官。后来，叶懋因渎职被官府查办。这个案子恰好落到冯诚手里。

冯诚在审理此案的过程中，宽恕了叶懋，并从轻发落。人们敬仰他的胸怀和为人，赞为"长者"。不久，他又迁任浙江副使，一举平定在处州一带为非作歹的盗匪，深得当地百姓拥戴和朝廷的重用。接着，他升任湖广按察使。他上任不久就遇到了一件棘手的案子，当地楚王的舅舅张显祖仗着楚王的势力平白无故杀了人。楚王为其舅舅开脱罪名，向他行贿。冯诚断然拒绝，严格按照法律程序审理案子。冯诚秉公执法的行为得到大家的好评，被尊为乡贤。

计　礼

计礼，浮梁京兆计氏第六十八世祖，字汝和，号懒云，生于明代宣德五年（1430）六月。天顺六年（1462），计礼以通晓经学考取乡试头名（解元）；天顺八年（1464）中甲申科进士，点翰林庶吉士；成化五年（1468）十二月敕命正六品承德郎。计礼官至刑部郎中，卒殁年不详。

值得一提的是，计礼是历史上首位考中解元的浮梁籍士子，在他回乡后，江西布政使司、按察使司衙门指示浮梁县，在原县城区莲荷塘畔建了一幢"解元楼"并立碑以纪念。据有关资料记载，此楼"高敞雄丽，冠于一邑"。目前，解元楼早已在历史的长河中消逝，石碑也已无踪影，流传下来的只有当时碑上的铭文《解元楼记》。历史上，计礼与堂兄计昌（1457年丁丑科进士）并称为"兄弟进士"，为人们津津乐道，是浮梁县历史上重要的文化符号。

计礼为人为官不媚上、不唯上，作风清正脱俗，曾因得罪吏部尚书、大学士李贤而郁郁不得志。在从政之余，计礼诗画并重，以画闻名，有诗赞曰：

> 好个郎中敢偷香，满园花菊郁金黄。
> 南山陶令酒醒后，当移东篱到浮梁。

据《明画录》《御定佩文斋书画谱》等书画历史文献记载，明代菊画以计礼、黄翊的墨菊最具代表性，计礼画菊的特点是落笔皆用草书，有"写真尚忆昌江醉"之称。他与林良、夏昶、岳正齐名，时人颂为"林良翎毛夏昶竹，岳正葡萄计礼菊"，其中林良、夏昶的画作传世较多，而岳正、计礼的作品则非常少见，更增添了其画作的价值和神秘感。在过去计氏宗祠中有一副楹联"致平清白吏，汝和淡墨菊"，上联记述的是宋代朝奉大夫计衡为官清廉，为朝野称道；下联指的就是计礼以"淡墨菊"著称，族人皆以为傲。

附：

解元楼记

天顺六年（1462）壬午，例应乡试。江右士子集贡院者余二千人。三试，拔其文之纯正者九十又五人，而浮梁计生礼，登名为第一。

第一章 浮梁乡贤

既归，藩臬钜公命县丞徐宏，特建解元楼一所于通衢。高敞雄丽，冠于一邑。复砻石，请记其事。

余谓饶为江右名邦。浮梁，饶之望邑。邑西有孔尖，山势端圆，奔驰云矗而来，蜿蜒曲折，结为邑基。金鳌、青峰诸山，环拱左右。北有莲荷塘，周回三里许，南历通驷桥，达于大溪。盖一邑之山川精英聚焉！故士大夫生于其间，储精蓄粹，往往瑰琦俊逸，而代有其人焉！

若宋彭汝砺之名魁天下，程瑀之释褐第一，与夫侍郎李椿年、程克俊诸公，皆出自科甲，而声绩之美，载在邑志，耿耿不磨。然求其世以诗礼相传，而簪缨不替者，则又莫计氏若也！之先历汉唐，代有闻人。皇宋曰冲者，任迪功郎，以子衡贵，赠朝议大夫。衡登宋绍兴进士，官至朝散大夫、国子监司业。子三。长黉，登绍熙余复榜进士；次礜，南平军佥判；三礜，蒲圻县丞。黉子郡学宣教衮卿、枢密院机宜文字良卿，生君锡，为衮卿后，仕元瑞金县尹。子初，同知赣州路宁都州事，有善政，吴文正公铭墓。初生顺昌县尉伯忠，次蒙古译史教授伯仁、江东宪掾伯刚。子本善，洪武间教谕淳安学，有《柏亭集》。子岳，任江蒲学训导。二子泳任源陵学教谕；澄由进士终广西按察使。子昌，进士知武定州。泳子礼，今以明经魁多士登教榜进士，他日功名事业所就未可量也！是虽山川风气所钟，而实计氏累叶积善所致，不然何群贤既出，而科甲相联，独萃于一门乎？后之登斯楼览斯文者，必将观感兴起，思以善自励，而垂裕后昆矣！若然，则斯楼之建，非特为登览具，而实大有裨于风教云！

时明成化二年（1466），丙戌秋七月朔旦

奉政大夫江西等处提刑按察司佥事、前监察御史詹事府丞兼史馆、潮阳李龄　撰

知县刘厚、县丞徐宏、主簿李春、教谕林岳　立

吴十九

吴十九（1523—1593），本姓吴，一名吴为，自号壶隐道人，浮梁人。他是明代以制造高度精巧薄胎瓷器而负盛名的名家。

吴十九出生于数代以制瓷为业的家庭，家境贫寒，性不嗜利，聪颖博学，工诗善画。他致毕生精力于陶瓷事业，所制精瓷，绝妙人间。他所烧造的瓷器色料精美，诸器皆佳。最著名的有流霞盏，其色明如朱砂，犹如晚霞飞渡，光彩照人。又有卵幕杯，薄如蝉翼，莹白可爱，一枚重才半铢（不足1克），四方不惜重价求之。他所制作的壶类，风格典雅，"色淡青，如官、哥器，无水纹"。他还造有带朱色的紫砂壶，壶底款为"壶隐老人"。因为他制作的瓷器别具特色，所以人们把他烧制瓷器的窑称为壶公窑。

明代李日华在《紫桃轩杂缀》中曾记述吴十九的瓷器，并赠诗云：

　　为觅丹砂斗市尘，松声云影自壶天。
　　凭君点出流霞盏，去泛兰亭九曲泉。

清乾隆年间《陶说》的作者朱琰题诗追赠：

　　龙泉兄弟知名久，甄士新裁总后尘。
　　独有流霞在江上，壶中高隐得诗人。

这些都说明吴十九所造瓷器为人所珍视。

故宫博物院藏有吴十九所作壶公窑娇黄凸雕九龙方盂，口有铭文曰："钧尔陶兮文尔质，龙函润珠旭东壁。万历吴为制。"1973年，景德镇市

境内出土了一块吴十九兄弟"吴昊十"的墓志。这是一块世所罕见的青花圆形墓志,直径22厘米。志文以青料盘书,共362字,从中可推知吴十九的姓氏与身世。

童　宾

童宾（1567—1599）,字定新,明代浮梁里村人。他秉性刚直,幼年读书,父母早丧,遂投师学艺,在御器厂做工。

万历二十七年（1599）,太监潘相任江西矿税使兼理景德镇窑务,监督制造大器青花龙缸。因久未烧成,潘相便对窑户进行了"例外苛索",对窑工进行鞭笞甚至杀害,窑工处境十分凄苦。童宾看到这些,非常愤慨,便纵身跳入火窑内,以示抗议。同窑工人悲愤万分,决心烧好窑内瓷器,表示对童宾的哀悼。第二天开窑一看,窑内龙缸烧炼成功。这种缸直径1米,高60厘米,外围环绕着青龙,下面配以潮水纹。当时能烧成这样大的器皿,是瓷器烧成史上的重大成就。

童宾投窑焚身后,余骸葬于凤凰山。童宾之死,激起了窑工的义愤,全镇工匠群起,焚烧了税署和官窑厂房。此举吓坏了潘相,他偷偷只身逃跑。在窑工和镇民的强烈要求下,封建官府为了平民愤,不得不在御器厂的东侧修建"佑陶灵祠",为童宾立祠,并尊其为"风火仙师",现在还一直保留着瓷制的"佑陶灵祠"匾额。祠内供奉的童宾像即风火仙师像,两边是烧炼工人的师祖,有把桩、驮坯、架表、收兜脚、打杂、一夫半、二夫半、三夫半等各类窑工形象。烧窑业还定出行规,二十年一届开禁迎神,招收徒工,定升工种岗位,并举行迎神盛会。

清代督陶官唐英,曾命人将明代御器厂淘汰的一口脱底的青龙缸从僧明寺抬到火神祠,筑台高置,并写有《风火传》《龙缸记》等记载童宾的事迹。瓷业工人中至今流传着许多有关童宾的故事。

李大钦

李大钦，字惟敬，具体生卒年月不详，浮梁县城人，明代万历八年（1580）进士。他起初任藁城县县令，兼摄获鹿。丁艰归服，后补福建南靖县县令。任藁城县令时，他廉洁清正，爱护老百姓，兴办学校，培养人才，政声大著。福建南靖县，当时被称为难治的县。他到任后，就以务实的作风，真心实意地施仁政，免除杂税，免交浮粮，从重惩治恶势力，豪强奸猾宵遁，社会平安。不久，李大钦被提升为南京刑部员外郎转福建兴化知府，后致仕归。李大钦为人刚方正直，家居闭门不出，长令罕识其面。他素优于学，翰墨一定亲力亲为。县令周起元很钦佩他的文品，当时修纂县志，县志中很多处是他校正的。他经常教训子孙说：律身要严，处世要宽。后来，他的儿子李日滋、李日修都考中举人，孙子李思谟、李思成考中进士，李思申也由乡荐举为官，并各有传记。世人推崇李大钦义方之教的教育方法。李大钦71岁时去世，家乡人把他作为乡贤供奉，南靖县、兴化市都把他作为名宦供奉。

李日滋

李日滋，字淑茂，李大钦的第三子，具体生卒年月不详，浮梁县城人。他聪明英俊，才智出众，于明代万历二十二年（1594）考中举人，任广德县学正。其间，他鼓励士气，整顿文风和不良行为，署州事多善政。茂州素来官吏狡猾、平民顽固，难以管教。李日滋任职茂州期间，涤旧更新，振作有方，移风易俗，将豪强、贪官污吏绳之以法。不少官吏妒忌他，于是暗中给他使绊子。无奈，他以病告休，回乡杜门谢客。李日滋与诸兄弟非常友爱，54岁去世。

黄龙光

黄龙光，字二为，具体生卒年月不详，浮梁县城人。明代万历二十六年（1598）进士，任工部主事、督两宫大工。因为他厉行节约，得罪了中官。当时六科廊被毁，奸臣中伤他，他因此被贬到贵州，后回到家乡居住二十多年。他深通经史及当代典故，尤其擅长诗赋古文辞。明代天启元年（1621），他被重新起任兵部武选司，转任尚宝司，升太仆寺卿，政绩显著。后历官右通政司，因建言停刑拂了魏珰意，被魏珰罗织罪名戍沅州。及珰败，皇帝下诏书，让黄龙光官复原职，可惜他行走到南都就病死了，穷得没有棺材装殓。黄龙光天性方正，当奸臣肆虐横行之时，他劲节不回，多次严厉谴责。黄龙光著有《黔游》《燕游集》。

李日修

李日修，字幼吉，李大钦第五个儿子，具体生卒年月不详，浮梁县城人。明代万历三十七年（1609）由乡荐举，任工部主事。他在督造明代熹宗山陵工程时，节省不必要的貂皮玉器，以身作则，从不私自贪占。升任叙州知府后，他兴修水利，减轻劳役，惩治奸邪，剔除弊病，百务一清，正己率属，执法公正，后提升为云南按察司副使。在云南，他革新政治，巡察部属，考核政绩，风纪肃然。因为患病，李日修辞职回乡，着意培养青年才俊，并将自己的俸禄和田地捐给学校。

李　晓

李晓，字未夫，明万历年间人，出生于浮梁县西关。他天资聪颖，年少之时放浪不羁，到了近四十岁才赶考省试。他听说有讲学会，便前往听讲，倍觉惭愧。回来后，他将绳索打结励志，每天吟诗作文不止，并整理前人书籍。闲暇时，他便通过浇灌菜园子来调剂生活。

一次，李晓与鄱阳史惺堂（史桂芳）一起出游，被史惺堂刻苦踏实为学的精神所感染，回来后更加发奋。

李晓的学识和治学态度被郡太守陈吾德赏识，他请李晓为郡学学生讲课。张居正禁止讲学的命令颁布后，李晓依然不放弃授学。他的事迹感动着浮梁人。

操守经

操守经（1524—1596），浮梁人，字仲权，别号东川，九月二十五日生。他于嘉靖二十五年（1546）丙午乡试中举人，中嘉靖二十九年（1550）庚戌科第三甲第七十二名进士，官至给事中。

嘉靖二十九年冬十二月，在制科考试中，操守经被朝廷选拔为建宁节推。他审理判决案件执法严明，声誉卓著，做到代理太守署令，声誉越发显赫。他无论写文章还是整顿纲纪，都不遗余力，以安定的办法处理公事，以宽缓的政策包容人，以严明的法纪处理政务，以体谅宽容之心执法。他不以明辨事理而自认高明，大家却称他处事公正；不以行止清白去博取声名，人们却钦佩他的清正。他向上培育国家元气，向下承担民生命脉，政声赫然，朝廷上下交口称赞。

嘉靖三十二年（1553），操守经荣膺钦召给事中。在职期间，他处理

皇帝诏令、臣下章奏，恪尽职守；参与议政，直言进谏；考察官吏，秉公执法。嘉靖四十三年（1564）在弹劾严党一案中，操守经不畏权贵，大力搜集严党罪证上奏。世宗看到后大怒，将严世蕃逮捕下狱。隆庆元年（1567），操守经晋升为黄门给事中。他一生侍奉三帝，万历十六年（1588）告老还乡。

操慎斋

操松（1486—1558），字慎斋，明正德间进士，历官清吏司员外郎、四川少参、奉直大夫。父亲操汝皆赠奉直大夫，母亲潘氏赠宜人。

他最初担任直辖徐州市县儒学教谕，第二次任福建建宁府松溪县教谕，第三任为南京工部屯田清吏司主事，第四任为本部营缮清吏司员外郎主事，第五任为奉直大夫。皇命说，朝廷将表彰群臣及他们的配偶，因为夫妻之道在于家庭内外协力同心，才能心想事成，所以皇恩理应均享。操松的妻子余氏毓秀出身名门，谨慎恭敬地恪守妇道，持家有方，被封为宜人。

嘉靖十四年（1535）十二月初六日，操松奉钦命督理四川建昌粮储分守，兼任上川南道代理长官。四川建昌等处，各仓临近边境，辅助管理粮仓政务的官吏多被卫所有势力的刁蛮军人欺骗、迫害。这些人在运粮队伍经过关堡时诈取财物，或者在上缴粮食的时候私藏、瞒报，还合谋虚出、盗卖、冒支粮食。这些问题，致使边境粮食亏损，军民困苦不堪。操松到任后，严肃处理一切诡诈舞弊、欺诈蒙骗的案件。对有违者，罪行轻的薄施惩戒。严重的，五品以上官员及军职，照朝例上奏朝廷，捉拿审问；六品以下则自行捉拿，交送其所在部门定罪发落。

操时贤

操时贤，字国用，浮梁人，嘉靖二十五年（1546）乡试中举人，嘉靖三十五年（1556）丙辰登诸大绶榜进士，任山东东明知县，以廉明著称。当时，三省交界处贼寇蜂拥，操时贤歼其首领，并督责他们务农，使当地老百姓安居乐业。操时贤任期满后归故里，祀名宦。

计　昌

计昌，字汝贤，别号介庵，生于明宣宗宣德三年（1428），卒年不详。祖籍浮梁县新定乡西里都双溪（今景德镇市浮梁县经公桥镇港口村），其曾祖父计本善迁至浮梁县下义合都湘湖街（今浮梁县湘湖镇）居住。

计昌自幼聪颖敏悟，勤奋笃学，22岁中景泰元年（1450）举人，天顺元年（1457）进士及第，历任山东武定州知州、山西潞州知州、湖广德安知府。

计昌为官勤政廉明，据明嘉靖《山东通志·学校》记载，计昌初任武定州知州时增修儒学，以励学子。又因州城每年遭受水患，致使民不聊生，计昌实地考察，开挖疏通沟渠，解决了水患。民众大喜，都称新开挖的沟渠为"惠民沟"，今山东省滨州市惠民县县名即源于此。

此事明嘉靖《定州志·川泽篇》中记载得较为详细，其文曰："惠民沟距州城东南二十里，沟南望徒骇河。河溢北流于黑潴潴焉。景泰中，黑潴水遥侵州城，乃谋开沟东北三里，导黑潴于沙河。民赖之，因氏曰：惠民沟。"明嘉靖《武定州志·职官表》中称赞计昌"严而不苛，

廉而有为"。

因父计澄病逝于广西任上，计昌依制守孝，期满调任山西潞州知州，其间修建州治大房，兴修水利，粮食年年丰收。据明嘉靖《潞州志·艺文·潞州嘉禾记》一文中记载："成化四年（1468）秋八月，潞郡太守计侯为政之年，品汇咸殖，百谷用登。禾生于郊，一本二三穗、四五穗者不可胜纪，一本六七穗者得若干茎。父老见而骇，持以献太守，曰：'此嘉禾也。'"老百姓劝计昌将此事汇报给皇上，好邀功请赏，但是计昌并没有这样做，而是归功于皇上。他说："今天子仁育宇内，天心昭贶，灵应迭臻。嘉禾一穗之征，有年之兆，吾岂可当哉！"其实计昌是为了老百姓着想，如果汇报给朝廷肯定会给自己带来加官晋爵的机会，但是老百姓可能会因为丰收而被朝廷增加额外的赋税。计昌任职潞州之政绩更胜之前，明嘉靖《潞州志·宦绩》称赞其"学博才优，常委署平阳府事"。清光绪《长治县志·职官表》也赞其"学博才优、政绩大著"。

计昌善文好交友，任职潞州期间常与明皇室清源王朱幼𪸩关系甚好，经常与之畅游德风亭，吟诗撰文。现明嘉靖《潞州志·艺文》中，还保存了计昌的《德风亭》诗及《潞州题名记》等多篇文章，计昌父亲计澄及夫人黄氏去世，清源王朱幼𪸩都赠有挽诗以示哀悼。

计本善

计本善，字希孟，号柏庭，生于元至顺二年（1331），卒于明永乐七年（1409），祖籍浮梁县新定乡西里都双溪（今景德镇市浮梁县经公桥镇港口村）人，后迁至浮梁县下义合都湘湖街（今浮梁县湘湖镇）居住。

计本善以字行于世，现存地方志中多记载为计希孟。据《浮梁双溪计氏宗谱》记载，计本善少有大志，气质刚毅，文武双全。其少年时，正值元朝末年，盗贼四起，他经常组织民兵辅助朝廷平定匪患，保卫一方。后见当时元朝腐败,屡屡战败,遂隐居避世。元朝隐士鲁贞①在《送计希孟序》一文中也提及此事。

元末天下大乱,群雄四起。当时红巾军天完政权领袖徐寿辉②的部将于光③任浮梁院判镇守浮梁,他听说计本善学问深厚,遂聘为谋士。后陈友谅弑杀徐寿辉,于光另投明主。《饶州府志》记载:"闻邓院判开阃于徽州,光遣部下士计希孟、刘彦昺迎之。"《浮梁县志·官师》载:"于光遣计希孟同黄季伦奉图籍,投款邓愈。"计本善在于光投靠邓愈的过程中起了关键作用,也为日后朱元璋战胜陈友谅奠定了基础。

计本善枕藉六经,淹贯百氏,家传理学渊源深厚。其父亲计毅师从本县元代教育家、理学家吴迁④,计本善自幼受到父亲的教导。计本善听说乐平理学名家朱公迁⑤得朱熹真传,遂前往乐平拜朱公迁为师。

洪武三年(1370),计本善以明经举,任本县儒学训导。正逢国家初定,县学久废待新,计本善组织捐款重修县学明伦堂,并手植双桂于堂前以励学子。洪武十二年(1379),计本善奉命编撰《浮梁县志》,此举为后世续修《浮梁县志》提供了重要史料依据。洪武三十二年(1399),计本善任浙江淳安县教谕,《淳安县志》称赞计希孟"理学优长,德望服众,士林景仰"。他两任学官,育人无数,如本县洪武二十七年(1394)进士郑隆及洪武三十年(1397)进士唐恕等都出自其门下。

计本善还著有《柏庭集》若干卷,大学士宋濂⑥为书作序。

计本善八岁丧母,晚年独子计岳又早亡,七十余岁高龄依然供职于

---

①鲁贞,字起元,号桐山老农,浙江开化人。
②徐寿辉(1320—1360),蕲州罗田县人。
③于光(1324—1369),字仲炳,号暗修,御赐名大用,江西都昌县人。
④吴迁,字仲迁,号可堂先生,师从理学名家饶鲁。
⑤朱公迁,字克升,号明所先生,官翰林直学士,著有《四书通旨》。
⑥宋濂(1310—1381),字景濂,号潜溪,金华潜溪(今浙江义乌)人。

淳安，为求以薄薪抚孙成人。孙计泳、计澄深受祖父影响，发奋学习，泳登永乐庚子（1420）举人，官至安徽望江县、湖北沅陵县教谕。澄登永乐甲辰（1424）进士，官至广西按察使。希孟公教孙成才，一度成为家族美谈。

附录：

送计希孟序①

君子之出处，有义存焉，其出也，其处也，莫非义也。伊尹之就桀也，义也。桀不能以用，天命之去耶。天命既去，则独夫也。其就汤也，伐独夫以安天下，亦义也。管子从子纠出奔，君臣之分未定也。不死事仇，未害于义也。相桓公匡天下，亦义之可为也。夫以出为当出，不若以义度之而出也。以处为当处，不若以义度之而处也。出亦义也，处亦义也，君子之出处，亦如是而已。浮梁计希孟，介宗旸不远百里访予于梧板之草舍，曰："近年盗起，尝以民兵从元戎征讨，军败幸免。今路稍通，将归而读书故山，不复出矣，求夫子一言，归为乡里父兄道也。"时天雨雪不止，留于家三日。希孟求不已，宗旸又为请，因为之言曰：希孟之从军，义。今归故山不复出，可嘉矣。苟有用子者，起而从之，管仲之所以相桓公也，又何以不出为哉？恐其未达于斯也，故以前贤之出处合于义者告之。

①见〔元〕鲁贞《桐山老农集》

计　澄

　　计澄，字本清，别号清慎，生于明洪武二十九年（1396），卒于明天顺五年（1461），浮梁县新定乡西里都双溪（今景德镇市浮梁县经公桥镇港口村）人。祖父计本善官至严州府淳安县教谕，明初迁至浮梁县下义合都湘湖街（今浮梁县湘湖镇）居住。父计岳官至饶州、江蒲学训导。

　　计澄少有大志，颖拔不群，中明永乐十八年（1420）湖广乡试[①]，登永乐二十二年（1424）甲辰科进士，历任浙江永康和山东商河县令、山西道监察御史、云南道监察御史、庐州府推官、云南楚雄知府、广西按察使等职。

　　计澄为官克己奉公，清正廉明，任浙江永康和山东商河县令时，杜绝贿赂，屏除酷刑，平抑徭役，稳定税赋，及时公平审理诉讼，官声大振。民国版《永康县志·官师表》称其"有惠政"。道光版《商河县志·宦绩》载："计澄行政公平，率民德义。"监察御史杜时[②]、任敬敏[③]向明英宗举荐，称"计澄廉能慈慎，抚民有方，有守有为"。正统三年（1438），计澄升任山西道监察御史，巡按福建，肃扬风纪，奸邪屏迹。福建地处海边，当时感染瘴气死亡百姓有数千户。计澄走访安抚，请法师超度安葬。后母亲去世，计澄依例去职守孝。期满，转云南道监察御史，巡按

[①]永乐十六年（1418），计澄奉表舅广安同知陈德厚（陈亩，字德厚，洪武年间贡士，浮梁里仁都人，终官四川广安同知，后将爱女陈裕嫁给计澄为妻）之命，前往湖广远安县，寄居在陈德厚家。

[②]杜时，字习之，直隶深州（今河北深州市）人，永乐十六年（1418）进士，洪熙元年（1425）任御史，巡按浙江。

[③]任敬敏，讳任时，字敬敏，江西泰和县人，永乐十六年（1418）进士，永乐二十二年（1424）升云南道御史，巡按山东。

山东、浙江二省。计澄任云南道监察御史时曾向英宗奏言："开科取士，务得实才。今南、北直隶，凡遇开科，多有诈冒乡贯，报作生员，或素无学问请人代笔，其弊非止一端。乞敕该部会议，今后开科，令御史亲诣各处，严加考选，必得学问优长、素无过犯者，令其入试；其在京如遇称系军生并各衙门吏典、承差人等，不由学校、不经考验，其间奸盗贪墨无所不有，此等之徒一体不许入试，庶革奔竞之风。"[1]

正统十二年（1447）因山东按察司副使王裕[2]之事受牵连[3]，计澄遭贬谪，迁任庐州府推官。其间计澄并没有受降职之事影响，而是更加勤政爱民。《庐州府志·名宦传》载"计澄清介自持，狱多平反，郡中称平"，于是没过多久，便改任云南楚雄知府。《楚雄府志·名宦传》载"计澄开诚布公，兴学育才，鼗邪革弊，盗贼闻风远遁，民赖以安"，政绩声闻朝廷。景泰初年，朝廷派南京刑部右侍郎姚夔[4]考察吏治。姚夔向代宗举荐，称"计澄以洁己贞明，处事通敏，尽字物之方，得怀远之体，惠爱及人，卓为良吏"。景泰五年（1454），计澄升任广西按察使。浙江湖州知府程道兴[5]所撰《明故通议大夫资治尹广西按察使计公行实》[6]一文中详细记载了计澄在广西为官政绩。其文曰："广西古荒服，边氓乍服乍叛，法难以概施，而化难以必行。公察风俗，量事势，如诊脉用药然。

---

[1] 见《明英宗实录》卷一百一十八，第2379页。
[2] 王裕，字昌问，江西金溪县人，宣德二年（1427）进士，正统四年（1439）任山东按察副使。天顺元年（1457）升四川按察使。
[3] 见《明英宗实录》卷一百三十二、一百三十三。
[4] 姚夔（1414—1473），字大章，桐庐人，正统七年（1442）进士，景泰初年擢南京刑部右侍郎，寻改礼部。后累官礼部尚书。
[5] 程道兴，字惟贤，江西浮梁县人，永乐十九年（1421）进士，初任武库司员外郎，升湖州知府。
[6] 见《浮梁双溪计氏宗谱》

强者抑之，亡者推之，怀柔不失其道，而恩物各适其宜。至其梗治不服，不得已而用兵者，公必开心吐诚，叶谋于总戎巡抚，务计出万全，事无一失始行，用是八九载间，兵民乂安，官无枉费者。公之功居多。"

计澄孝于亲，严于子。八岁时，计澄父亲去世。母亲鲍氏①独自将计澄抚养成才。鲍氏出生在浮梁世代为官的书香大户人家，受到儒家传统道德教育，聪明贤惠，博览群书，多才多艺，从小就教育计澄为人要刚正不阿，做事要光明磊落，努力学习，为国效力。计澄铭记教诲，不忘亲恩。巡按福建时，母亲鲍氏病重，计澄听闻偏方"人肉可治病"，遂"刲己股以疗母"。对于子女，计澄严格要求，精心教育。其长子名计昌，字汝贤，号介庵，天顺丁丑（1457）进士及第，历任山东武定州知州、山西潞州知州、湖广德安知府等职。计澄"刲股疗母"，计澄、计昌"父子进士"为时人称道，乡里族人口口相传，谱牒记载，传颂至今。

计澄一生为官四十余载，历任教谕、知县、知府、按察使等职，政绩卓然。《明英宗实录》卷三百三十四称"计澄刚方有为，所至皆有声迹"。计澄病逝于广西按察使任上。明宗室清源王朱幼㙒、吏部尚书李贤、兵部尚书陈文、翰林学士李东阳及翰林庶吉士张泰等皆撰诗挽悼。其子计昌将挽诗编辑成集，吏部右侍郎杨守陈为挽诗集作序。

---

①鲍氏，浮梁人，明山东冠县县尉鲍天奇之女。

附录一：

广西按察使计公挽诗序[1]

　　广西按察使计公，讳澄，本清其字也，世家于饶。自其九世祖致平司业之后，有县令者，有佥判州、军者，有尉县者，有宣教郡学者，有任枢密机宜者，有同知州事者，有掾宪台者，有教授蒙古译史者。至厥祖教谕淳安，厥考训导于江浦，缨绂蝉联，载美世令，而大显于公焉。公生八龄而孤，长能事母善兄，绍述其家学，敷为文辞，雨滂霞蔚，乃擢进士，历知永康、商河二县。其为政，杜苞苴，屏钳灼，徭均而讼理，庶民怀之，于是名声上逮，征拜监察御史，出按浙江、山东、福建三道。郡县吏民，咸慑其威。常便道归省。母病甚，刲股以疗之。后以事左迁庐州府推官。无何，升知云南楚雄府。其政视为县滋善；其民怀之，视二县尤甚，声名益彰彻大行，乃察举擢广西之任。其威大率如御史时，而加以宽大博厚。逾数载，卒于官。时，其家子昌已擢进士，守大州，亦有循良之政。家教然也。若公者，可谓兼众善而有之者也。夫绍述家学，割股疗母，孝之尤也；善兄，悌也；教子克官，慈之大也；为守令而民怀之，仁之达也；为内外台官而民吏怀，义之达也。之数者，士苟有一焉，则其身殁之后，人必哀伤叹悼，惜而形诸慨叹，布诸声歌矣！况兼此众善而有之者耶？故公之卒也，上自台鼎之重臣，下逮筚圭之髦士，或尝挹其光仪，或躬被其威惠，或与闻其治行者，皆为之长涕，仰感作为。哀挽之诗，累幅连篇，而余则序之。

　　　　　　　　　　　　　　成化元年秋七月朔旦

　　　　　　　　　　赐进士出身翰林院编修四明杨守陈　书

---

[1] 见《浮梁双溪计氏宗谱》

附录二(以下诗见《浮梁双溪计氏宗谱》)：

挽广西按察使计公诗

明宗室清源王朱幼㻞　撰

君骑箕尾上青冥，百越民獠欲丧身。
玉冰外台崇伟望，凤毛北阙擅芳名。
潮声带哭来沧海，榕叶含愁暗柳城。
我为明时惜良弼，诗成挥泪漫沾襟。

挽广西按察使计公诗

少保吏部尚书兼大学士　南阳李贤　撰

大官会校出群才，万里承恩人外台。
廉访有声闻郡邑，讴歌随处起蒿莱。
烟深瘴海无归路，云绕关山不尽哀。
试看五云诸子侄，飞腾还逐后尘来。

挽广西按察使计公诗

兵部尚书兼大学士　庐陵陈文　撰

永乐中年金榜士，滇南公府旧相知。
辟从花县囊无物，老向霜台鬓有丝。
岭海瘴消人杰去，关河天远凤雏悲。
词垣老笔将哀韵，为尔临风一挽之。

挽广西按察使计公诗

翰林编修　长沙李东阳　撰

衣冠会沐宪台春，万里南官得命频。
岭海风尘随使节，道途冰雪避征轮。
自从郡国歌遗爱，长使朝廷忆旧臣。
最喜诸郎承世泽，共看簪缨接枫宸。

挽广西按察使计公诗

翰林庶吉士　太仓张泰　撰

计公起浮梁，八代儒冠裔。
颖敏不群资，年少有大志。
友于伤早孤，力学嗣家世。
擢科永乐闲，发轫宦途试。
初宽永康政，载简商河治。
朝廷重吏才，公实被命至。
乘骢走七闽，风纪肃清厉。
匍匐终母忧，辛勤赴王事。
直道行浙鲁，青蝇忽相渍。
左迁庐州幕，益热济时虑。
陟明知楚雄，侍郎起良吏。
宪节何煌煌，岭海动霜气。
边氓忽叛服，威德用兼济。
协力赞元戎，从容万全计。

维藩八九载，疆域抵安义。
胡天不憖遗，未老卒于位。
齐民去后思，游子天涯泪。
云水暝昌江，悲余仰高义。

李 安

  大明王朝，在浮梁城西的李家出了一个掌纠弹百官、正吏治之职的风宪官，他叫李安，字遵道，也叫遵安，生卒年不详，应为永乐至正统年间人，家住西隅田西关。田西关在浮梁古县城大西门外，古属福西乡上义都辖，现是浮梁镇的范围。永乐二十二年（1424），李安金榜题名考取了进士，任南京都察院监察御史。古代的御史台或都察院的御史大夫、御史中丞、侍御史、殿中侍御史、佥都御史、巡按御史、监察御史等均属于风宪官。李安历福建监察御史，正统年间到山东任佥事。明代属官有佥事，佥事相当于提刑按察使司的副职，为秩正五、六品。明代监察御史的品级不是很高，但权力很大。

  李安父亲李享善于明朝洪武年间中举，永乐年间在奉化县（今奉化市）当了几年官，退休后回到田西关居住，筹划修建李氏祠堂未成而去世。李安考取进士后，即遵父愿创建了祠堂并续修了家谱。此外，李安在田西关还建了座环秀亭（环秀堂），立了两座牌坊（画绣坊和文魁坊）。建祠、修谱期间，李安请到了当朝几个显赫人物。

  从永乐年间开始，江西籍高官在一百多年间占据着明朝政府重要的位置，朱元璋自胡惟庸案后，取消宰相一职。明成祖朱棣组建内阁，内阁大学士逐渐成为实际上的明朝宰相，当时称首席大学士为"首辅"，或称"首揆""元辅"。

  身为监察御史的李安，第一个请的是号称"西杨"的当朝首辅杨士奇。杨士奇（1365—1444），江西泰和人，名寓，字士奇，以字行，号东里。建文初以荐入翰林修《太祖实录》。成祖即位，授编修，入内阁，参机要。先后历惠帝、成祖、仁宗、宣宗、英宗五朝，在内阁为辅臣达四十余年，任首辅二十一年，官至华盖殿大学士兼兵部尚书，廉能为天下称。宣德五年（1430）岁末，杨士奇为李氏宗祠写了《浮梁李氏祠堂记》。该记先是赞扬了李家仁德诗书传家："皆散粟以赈饥，捐地以给葬，盖李之先德敦于躬及于人者，非一日之积也。"结尾言："诗曰：'孝子不匮，永锡尔类'，李氏有焉。于是安请记堂之成，安永乐甲辰予读廷试卷时所奏进士，今为监察御史，堂成于安登第之岁，记作于宣德五年十二月甲午云。"首辅大人还为李氏家族的环秀亭赋诗一首，名为《寄题浮梁环秀亭》：

  地偏潇洒一尘无，水色山光绕画图。
  他日乘风溯南斗，李家亭上看蓬壶。

首辅大臣遐想有朝一日来到南方浮梁县，沐浴着水色山光，在李安家的环秀亭观看浮梁景色，就像看古代传说中的海上仙山。

李安第二个请的是另一位著名的政治家、文学家，号称"东杨"的首辅杨荣。

杨荣（1371—1440），原名道应、子荣，字勉仁，建安（今福建建瓯）人。累官翰林编修、修撰、侍讲和右春坊右谕德，侍皇太子讲读，文渊阁大学士。仁宗即位，进太常寺卿、太子少傅、谨身殿大学士兼工部尚书。

杨荣为李安赋诗《环秀堂为御史李安题》：

  田西美山水，面面景物同。
  层峦峙高标，叠嶂开芙蓉。
  湛湛碧玉流，清光涵太空。
  蜿蜒势回抱，恍若虬与龙。
  构堂据清胜，秀气于此钟。

> 浮岚蔼窗户，黛色侵帘栊。
> 凭高一翘首，如在瑶环中。
> 惟子孕灵秀，卓卓超凡庸。
> 峨豸侍明主，屡沐恩波浓。
> 勖哉崇令德，光价昭无穷。

这位首辅大人盛赞了浮梁的青山绿水。重叠的山岭像芙蓉，又似碧玉一样澄净、清雅、灵秀、优美；飘动的山林云雾，仿佛美玉环绕，仿若仙境一般。夜幕降临，月亮的清辉、飘动的山林雾气停伫在他住的公馆窗前，美不胜收。

宣德年间正是景德镇御器厂走向正轨，青花瓷大发展之时，杨荣既是掌管全国屯田、水利、土木、工程、交通运输、官办工业的工部尚书，又是首辅，他莅临浮梁，目睹了浮邑山水生态美景，视察了皇家御器厂生产，发出了"峨豸侍明主，屡沐恩波浓。勖哉崇令德，光价昭无穷"之唱，希望浮梁及景德镇御器厂沐浴着帝王的恩泽，将有荣耀的身份发扬光大。

李安第三个请了永乐十三年（1415）状元、明代著名的文学家和诗人、景泰元年（1450）任首辅的陈循为其写谱序。

陈循（1385—1464），江西泰和人，字德遵，号芳洲。累官户部右侍郎兼翰林院学士、户部尚书。景泰元年（1450）升为首辅，后为少保兼太子太傅、文渊阁大学士、华盖殿大学士。

陈循为李氏族谱写了《浮梁田西李氏增修族谱序》。序中写道："安授永乐甲辰进士，授福建道监察御史，文林郎尝效欧苏之法重修其李氏谱，作世系图，衣冠先荣，丛载三篇，共为四卷，自序其首，且有望于后人世纂代修，其尊祖宗而教孝弟之心至矣。""然非有道以维持之不能，故谱族所以维持礼义仁厚之道也。御史能由是道，岂独承其父志，将见李氏子姓尊者逸而卑者效。其劳富者予而贫者有所仰礼义之风，行亲其亲而贤其贤，长其长而幼其幼，仁厚之俗著有不本于此耶。"序中赞扬李安维

持礼义仁厚之道。

李安第四个请了当时任少詹事兼侍读学士、正统年间任吏部尚书的王直为其写赞文。

王直（1379—1462），字行俭，号抑庵，明吉安府泰和县（今江西泰和县）人，明政治家、学者，永乐二年（1404）进士，授修撰。历事明仁宗、宣宗二朝，累官少詹事兼侍读学士、礼部侍郎，正统八年（1443）升任吏部尚书。王直被后人赞为"诗文典雅纯正，有宋元之遗风"，乃当朝大手笔。他洋洋洒洒写下了539字的《环秀堂记》。

这位吏部尚书借山水形胜赞美李安及家族，抒其情怀。如此山水，令不显露心智、心趣的人甚感欢乐。而这一邑胜处，李氏世居，虽有簪缨之贵、风宪之重，但其犹不忘斯堂。安重不迁，以笃吾仁；周流无滞，以广吾智；不为私意所移，必为良御史，其言环秀之堂即言仁义之重。

第五位为李安写诗作文的是博通经史、词翰清雅、以文学弛名于世的陈琏。

陈琏（1370—1454），广东东莞人，字廷器，别号琴轩。洪武二十三年（1390）举人，入国子监，选为桂林教授。永乐间历许州、扬州知府，升四川按察使，宣德初为南京国子祭酒，管理全国的教育。正统初任南京礼部侍郎。

陈琏为李安赋诗一首《拱秀堂为李安御史作》：

浮梁田西多好山，峰峦矗立青云端。
宪台李君世居此，长溪叠嶂相回环。
修筠绕屋琅玕润，落花满径苔钱斑。
四时秀色恒在目，终日自喜钩帘看。
蛾黛横空山色媚，翠涛度壑松声寒。
有时读书不出户，六籍穷讨饥忘餐。
胸中文章粲星斗，笔下词藻生波澜。
一从擢科官执法，绣衣白简光朝班。

信知地灵产人杰，岂但泉石堪盘桓。

故山猿鹤好相候，承恩衣锦行当还。

陈琏不仅赞美了浮梁峰峦矗立、山色妩媚，更赞美了浮梁"地灵产人杰"，培育了李安这个胸有文章、笔生波澜、"一从擢科官执法，绣衣白简光朝班"的执法风宪官。正统年间，陈琏还写了一首《送山东李佥宪遵安之任》送别诗，其中有句"知君贞素匡时志，定有封章达圣朝"，可见他们之间交谊至深、感情厚重。

明朝权倾天下的首辅和高官为李安建祠修谱撰文赋诗，虽然是官场应酬之作，但这对李安家族及浮梁县也是非常荣耀之事。可惜的是，他们的行状，府、县志均无记载，而是收录在他们的文集里，这不能不说是一种缺憾。

金　勋

金勋，字良佐，峙滩英溪人，生卒年不详。金勋自小天资聪颖，勤奋好学，博通经史。

明初，太祖朱元璋认为科举入仕者不切实务，曾一度废除科举，改为荐举。于是，在洪武十五年（1382），明太祖下旨寻访"贤良方正"人士，以资治国。为此，县郡共同举荐金勋，并提供车帐，送到京城。洪武帝朱元璋在谨身殿亲自召见，赐给他筵席和案几。因为金勋所阐述的治理方略很契合皇帝心意，皇帝亲自授予中奉大夫衔[①]，任命他为广东布政使。

[①] 文散官衔，明从二品。

金 长

金长,字文经,号心田,浮梁槐里人。他幼失父母,性情恬静寡欲。明国子监生,授万历文华殿中书。

当时边境形势每况愈下,戍边的士兵过度劳累,烦躁不安。为安抚士兵,稳定边防,朝廷挑选廉洁能干、有特别才能的人赴边境,督促发饷犒劳军队,金长有幸受到委派。他领圣旨限期奔赴边疆,冒着严霜冰雪奔驰几千里,到达后立即亲自视察士兵营垒,遍及军营传达天子旨意,摒弃革除不合理的规定。他给物发饷不经过随从人员及将帅之手,完全消除了向来侵占军饷、冒领军饷的弊病。使节旌旗归去之日,军队和百姓焚香祷告使节平安,送行到百里外。

金宗舜

金宗舜,号近愧,浮梁槐里人,为金君卿后裔。他天资聪颖,品行端正,行为举止与众不同。他少年好学,可惜屡试不中,其后所学博杂,于是捐钱入国子监读书,游学京城,取得吏道备用,进授明威将军金吾右卫指挥金事。

当时的北京,凡各省郡县都有会馆,作为本土行旅停留住所,唯独一向公认为江南望县的浮梁缺少会馆。于是,他决定捐资倡建第一座浮梁会馆,馆址选在都城的正阳门。为此,他亲自募集资金,致力于会馆建造,连木材、石块,甚至选配琉璃瓦、石灰等细节都亲力亲为,最终造起了一座浮梁会馆。从此浮梁行旅人马,驱车千里,来到京城,入憩会馆,恍如归家。因此,他名字常排在各处馆额前列,以热心公益而闻名。

刘 俭

刘俭，浮梁人，生平事迹失考。其于明代景泰二年（1451）辛未柯潜榜，以三甲第二十一名的成绩考取进士。

明代这一时期属多事之秋，宫廷斗争十分激烈，外战也频频失利。明英宗朱祁镇因听信宦官王振之言，未做充分准备，就匆匆北征瓦剌也先部，以致战败被俘，这就是明史上的"土木堡之变"。

瓦剌大军进逼京都北京城，幸在廉吏、《石灰吟》的作者于谦等力主下，击退瓦剌也先部，并扶助明英宗弟弟朱祁钰登基，为明代宗景泰帝，稳定了时局。

代宗在位第八年，被尊为太上皇的明英宗被释放回来，软禁于南宫。后来，石亨等人发动宫廷政变，重新拥戴英宗复辟，夺回皇位，年号天顺。但是即便在这宫廷迭变的时期，大明以其强大政治、军事、经济能力，依然是当时世界上最强大的帝国，国家机器不因其变受影响，仍旧正常运转，这也体现大明政权管理机制的健全稳定。因此明王朝对藩属国管理、册封等重大事务，也仍旧照常进行。

刘俭考取进士后，被选派至行人司任职。行人司职"册封宗室，抚谕诸藩"，部分职责功能类似于我们现在的外交部礼宾司。明代朱姓宗藩王遍及全国各地，加之其他如琉球及东南亚等藩属国，管辖的藩属王国众多。行人司每年负责出使、册封、宣旨、授印等工作，可谓任务繁重。那个时代交通不便，行人官就是从京城到我们江西南昌宁王府一趟，来回也得个把月，更遑论边远藩属之国。

明景泰四年（1453）二月，琉球国中山王尚金福逝世，其弟弟尚泰久暂掌国事。景泰五年（1454）二月，泰久上疏朝廷："长兄金福殂，次兄布里与兄子志鲁争立，两伤俱殒，所赐印亦毁坏，国中臣民推臣权摄国事，乞再赐印镇远藩。"此奏章得到明廷允许，第二年四月，明廷命给事中严诚（正使）、行人刘俭（副使），前往琉球国册封尚泰久为琉球国王。但严诚在出使途中至金陵时病逝，出发前的七月份，朝廷改派礼部给事中李秉彝为正使，与刘俭同赴琉球册封、授印。这个苏州人李秉彝与刘俭是同科进士，两人搭档赴琉球册封，自然融洽顺利。琉球王尚泰久奏以受封，遣使到京进贡物品，谢皇恩。

刘俭奉命出使琉球之事，县志中还有一段杂记。"比还，驻海滨，登舟，有番僧番道数百人，伏舟前云：'候天使，祷神渡海。'俭辞，迨舟入洋，雾浪腾沸，舟飘摇不进，从人大恐。俭书一笺，曰：'贝阙珠宫事必真，圣朝四海久咸宾。若知一箧空来往，幸把清风送使臣。'投笺入海，顷刻，风信东来，云色开霁，舟行无阻。"

刘俭那一笺投入大海祈求龙王水神保佑的诗，前两句的意思是说，用五彩贝壳及珍珠装饰的水府龙宫，我们相信这必定是真实存在的，我们对你们十分敬畏、尊重。但众神灵们，你可知"四海久咸宾"，四海之内，很久以来，各个王国都臣服、顺从了我们大明王朝，你们还能兴风作浪、不顺从吗？后两句则是说：若是神灵有知，我们只是用个竹箧，装了册封诰书来回往返于海上，并没有带上你们期待的金银珠宝。因此，希望诸位水神助我清风，把我的册封使团一帆风顺地安全送返大明。

这首诗中，重要的是"四海久咸宾"句，这里其实折射出明王朝在当时世界上的强大。

戴弁

戴弁（1390—1454），字士章，江西浮梁县城北人，以举人授崇阳儒学训导，历任兵科给事中、陕西右参议、湖广右参政，后升为广东右、左布政使。

永乐十二年（1414），戴弁24岁时经乡举荐，出任湖广武昌府崇阳县儒学训导。

宣德元年（1426），36岁的戴弁被选拔担任兵科给事中。在皇帝身边工作了十年，其间"奉诏行边，增屯种，简士卒，严戍守，朝廷嘉之"（见道光版《浮梁县志》）。行边之后，宣德三年（1428）四月，戴弁奏言："自山海至蓟州，守关军万人，列营二十二所。操练之外无他差遣，若稍屯种，亦可实边。请取勘营所附近荒田，斟酌分给，且屯且守，实为两便。"（见〔明〕严从简《殊域周咨录》）他向朝廷提出守边屯田的建议，受到了朝廷的嘉许。

宣德十年（1435），明宣宗朱瞻基驾崩，大学士杨士奇、杨荣等拥9岁的朱祁镇为帝，即为英宗，年号正统。时年46岁的戴弁"又奉命出居庸，历幕府，抵开平，边储整饬"（见《浮梁县志》）。

正统二年（1437）九月，英宗下诏称：目前地方郡守缺官甚多，令三品以上官员或举贤能备朝廷择用。十月，戴弁被擢升为陕西右参议，从四品。

升任陕西右参议不久，戴弁就接到了建设靖远卫的任务。明朝时期，靖远处在大明与北元蒙古国的交界地带，是当时边塞要地之一，境内黄河犹如一道天然的屏障，阻断了蒙古人的南下入侵。但每到冬季，黄河水面结冰，天堑变成坦途，蒙古人履冰渡河，长驱直入，屡屡犯边。靖远成为其南下的据点，因而这里长期争战不休，边境不得安定，地方民众深受战乱的侵扰。明朝初期，朝廷曾在靖远境内迭烈逊置巡检司，沿黄河渡口驻军戍防，边境稍为安定。据《靖远县志》记载："其楼基高三丈五尺，周四十丈，楼梯三层七楹，高五丈五尺。"

明朝江西吉水人、工部右侍郎罗汝敬所撰《建设靖远卫碑记》载："于时佥都司事房贵、参司使议戴弁、佥宪司事傅吉承命以行，指挥常敬各率其属以从。至则以河上地势且隘，惟古会州乃炎宋拒李元昊之所，襟山带河，其势险塞，足固金汤之守，以为国西藩屏，乃按图卜吉而城之。"从此，靖远境内始得安宁，加之屯田垦荒、移民实边，农业生产渐渐恢复，人口繁衍，社会兴盛。

戴弁在陕西就职经常驻居肃州，署理肃州，负责筹备管理边防所用的储备粮食或物资。肃州是古丝绸之路上的军事、交通重镇，戴弁在此为边防建设立下了汗马功劳。

任职期间，戴弁和王暹①、年富②被誉为"关中三妙"。戴弁还与年富共同倡议修缮张横渠祠，又称张子祠。

明太祖朱元璋立国后，继续推行"崇文尊儒"，理学被朝廷重视。张子祠原为横渠崇寿院，张载③去世之后，他的门徒们为了怀念他的功绩，把崇寿院改名为横渠书院。横渠书院长期得不到修葺，戴弁巡视到此立即倡议修祠，说明其崇尚理学、重视教育，也为其侄、后来曾任陕西按察副使并督学政的戴珊修张子祠做了榜样。

戴弁崇文，在三陇之地还因留下了脍炙人口的肃州八景诗，被列为著名的陇上边塞诗人。由于他远在陇地西部，因此，他的文名在故邑浮

---

①王暹，浙江山阴人，进士出身，授监察御史，官至右副都御史。
②年富，字大有，安徽怀远人，陕西左参政，后来任户部尚书，著名的"公生明、廉生威"铭句就出于其人。
③张载（1020—1077），字子厚，大梁（今河南开封）人，徙家凤翔郿县（今陕西眉县）横渠镇，世称横渠先生。北宋哲学家，理学创始人之一，理学支脉"关学"创始人，《宋史》卷四二七有传。

梁反而少有人知。他常年往来于积雪皑皑的祁连山下,驰骋在大漠孤烟的戈壁滩,在提督肃州期间巡视邻近州县,熟悉当地风俗、人文景观,写下了著名的《肃州八景》,现辑录如下,以飨邑人:

南山积雪

酒泉城外碧云端,万叠芙蓉雪未干。
素影欲迷银汉迥,晴光不逐暖风残。
气吞沙漠千山远,势压番戎六月寒。
公馆日长清似水,几回吟望倚栏干。

北陌平沙

北上高楼接大荒,塞原如掌思茫茫。
朔风怒卷黄如雾,夜月轻笼淡似霜。
弱水西流青海远,将台南去黑山长。
远人遥指斜阳外,蔓草含烟古战场。

金塔凌虚

不省何年缔构功,一峰突兀白云中。
高临北极天光迥,低压南山地势雄。
风送铃声来碧落,雨收虹影入晴空。
何当平地丹梯上,尽日徘徊兴莫穷。

玉关来远

圣代文明遍九垓,河山设险玉门开。
月明虏使问鸡度,雪霁番王贡马来。
泛泛仙槎浮瀚海,翩翩驿骑上金台。
幸逢四海为家日,独坐藩垣愧乏才。

戍楼晓角

碧天如水满城霜,五更初收戍角长。

入塞数声胡北遁，残星几点雁南翔。
梅花叶落开关早，杨柳风清指曙凉。
客枕独怜惊夜梦，五云深处侍君王。

僧寺晚钟

何处钟声动酒泉？上方台殿月娟娟。
灵檐霜满僧吟梵，孤馆灯残客未眠。
寥亮已传青塞外，飘飘还过白云边。
几回听罢生乡思，洛下柴扉掩暮烟。

嘉峪晴烟

烟笼嘉峪碧岩峣，影拂昆仑万里遥。
暖气常浮春不老，寒光欲散雪初消。
雨收远岫和云湿，风度疏林带雾飘。
最是晚来闲望处，夕阳天外锁山腰。

清河夜月

一水西来天际流，冷涵桂魄夜悠悠。
山河有影鱼龙晓，风雾无声鸿雁秋。
杨柳滩头渔下钓，芙蓉花外客登楼。
一时假我仙槎便，直上银河看斗牛。

毋庸置疑，肃州八景诗看起来是写祁连山的雪、大戈壁的沙、"清风送铎铃之声，月夜悬高际之影"的古塔、群鸟激飞的戍角、月如霜白的钟声、玉石山的烟雾、如练的清河等景色，但诸如"幸逢四海为家日""几回听罢生乡思""客枕独怜惊夜梦""孤馆灯残客未眠""晚来闲望处""无声鸿雁秋"，实有浮梁游子寄情山水，面对西域之苍凉，思念家乡故里之深情。此后，清代徽州人黄文炜（字飞赤，曾任肃州分巡道）纂写《重修肃州新志》并作《肃州八景》释文，使戴弁声名大振。这些饱含深情的诗篇无疑已成为丝绸之路上的文化遗产。

正统九年（1444），55岁的戴弁辞别了春风不度玉门关的边塞，升任湖广布政使司右参政，从三品。湖广布政使司辖地为今湖北省、湖南省全境，下辖15府2直隶州14散州108县。布政使司衙门驻武昌府（今湖北武汉市）。戴弁历经20余年又回到了当年参加工作时的故地。

正统十三年（1448）十一月，58岁的戴弁迁广东布政司参政。迁广东参政时，正遇黄匪作乱，于是戴弁前往安抚。到达羚羊峡口与乱兵相遇，戴弁便弃舟登岸，对乱兵说："我就是戴参政！你们背叛朝廷，朝廷却命我来安抚你们，只要你们听从我的安排，你们还是朝廷的子民，为什么要作乱而自取灭亡呢？"贼酋率众投降。不久，匪乱又再次发生，甚至兵围广州。城中乏食，戴弁立即发文给知府聂好谦，要求开仓赈济，民心才得以安定。随后，他设立赏金，招募死士，从小路率领援兵进入广州城，与参将武毅、都督董兴等人详细谋划，斩杀匪首于城南，进而分兵直捣其巢穴，收服余党。这次平叛时间不到一个月，捷报上闻，朝廷"劳以羊酒宝锭金绮袭衣，晋右布政使"。

明代宗景泰二年（1451），已过花甲之年的戴弁因功从右参政升为广东右布政使，官至从二品。不久，戴弁因母亲去世，丁忧离职，居家守制，朝廷下诏"夺情视事"，于景泰三年（1452）春正月，升任戴弁为左布政使，要其到职。但还未入觐帝王谢恩，戴弁就与世长辞。

戴弁在外为官40余年，一直做到明朝从二品大员，死后归葬浮梁，现玉田水库有其墓，但石碑、石马等俱已倒散，无人修葺。其殁后，山西山阴人、明万历时吏部左侍郎兼东阁大学士王家屏为他撰写了《戴公墓志铭》（见《王文端公文集》）。《饶州府志》《浮梁县志》都有记述他生平的小传。他晚年著有《蒙庵集》。

戴 珊

戴珊（1437—1505），字廷珍，号松崖，明浮梁县城北人。其父戴㝼（字士仪，嘉兴府学教授、著有《西涧集》）与戴弁是兄弟，比戴弁小九岁。戴珊历任监察御史、南畿督学、陕西按察副使、浙江按察使、都察院右副都御史抚治郧阳、南京刑部尚书、左都御史等，弘治十八年（1505）十二月二十三日，戴珊69岁逝于左都御史任上，赠太子太保，谥号"恭简"。

戴珊

戴珊幼年嗜学，勤于读书。清人夏敬渠著的《野叟曝言》，描述了戴珊为勘玉老长兄题写的对联：无学问必非豪杰，有肝胆方是圣贤。联语即体现了其"嗜学"的风范。

天顺七年（1463）癸未科会试，因试场焚毁改至当年八月举行，殿试也推迟至次年（甲申）三月，但也称癸未科。

天顺八年（1464）正月，英宗病死，成化帝入继大统。戴珊与浮梁湘湖人计礼一同考上进士。当年与戴珊同登进士榜的有后来与其同朝供职的兵部尚书刘大夏、户部尚书兼谨身殿大学士李东阳、礼部右侍郎谢铎、南京户部尚书王轼、刑部尚书闵珪、工部尚书曾鉴、工部右侍郎张达、户部右侍郎陈清、吏部左侍郎焦芳等十人，被称为"十同年"。

除了焦芳在历史上被列为阉党有恶誉外，其他人皆有美名。他们曾在弘治十六年（1503）3月25日，在闵珪府第之达尊堂雅集。除宴饮唱和之外，还由锦衣卫指挥使、宫廷画家吕纪①为他们绘画纪念。众人"皆画工对面手摹，得其形模意态"，画面突出人物，景物简练有序，不做过多渲染。卷后，有李东阳所书《甲申十同年图诗序》，钤白文"宾之"、朱文"大学士章"印各一方，并有十位官员的唱和诗。诗皆为七律，共计十八首，皆为本人亲书。现录戴珊题诗如下：

> 图中人物北兼南，燕集清时乐执酬。
> 极品首登为□八②，达尊指数可当三。
> 扬芳省阁甘谁美，倚玉蒹葭每自惭。
> 都下喧传真盛事，百年意重士林谈。

此图当时共画了十本，每家各留一本。画中着红衣的是高官，这部十同年画卷现存于北京故宫博物院。

成化二年（1466）十二月，戴珊被授为四川道监察御史。明朝宣宗后设监察十三道，监察御史负责监察该道百官、巡视郡县、纠正刑狱、肃整朝仪等事务。成化五年（1469）九月，戴珊再次担任四川道监察御史。雷礼撰写的《戴珊传》称赞其在四川道工作"廉慎公勤，风纪截然"，赢得了良好名声。

甲申十同年图

---

①吕纪（1477—？），字廷振，号乐愚，鄞县（今浙江宁波鄞州区）人。
②原文缺。

成化六年（1470）八月，戴珊升为监察御史（正七品），奉命到南畿督学。戴珊在南畿督学八年，他公道正派，提倡学生要有器量与见识，笃实践行。这里的南畿是指应天（治今南京）、凤阳、苏州、松江、常州、镇江、扬州、淮安、庐州、安庆、太平、宁国、池州、徽州14府及广德、滁州、徐州、和州4州之地，约合今江苏、安徽两省。

戴珊督学期间勤专学政，曾命知州赵宗重修寿县瓦埠镇东街宓子祠（现瓦埠小学），并且修整安庆府学文庙中的棂星门。此棂星门，旧处窊地药局前，地势低洼。戴珊、巡江御史谈公俊二人，撤药局，将棂星门立泮桥于池上，始而高大之。

戴珊还参与督建位于绩溪县冯村的进士坊。此坊四柱三门五楼，花岗石结构，正面上层有"恩荣"匾，下层额枋正中有"进士第"三字，落款之一有钦差巡按提调学校监察御史戴珊的署名，现为安徽省重点文物保护单位。戴珊的举措正可谓"修古圣贤祠庙或增秩祀典，闻民间孝节事亦奏旌其门"（李东阳《明故资德大夫正治上卿都察院左都御史赠太子太保谥恭简戴公墓志铭》）。

在浮梁故里，戴珊还为浮梁沧溪南宋理学大家朱宏撰写了《乡先生祠增祀朱克己朱公记》，铭文石碑至今仍立于沧溪蜚英坊内，为此座国家级历史文化名村增光增色。

明任礼部右侍郎的程敏政（安徽休宁人，后因唐伯虎考试案而免官），曾赠诗《送提学戴廷珍御史考绩还南畿》高度评价戴珊：

离旌动朝旭，宪节飞寒霜。

使君有远役，驱车上河梁。

凤昔金兰交，念君才且良。

南畿数千里，弦诵声琅琅。

来荷天子恩，去慰诸生望。

君家大江西，经学闻四方。

敬承久不衰，显擢殊未央。

古人过化地，名与江水长。

分岐意无限，再进黄花觞。

——（见《篁墩集》卷六十五）

成化十四年（1478）九月，戴珊升任陕西按察副使提调学校，为从四品。何谓提调学校，据吕毖撰的《明朝小史》记载："帝在位，户部尚书黄福，言天下提校，宜得实才，乃设提调学校之官，以宪臣为之，赐玺书以行。此提学之始。"戴珊于成化十四年至成化二十年（1478—1484）任陕西按察副使提调学校近6年。

在督学陕西期间，戴珊身为副使，约束严明，坚持不懈。雷礼《戴公珊传》中称其"仍专学政，政如南畿，又修古圣贤祠墓，增秩祀典，德教风行，在陕久待诸士如家人，父子诸士亦爱慕不忘，称诵至今久之"。成化十七年（1481）戴珊拜谒张子祠后，将其破败状书呈陕西巡抚、右副都御史阮勤，阮即下檄凤翔府同知李克恭、通判范吉重修张子祠。范吉将筹划重修之事亲自上报阮勤，成化十八年（1482）由知县史贤亲自督修，戴珊下令同时扩大茔域。费时三年，于成化二十年（1484），全部工程竣工，戴珊为这次重修撰写了碑文。

成化十九年（1483），戴珊督学时到蓝田，见吕氏庵已荒颓，便写下了《吕氏堂记》："既而世远人亡，家乘逸于兵燹，厥裔莫徵；县北五里许，号吕氏庄，芸阁寺在焉。寺北大小十余墓，偏西南就平有废址，陶甓石础出没泥土中，沦入豪族供耕收；且久，乡人率知为吕氏故物。"戴珊将此事报阮勤奏请朝廷，于废墟上重新建祠，祠中奉吕氏神位，书以"文宣义正字之祠"。可见，戴珊非常重视人文历史传承德教。获得茅盾文学奖的陕西作家陈忠实写的《白鹿原》中的"白鹿书院"原型"芸阁学舍"，就是以"吕氏庵"内芸阁寺名而来，"四吕庵"的原型就是"吕氏庵"。

戴珊督学时还善于阅人识才。文渊阁大学士加少傅王鏊作诗赞扬戴珊："东南士子说先生，风裁森严鉴赏精。"

戴珊在陕西的至交、秦藩王朱诚泳，曾写多首诗赠予戴珊或与戴珊唱和，其中《寄戴松崖都宪》诗中赞颂他的督学政绩：

百年天地能容我，此日经纶正倚公。

直遣穷阴回淑气，还闻浇俗变淳风。

戴珊督学多年，在各地大兴德教之风，功不可没。

成化二十年（1484）二月，戴珊调任浙江提刑按察使司按察使，为正三品。成化二十三年（1487），戴珊升任福建右布政使后旋迁任左布政使，为从二品。戴珊任福建布政使两年间，两袖清风，恪职守廉。《明史·戴珊传》赞其"终任不携一土物"。陕西秦藩王朱诚泳曾赋诗《送戴松崖之浙江宪长》：

三年提学擅芳名，此日迁官沐宠荣。

关右文风归浑厚，越中民物待澄清。

霜寒驿路豺狼遁，日暖梧冈凤鸟鸣。

此去台端聊驻马，圣明虚席待阿衡。

这句"圣明虚席待阿衡"，预示了戴的前程和荣升。

弘治二年（1489）五月，戴珊调任都察院右副都御史抚治郧阳。明朝时，巡抚均因事而设以重臣担任。郧阳抚治，初名荆襄抚治，全称抚治郧阳等处地方兼提督军务，为明朝中后期设立的一个巡抚职位。此职为郧阳民变而设置。从明成化十二年（1476）起，郧阳抚治时代开启，管辖"五府一州"即湖广荆州、襄阳、郧阳，河南南阳，陕西汉中及西安府之商州，对所在地的政治、军事、经济以及文化产生了多方的积极影响[①]。

戴珊抚治郧阳时，四川发生大饥荒。当地少数民族首领与成化间啸聚山林的野王刚等乘机起事。为对付野王刚，身为巡抚的戴珊下令整肃

---

①见《郧台志》。

部伍，并亲自编制"阵营法"，严格训练，联合了湖北、川陕的军队，对盗寇进行围剿，并擒获他们的魁首，而释放胁从者千余人。乱事遂定，时人认为其功很大，但是戴珊却不自居。

弘治四年（1491），戴珊被召入京师调任刑部右侍郎。戴珊上任时，湖广布政司左参议、仕终广东布政使的章玄应（乐清人），以柏梁体作32句长诗为戴珊送行①，赞颂了戴珊巡抚的功绩。结尾写道：

作诗送别诚勤倦，铺张须尽千万笺。
安得巨笔长如椽，为拟崧高垂万年。

戴珊入京后历任刑部左、右侍郎，后升任南京刑部尚书。其间，他不畏权势，慎执三尺，办案明允。

晋府宁化王朱钟鍨勾结太原左卫军马健，手下有恶少张斌等十一人。朱钟鍨无恶不作，"奸收父妾，强夺人妻，又残酷棰死人命数多"，朝廷多次派人审查都没有查到实情。弘治四年（1491），朝廷派遣戴珊去审查此案。戴珊经过缜密调查，最终查清朱钟鍨淫乱暴虐、为人不孝，遂上报朝廷剥夺了宁化王的爵位，并将其绳之以法，同时将马健、张斌等十一人俱处死。

荆王朱见潚是荆靖王朱祁镐之嫡长子，明朝第三代荆王。他虐母，强奸弟媳并锤杀胞弟朱见溥。他还常常召集恶少年骚扰民众，欺凌妇女，诬陷朱见澋和永安王朱荣瀳造反，做尽了坏事。弘治五年（1492）五月，明孝宗命戴珊随司礼太监萧敬、锦衣卫指挥同知孙瓒前去蕲州调查。他们会同当地官员以办理其他公务为由，密查暗访掌握了朱见潚伤天害理的事实，将朱见潚及爪牙共几百人一网打尽。

有一次，孝宗皇帝突然到狱中视察，狱官始料未及，对提出的问题一时答不上来，皇帝十分生气。戴珊急忙上前，详细介绍狱中情况，仔细分析案情，皇帝才转怒为喜，并称赞戴珊忠于职守。

---

①见《章玄应集》。

弘治六年（1493）七月，"刑部具本发审死罪重囚毕通、刘玉等通当枭首，主事石璧误以枭首坐玉，为刑科所劾"，戴珊为此主动承认过错并请求处罚，并将石璧交镇抚司审问。这都是戴珊公允之处。

戴珊在办案期间还不忘督学，写下了《修广宙学记》（见光绪版《蕲州志》卷二十五）。

其间，戴珊还受皇命担任朝廷节使重任。弘治七年（1494）冬，明孝宗"封鲁府邹平王继室丁氏为继妃，以丁氏所生子当涼已封为长子故也"。戴珊以节使身份前往山东曲阜孔府行册封，程敏政作诗《送戴廷珍侍郎持节册封鲁府》云"龙节亲持下九重，亚卿风采羡儒宗""孔林咫尺归途便，一叩宫墙礼圣容"。十一月五日，戴珊礼成返回泰州时，登泰山谒东岳神祠，有感而发写下诗文：

> 晓日团团宿雾收，几盘石磴翠峰头。
> 紫霄咫尺瞻双阙，沧海微范见一杯。
> 凭仰远怀尼父道，丹青真逼谪仙讴。
> 岳灵帝德绥宗社，名号千年不负州。

至今在岱庙汉柏院东墙上镶嵌有其当时登泰山诗文的刻碑，落款是"赐进士通漾大夫、刑部右侍郎、前副都御史、浮梁戴珊书"。

弘治八年（1495）三月，戴珊升为刑部左侍郎。弘治九年（1496），戴珊任南京刑部尚书。明成祖朱棣迁都北京后，仍然在南京保留了吏、户、礼、兵、刑、工六部。每部只设一个尚书、两个侍郎。朝廷遇到重大变化或者失去职能时，南京的六部就开始承担朝廷的职责。南京刑部负责南京诸司、公侯伯府、京卫所的刑名。弘治十三年（1500），戴珊63岁时，由南京刑部尚书改任左都御史。

戴珊身为明孝宗股肱大臣，不畏权势，老成持重，且久居法司，熟于刑律又廉洁不苟合。孝宗"每有大政事辄召大夏及都御史戴珊面议"。

但到了晚年，戴珊一直身体欠佳，多次以年老体衰请求退休，但都被明孝宗拒绝并挽留。戴珊只能继续效命。明孝宗为此还派太医为他治病，赐给他丰厚的食物。戴珊十分感动，但他自知年老体弱，办事力不从心，怕枉受朝廷俸禄，私下告诉刘大夏说："我年老多病，孩子尚幼，恐怕不久的一天就会提前死去，你是我的同年好友，为什么要吝惜一句话，不替我在皇上面前说说呢？"

一次，刘大夏侍宴完毕，孝宗问起戴珊病情。刘大夏就如实陈说戴珊的病情，乞求皇帝怜悯他，准许他告老还乡。孝宗说："是戴珊嘱咐你这样说的吗？主人执意挽留客人，客人往往就会勉强留下来。戴珊难道就不能为我留下来吗？况且我把天下事都托付给你们了，我们就如同家人父子一样。现在天下尚未显出太平迹象，怎么能忍心说告老还乡呢！"刘大夏出来后把这些告诉了戴珊，戴珊哭着说："我死也会在官任上的。" 从此以后，即使病情再如何严重，戴珊不敢再言离去。

弘治十七年（1504）考察京官时，给事中吴蕣、王盖疑心自己会被降职，联名上疏皇帝诋毁吏部尚书马文升，并且诬陷戴珊纵容妻子收受贿赂。戴珊等人请求皇帝罢免自己的官职，皇帝安慰留任他们。御史冯允中等人上奏说："马文升、戴珊一向以高洁的品德闻名，不可因一些无根据之言而荒废朝廷考核官员的大计之典。"于是皇帝下诏把吴蕣、王盖囚禁在狱中，命令马文升、戴珊立即进行考察之事。戴珊等人上奏说："他们两人预计考核会被降职贬官，所以先弹劾我们。现在把他们降职，他们一定说我们挟私报复。如果我们回避不把他们降职，就辜负了皇帝对我们的重用，而使弄虚作假的人得志。"明孝宗就下令调查他俩的诬陷行为，并追究责任罢官免职。

弘治十八年（1505）正月十八日，部院大计天下。孝宗素重兵部尚书刘大夏、左都御史戴珊，召于便殿说："时当述职，诸大臣皆杜门不出，如二卿虽日见客何害！"遂拿出白金，亲自授予说："小佐尔廉。"孝宗表扬刘大夏和戴珊两人清廉，且嘱咐道："不要廷谢，以免他人妒忌。"这就是被史界乐道的孝宗赏金。

可是没过多久，五月初七，年仅36岁的孝宗皇帝因祷雨斋戒偶感风寒驾崩。明孝宗的死亡是很离奇的，生病至亡仅八天，史料记载也很简略。为此，都察院左都御史戴珊会同英国公张懋、吏部尚书马文升等力主要严查严办失职的官吏和太医。

孝宗皇帝去世后，15岁的朱厚照继位，是为武宗。戴珊又不忍立即言去，勉强支撑病体处理事务。同年12月23日，戴珊病死在任上，时年六十九岁，归葬故里浮梁益源都肥源（见同治版《饶州府志》）。戴珊临终时告诫家人，不要搞追悼、安葬的仪式和活动。其后，御史杨仪（陕西人）等国子生数十人，于正德元年（1506）二月上疏朝廷，历数戴珊政绩，请求"定谥兼赐祭葬"，皇上于是赐戴珊谥号"恭简"，追赠太子太保。

《大明武宗毅皇帝实录》卷二记载评价了戴珊的一生，称其"和粹洞达无城府，守法不阿而意每近厚，居官四十余年家无余积，扬历中外所至有声而学政尤著云"。

戴珊身居高位，忠君尽职，为国家栋梁之材，一生中"无他耆（嗜）好，退居惟焚香读书而已"。在封建社会，他虽官至二品，但能做到廉洁无私、待人和蔼、公正耿直、不苟合，又性情直爽、胸无城府、奉公守法、拒绝贿赂，为官四十余年家无余资。如此修德守廉，如此重视德教于民，如此公允粹和，堪称浮梁人之骄傲。嘉靖年间任刑部尚书的王世贞①作诗《咏故资政大夫都察院左都御史赠太子太保戴恭简公珊》评颂戴珊：

> 敬皇急治理，虚怀寄群公。
> 造膝日有陈，心腑一华容。
> 浮梁乃亚之，有召无不双。
> 蘉语可易传，往往回重瞳。
> 国体既以尊，台纲亦从崇。
> 从容乞骸骨，怃然恻帝衷。
> 有身但殉君，何必首故垄。

---

①王世贞（1526—1590），字元美，号凤洲，又号弇州山人，江苏太仓人，文学家、史学家，"后七子"领袖之一。

戴 琥

戴琥，字廷节，浮梁县人。他幼年好学，长有大志，明代宗景泰元年（1450），由州县地方官推举，赴京师任监察御史。他因平江盗贼蜂起，劾罢不称职的两个重臣，又疏论南京大臣在考察下属时任性取舍的过失，故于成化九年（1473）升任绍兴知府。

在绍兴任上，他疏浚范仲淹的"清白泉"，借以抒发自己的意趣，并以此鼓励属下公务人员要为官清白。他兴办教育，要求学生对至理要义认识明确，身体力行。他增祀乡贤祠，树兰亭石刻，修葺会稽的宋代陵墓，增设守陵人员负责洒扫守护。遇水旱灾荒，戴琥就上疏朝廷，乞求免掉老百姓的赋税。为了消除水患，他动员百姓筑堤几十万丈，围海造田四万余亩，使百姓安居乐业，其堤被百姓称为"戴公堤"。他又建筑横塘坝，改造盐碱地为良田，建柘林等七个闸门，并立石刻木，告示百姓，按时开闭闸门，蓄水排水，以便灌溉排涝。他堪称马臻以后的又一位为浙江水利做出贡献的功臣。他在任期间，消除疾疫，减少劳役，调解诉讼，剪灭盗贼，奖励尊老爱幼，救济孤苦危难，铲除奸商邪说。当他离开绍兴府那天，百姓不愿他离去，哭号挽留，道路为之堵塞。

戴琥后升任广西左参政。时边陲有盗寇骚扰，他精心谋划，派出奇兵，镇守安抚，匪患日渐平息。适值安南犯界，戴琥以智取胜，终于使边界安定，并进一步规划边境的防务。后因病情加剧，戴琥上书乞归故里。他著有《太极图说》《青峰拾稿》等。

吴　惠

吴惠，字泽民，浮梁县辛合都人，生卒年不详。大明永乐辛丑（1421）进士，先授永兴（今湖南省郴州市永兴县）知县。

永兴县民风粗俗剽悍，吴惠上任后兴办学校，修整礼仪，使民风日渐好起来。其时，百姓遭受瘟疫，不能耕种，吴惠就备工代耕，结果当年粮食大获丰收，疫者也都相继痊愈，并且把收成的一半输之于官。吴惠下令把粮食储存起来以纳通税，剩余则用来周济贫民饥荒。

兵部尚书邝野荐其贤，晋知解州。解州的习俗比永兴还要差得多，有部分人甚至不耻为盗。吴惠说，这是敝俗，不可不革。因此他制定条约，严行谕禁，风气大为好转。

解州土地贫瘠，百姓生活困苦。吴惠不愿增加百姓的负担，对招待上级、过往客人供馈俱尽量裁节，让他们住邮馆，畜豚莳蔬等，必要时才去购买，并及时结算货钱，做到"不匮而民，不扰岁输边储"。

同时，吴惠见当地运输困难，脚夫辛苦，便立贫富三等法，允许他们附载货物以换粮食，百姓生活渐渐富足。

公事之余，他常常循行乡里，劝民各习所业，对取得成就者给予奖励，对不务正业者则给予适当的处罚，有效地调动了大多数人的生产积极性，使域内人民能够在安定的环境下发展经济，安居乐业。老百姓歌曰"吴父母，恩何溥，昔憔悴，今鼓舞"，并刻石立碑歌颂吴惠的功德。

正统十二年（1447）十二月，吴惠因病卒于京城，其妻子亲自解送灵柩还乡，但行李空乏，身无余钱，还是一些人筹钱资助才得扶送以归，可见吴惠为官的操行与清廉。

十五年后，解州人张恪从解州调到饶州担任府同知，解州人对张恪说："公今所治即吴父母之乡，其妻子俱在，愿以吴父母视民之心视之。"可见吴惠在解州百姓中的影响和地位。

吴宗吉

吴宗吉，字士修，浮梁镇市都人，生卒年不详。嘉靖十九年（1540）弱冠乡试中举，不久，由教谕擢清河知县。他到任后，正遇清河水患，民多逃离。为了安定群众，发展生产，吴宗吉给发牛种，建立税法，招徕复业，取得显著政绩。

吴宗吉迁苏州同知，到职后援助贫苦百姓，审理冤假滞留案件，引水灌溉农田，遇到繁难事，一力承担。有一次城中发生火灾，吴宗吉积极组织群众自救，使粮库、金库安然无恙，众人佩服他的胆识作为。他在苏州府任职九年，忠于职守，勤政为民，在同僚和百姓中有很高的威望。

其后，吴宗吉转任两浙运同，升贵州黎平知府。担任黎平知府时，他平定了李福的叛乱，建立功勋，但是，他的功劳被巡抚何起鸣窃取。时任南京都御史的海瑞知道后，立即将真实情况上报朝廷，并先寄诗一首向吴宗吉致意，吴宗吉得以入觐。令人惋惜的是，吴宗吉在入觐路上逝世。

吴宗吉为官三十余年，不为子孙作田宅计，殁时仅存余俸一镒，有守有为，可谓一时循吏之最。他著有《雷山内外集》。

吴宗吉死后，黎平后任太守痛恨吴宗吉廉洁不利己，以库储不明为由陷害吴宗吉，移文拘捕其儿子。所幸当时的江西按察使是吴宗吉的旧识，对吴宗吉的为官品德和人格非常清楚。他见了黎平后守的移文后叹曰："此公九载苏州，只饮苏州水，其可诬乎？"朝廷便不予追究，使吴宗吉的儿子得到赦免。

南京都御史海瑞敬仰吴宗吉的为人，曾赋诗以赠之：

黎平守吴宗吉平苗有功

举首望西侥，冉冉高云流。
中有贤大夫，政事与古侔。
矫然厉风节，能纾生民忧。
寒冰常独饮，皎镜无不周。
固当在庙堂，朝夕赞王猷。
不意远拜官，眛眛守一州。
峒夷何跳梁，闻君为边筹。
提剑誓师旅，捣穴歼狼猱。
服叛绥驯良，疆场烽烟收。
是谁冒肤功？异绩还未酬。
保以劝臣业，何以宣王休！
令予发浩叹，奏牍为君修。
贤臣本无言，明主宁无求。
严召自有期，天下需嘉谋。

程廷琪

程廷琪，字献之，县城北隅人，唐代户部尚书程仲繁裔孙。程廷琪本性孝友，居母丧，三年不御酒肉。明成化十一年（1475）进士，授南京吏部主事，迁郎中，升福建参议。

程廷琪到福建上任之后，张榜禁止不法行为，所公示的三十多件事皆切中时弊。他又组织地方开渠建库以利灌溉。当时，福建省福宁县灾荒很重，又遇瘟疫，百姓苦不堪言。程廷琪想尽一切办法赈济灾民，帮助老百姓渡过了难关。

他擢转广西参政，进右布政使。当时广西桐水一带强寇猖獗，扰民安宁，程廷琪带兵深入讨伐渠魁、黄建成等，将其一网打尽，还百姓一个安宁的局面。孝宗以镂"奇功"二字的银牌及金绘谕奖程廷琪，对程廷琪的施政给予肯定和支持。

明代贵州的情况相当复杂，社会极不稳定。后来东阑发生吞并，朝廷又派程廷琪前往宣谕，祸福随解。当地土官争当首领，常引发械斗。程廷琪在深入调查后，用立法形式解决了他们因争头领而发生的流血事件。地方"以金二瓮相谢"，程廷琪坚辞不受。从这些经历中，我们可以看出程廷琪的才华能力和品德情操。不久，程廷琪卒于广东，百姓深为惋惜。

程廷琪生平著有《贞庵集》十二卷、《广西省志》八卷。

吴　谦

吴谦（1506—1580），字益之，号受斋，浮梁县兴田乡城门村人，生于明代正德元年（1506）三月，先入选饶州府廪生，嘉靖乙酉年（1525）中举。

吴谦自小聪慧，温文尔雅，诸子百家皆倒背如流，考中举人时，年方19岁。先授直隶①建德县（今建德市）儒学教谕，在任上，他虚心谦和，传经播道，教学严谨，待人宽厚，深得士民敬重。后升任浙江省天台县（今临湘市）知县，调任湖广临湘县知县。他在担任上述两地知县期间，兴学重士，洁身爱民，清廉善政，发展经济，重视社会风气的转化，减刑轻赋，使社会安定祥和，百姓安居乐业，深得士民拥戴。由于吴谦居官廉明、办差严谨、谦和谨慎，又从临湘知县调任楚府司寇。

---

①明代以应天府等府为直隶。

"楚府"即"楚王府"。元顺帝至正二十四年（1364），明太祖朱元璋亲征陈理，陈理因势单力薄而降。正值此时，后宫传来喜讯，朱元璋第六个儿子朱桢降生。踌躇满志的朱元璋当即封其为楚王。喜曰"子长，以楚封之。"

明洪武三年（1370），朱元璋册封诸子，正式封朱桢为楚王，封地武昌。次年便在武昌高观山（今蛇山）下大兴土木修筑楚王府，历时八年竣工。楚王府位于高观山南麓，坐北朝南，背依高观山，占地2平方公里，相当于当时的半个武昌城。

从后世的零星记载中可知，当年的楚王府内有宫殿、楼阁、堂库、宗庙等800余间，周围垒石为城，高二丈九尺，号称"王城"，犹如皇宫。朱桢所统护卫多达6500人，比燕王朱棣所统护卫还多。

朱桢坐镇武昌，既担负拱卫都城南京之责，也肩负镇压南方民众起义反抗的重任。朱桢自就藩邑武昌起，曾多次统率大军征战，立下赫赫战功。信国公汤和等开国元帅都曾受楚王节制，向楚王俯首，可见楚王当时的显赫地位。

吴谦被调往楚王府任职，虽是在朱桢封楚王的100多年以后，处于明代楚王府262年之久历史的中期，但明代历代楚王均居于楚王府内，都被封为郡王与将军之衔。吴谦在楚王府内所担任的职务是司寇，相当于楚王府内的刑部尚书，辅佐楚王全面处理法律、司法事务，具体管理司律、刑法、监狱、纠察和治安等事务，属于王府的重臣，兼有王府内各封邑行政官吏的考核与任免之权力，握有王府内的生杀大权，可谓是得到了充分信任与重用。吴谦担任楚府司寇后，一直到退休荣归，再未改任他职。

吴谦卒于万历八年（1580）四月，享年75岁，与弟吴让合葬于城门村何家坞。

吴　让

吴让（1512—1563），字克之，号雨峰，浮梁县兴田乡城门村人。他生于明正德七年（1512）十一月，嘉靖十七年（1538）举人，嘉靖三十年（1551）授应天府江浦县（今南京市浦口区）教谕。

吴让在担任应天府江浦县教谕期间，兴学重士，以育才为先，注重风化，清廉自守。在位时，他主持修学校、正学风、传易道，经常周济贫困学生完成学业，鼓励学生参加府、院、乡、会、殿试。一时间，地方读书风气渐浓，人才层出不穷。他特别注重自己的言行举止，严肃坚毅，勤谨守礼，教育学生"以道为己任"，常以吴太伯"三让天下"的故事和"家国情怀，兼蓄天下"的理念教育学生，鼓励学生以文学才品皆优为荣，在当地士民中有深刻的影响。

嘉靖三十四年（1555），吴让升任北京都察院司务和礼部司务。吴让在都察院和礼部司务岗位上勤勉工作，任劳任怨，廉洁奉公，鞠躬尽瘁。由于辛劳过度，吴让于嘉靖四十一年（1562）卒于任职岗位上，终年51岁，灵柩运回家乡城门安葬，授承德郎。

吴让生平有遗集传世，并留下了《城门八景诗》如下：

文笔峰尖

天外山峰如卓笔，开堂坐见彩毫鲜。
二仪照出洪荒迹，一气呵成太古篇。
春暖花繁看吐艳，云晴图就欲凌烟。
凤岗此日钟清淑，经世才华付妙年。

锦城水绕

枕溪茅宇收形胜,绕户清流势接连。
挑浪香生看起蛰,春潮雨急任回船。
白沙绿岸平初合,翠带环山断却圆。
百里迢迢来众浪,千条脉脉贮潭涧。

兴滩农耕

村烟半里几夫田,春雨一犁三月天。
理犊夜深归垅外,听鸠日午坐溪边。
共夸穗绿将供税,最喜青苗不放钱。
野老柴扉眠较稳,太平深愿乐年年。

寒潭钓雪

泛艇寒潭落雪深,尘埃点许未容侵。
一丝水冷忘人事,片火舟明照归心。
熊梦九重烦物色,羊裘三尺足歌吟。
梅花开向矶前白,疏雨疏烟冻不禁。

中洲牧唱

芳洲雨外彼生绿,野调悠然度远山。
春径草肥眠犊稳,午溪沙暖泛鸥闲。
熙恬喜见唐虞际,真率疑窥陶谢间。
碧水苍烟浑自得,舍哺鼓腹任来还。

洪岭樵云

云开山际近层霄,石磴盘旋任野樵。
棋局不妨柯柄烂,花瓢未觉酒痕消。

侣偕鹿豕游曾惯，迹傍鸾凤望更遥。
渺渺穿云高极目，拳山林海拱中朝。

堂山松竹

背屋山光荫宇茆，青山翠竹俯平郊。
参天岁久擎双干，迎日春晴舞露稍。
山中旧识苍龙爪，檐际新窥彩凤巢。
自是草堂多妙景，吟成不用费推敲。

举坦桑麻

一径麻连千顷粟，雨收山净共苍苍。
蚕眠摘尽枝头绿，乌促织成机上黄。
春到郊原生理密，功成布帛妇工将。
缕征此日浑无扰，衣食丰饶乐未央。

吴敦本

吴敦本（1515—1577），字守之，号文峰，浮梁县兴田乡城门村人，生于明正德十年（1515）三月。他19岁时，参加嘉靖甲午科（1534）乡试中举，授南直隶昆山县（现江苏省昆山市）儒学教谕。

吴敦本在昆山教谕岗位上严格要求自己，处处谨遵道义，订立条律以行教化，廉洁奉公，亲近贤良，以才惠称。在当地很有影响。

嘉靖四十年（1561），吴敦本应聘担任广西乡试主考官时，严格执行考试规制，认认真真为国家选拔人才。他秉公执法，严于律己，给考生留下了"严师"的印象。

嘉靖四十一年（1562），吴敦本升任浙江省宁海县知县。在任上，他重农兴学，廉洁自守，注重地方风气的转化，改革和废除陈规陋习，推

动社会风气向清明的方向转化，深受士民的拥戴。

嘉靖四十四年（1565），吴敦本擢江苏淮阴县（今淮安市淮阴区）知县。在淮阴县任上，吴敦本杜绝苞苴，不畏强权，判讼公正廉明。隆庆三年（1569），吴敦本被提拔为贵州省永齐州知州，又于万历六年（1578）加授奉直大夫（从五品），升任浙江省处州府（今浙江丽水）同知（正五品）。

吴敦本出生于诗书世家。其父亲吴允直，字汝愚，号嘉逊翁，又号友虎道人，有《开蒙录》《读史管见楚刑集》传世。吴允直系明代嘉靖十八年（1539）正贡，弱冠之年即入府庠学习《易经》，嘉靖二十二年（1543）授湖广黄冈儒学训导，升湖南桃源县教谕。万历二年（1574）以子敦本贵，赠奉直大夫，夫人汪氏诰封宜人。

吴敦本在这样的教育世家中长大，因此县志载其"守之少时从朱子学，以存诚慎独为本"。入仕时，他即发誓毕生要勤政爱民。他为官时，家乡一些亲朋见其当官廉洁、一尘不染，都劝他要多为后人着想，吴敦本笑着回答他们："我不知道哪个应该为后人打算？但我认为做人应以道德为先。当了官，如果只替家人子女谋划，贪赃枉法，最后落得身败名裂、身首异处，那才真正是不为后人打算了。"因此，吴敦本当官二十多年，始终清廉自守，政尚仁恕，廉明无私，一尘不染。所到之处，老百姓都思念他，在处州，他被推崇为名宦。

吴敦本退休回到家乡后，并未休息，而是以维风倡学为己任，协助曾任两浙督学的太仆寺卿陈大绶创办"两河书院"。这段历史，可以从时任浮梁县教谕邹元标曾陪同巡按陈于廷前往城门祝贺并为之所写的记中得到佐证："……而太守吴公以退省名阁之堂，岁时集缙绅孝廉父老子弟讲说六谕，外参订学脉维持风纪，歌咏盈野洋洋盛矣。"文中所提到的"太守吴公"即吴敦本，省督学、县教谕一起创办"两河书院"并亲自教授生员，所以能使该书院成为浮梁历史上的名校。

吴敦本卒于万历五年（1577）八月，享年63岁。生前有《文峰》遗稿传世，并留下《城门八景诗》：

文笔峰尖

峰高五老擎如笔，移向唐山玉宇鲜。
秋雨春风偏出色，行云流水自成篇。
青霄悬岫瞻光窟，白日深岩吐墨烟。
持去殿前挥独对，文章翊运万千年。

锦城水绕

万山尽处环城郭，溪水东来断复连。
绿绕千寻莲海底，波回九曲武夷船。
雨倾夹岸云谷合，风静高流月影圆。
何日春雷堪破浪，蛟龙瞬息起潭涧。

兴滩农耕

导将溪水护农田，麦间鸠声唤雨天。
蓑挂东风桑柘外，犁翻北野陇云边。
秧坎坦上忙三月，斗米村中顾一钱。
秋到夜深无犬吠，不妨击壤咏丰年。

寒潭钓雪

鱼游水冷落潭深，低咬纶竿雪欲侵。
双袖飞飞空钓意，六花片片向渊心。
扁舟渔父堪图画，白雪阳春少和吟。
波上一丝无星禊，梅花冻嚼不吾禁。

中洲牧唱

沙际尖洲环绿水，草边童牧对青山。
随风短曲无腔调，卧月轻装自悠闲。

牛伙还从清水上,歌声漫入乱山间。
若教买犊问涧边,笑看白云相往还。

洪岭樵云

岭头危处即苍霄,欲步仙踪带斧樵。
黄叶山中堪共采,白云肩上未全消。
一柯曾见柯痕烂,四境曾传虎逍遥。
回掩柴扉斜日炤,犹堪曝背献天朝。

堂山松竹

堂护山灵多瑞气,烟横瑞色映江郊。
松枝向日敲风碎,竹实接云压绿梢。
千岁茯苓蟾吐髓,苞苍云彩凤鸾巢。
岁寒相对荟颜秀,戛击还听玉版敲。

举坦桑麻

风和举坦尽麻桑,雨后斜阳夕共苍。
灯火夜深蚕叶绿,村烟昼静碎丝黄。
桑田无变堪重茂,麻缕不征还自将。
只望年年歌五袴,村歌醉听日中央。

吴 侦

吴侦（1536—1600），又名吴昇，字伯岚、日升，号保初，别号唐室山人，浮梁县兴田乡城门村人，生于明代嘉靖十五年（1536）十一月，邑庠生，以易经中万历十九年（1591）辛卯科举人，授江西省临江府清江县（今江西省樟树市临江镇）教谕。吴侦精于理学，治学严谨，修整学宫，购置学田，而且洁身自好。万历二十二年（1594），吴侦升授太平府繁昌县（今安徽芜湖市繁昌区）知县。吴侦性情秉直，公正无私，办事果敢，一丝不苟。他在任上铲除强暴，救灾济民，发展经济，兴学布道，廉洁自律，颇有政声。

退休后，吴侦回家乡城门村设馆授徒，教授家乡子弟。同时，他带头捐款并主持修缮城门村通往邻县、邻村的道路，倡建百树坞、金村墩和洪岭培凉亭供农户歇息用餐和行人中途休息。诸般善事，样样争先。他还和村中诸贤根据当时人口增多，一个宗祠已满足不了祭祀活动的情况，动员合族增建"太和堂"。"太和堂"建成后，吴侦亲自为"太和堂"题写对联：

其一：名世第一家，以至德而居太上卓哉，史公只眼；
　　　卜居环两峙，唯效灵乃致和祥云矣，先人善谋。

其二：自延陵克让迄今，树德茂者，其树人必茂；
　　　由凤麓分迁来此，发脉长者，故发祥亦长。

其三：对越在天，登斯堂者，须念宗祀何事；
　　　母添乃祖，入其室矣，当以爱敬为心。

其四：巍巍唐山最钟灵，即此云连洪岭，雪钓寒潭，冷悟处无非妙更；
　　　滔滔锦水尤毓秀，看他牧唱茫洲，渔吟墨畔，会将来便是奇文。

其五：集八支于两庙，分无分合无合，唯此乃真睦族；
　　　增一祠为二寝，奠同奠享同享，非是胡以统宗。

其六：濬发在长沙，顾滋锦水萦波，墨潭流翰，汪汪沛千顷矣，庶几哉，白沙即是长沙；
　　　肇迹自凤麓，对此青峰耸峙，黄岫层凌，巍巍列三台焉，得无曰，唐麓光于凤麓。

其七：二水会流，三台拱秀，山外水，水外山，川岳盘旋光世德；
　　　一堂致敬，两祠合欢，宾中主，主中宾，冠裳揖让叙天伦。

其八：勿谓衣冠既齐，骏奔处，精英两在流通，方名得贤孙孝子；
　　　岂徒昭穆惟次，叙伦时，协气一堂薰透，这便是尊祖敬宗。

这些对联，结构严谨，对仗工整，语句精练，通俗易懂。联中明确道出城门吴姓是延陵季子和长沙王吴芮的后代，也是新安左台吴氏的嫡传，自始至终在宣扬吴姓得姓祖吴泰伯的"至德"精神，教育后代尊祖敬宗，饮水思源，和睦相处，力行孝悌，团结奋斗，努力耕读，光耀门楣，也歌颂了当地山水的秀丽和吴氏先祖选择该地为居住地和发祥地的千秋功德。时至今日，这些民族文化中的精粹，对于我们及子孙后代，无疑是能起到借鉴和启迪作用的历史教材和文化遗产。

吴侦卒于万历二十八年（1600），终年64岁。

吴光虹

吴光虹（1577—1643），字叔瑞，浮梁县兴田乡城门村人，生于明代万历五年（1577）七月。吴光虹从小聪慧，钻研易理，先入选府廪生，万历三十一年（1603）考中举人。

吴光虹初授江西萍乡永丰县儒学教谕，在任上兴学礼士，以人才为先，倡修文庙，增祀学田，治学严谨，净俗化德；后升任广东省高州府海防同知。吴光虹从儒学教谕（八品）直接升授高州府海防同知（五品），既体现了他本人的才干和政绩，也说明了朝廷对他的认同和重视。

高州府管辖范围内，电白、吴川、湛江、雷州、遂溪等地临近大海，经常有倭寇和海匪入侵，海防责任重大，任务繁多。吴光虹在海防同知的岗位上夜以继日地开展工作，他深入海防一线了解情况，研究存在的问题，制定海防措施，加强战备训练和海防巡查，确保高州的海防安全，处处体现了他廉明无私的品德情操和治理能力。他造就了一个安定的海防环境，深受百姓的敬慕和爱戴。

关于吴光虹，他的家乡城门村还有一个真实的故事：

城门村上街、中街、下街和横街四条青石板和鹅卵石铺砌的主街道，其中上街有三分之一的路面用一斤重一块的青砖铺砌，叫作"百步金街"，至今保存完整，是当地文化底蕴深厚的标志之一。"金街"的始端建有一座乡进士牌坊（可惜这座牌坊在清末的一次山洪暴发中被冲倒）。这条"金街"和进士牌坊与吴光虹息息相关。吴光虹自小聪明、灵活，但也顽皮，不专心读书。村中几个宗族长老觉得需要刺激他一下，于是把他找来，对他说："光虹啊，你是个很聪明的孩子，但读书还不够专心。如果能好好用功读书，以后考取了功名，我们就用金砖铺地一百二十步，并为你竖一座牌坊。你敢和我们几个老前辈打赌吗？"光虹听后，大眼睛

骨碌碌转了几个圈，沉思了一会后说："我敢！"果然自此以后，光虹不再贪玩，而把精力都集中在读书和学习易理上，从私塾、县学到府学廪生一气呵成，并于万历癸卯年（1603）考中举人。喜报传到村里，主事的长辈非常高兴，他们兑现了诺言，在上街竖起了乡进士（其实应该是举人）牌坊，并铺设了"百步金街"。只不过铺地用的砖不是"金砖"，而是一块重一斤的"斤砖"。从那个时候起，"百步金街"的故事便流传了下来，成为激励后代学子奋发读书的案例。

吴光虹致仕回到家乡后，仍致力于教育子女和家乡子弟，倡行吴氏太伯家风。他的三个儿子嘉懿、嘉选和嘉聘均入选为邑庠生。吴光虹卒于崇祯十六年（1643）五月，终年66岁。

陈大绶

陈大绶，字端卿，生卒年不详，浮梁县兴田乡城门村人，明万历二十二年（1594）举人，万历二十三年（1595）进士。

陈大绶初授安徽泾县知县，他在知县任上注重人才的培养，安抚百姓，到处都可以听到士民对他的称颂。他号召开发矿山，发展经济，改善百姓生活，使域内人民过上了安宁的生活。

陈大绶在泾县政绩突出，继而升任为工部主事，又调任兵部职方司郎中，出任两浙督学。由于他公道正直、廉洁开明，得到域内士子的一致拥戴，成为最受欢迎的督学。

后来，他升任常镇兵备道移任闽海兵备道。兵备道全称为"整饬兵备道"，是明代在边疆及各省要冲地区设置的整饬兵备的按察司分道，其道官通常由按察司的副使或佥事充任，主要负责辖区军务，监督地方军队，管理地方兵马、钱粮和屯田，维持地方治安等，为正四品。兵备道集军事、监察大权于一体，成为明清时期一个重要的地方机构。陈大绶能在兵备道任职，可见明王朝对他的信任和重视。

几年以后，陈大绶的父亲陈时霖患病在家。为了照顾多病的父亲，陈大绶向皇帝请求告养归里，侍候父母，得到批准，回到家乡城门。他在告养归里的十多年间，在城门和曾任处州府同知的致仕官员吴敦本等人创办了"两河书院"授徒讲学，培养家乡弟子和四乡来求学的士子。"两河书院"落成时，浮梁县教谕邹元标曾陪同江西巡按陈于廷前往城门祝贺，并为之写记。

《两河书院记》虽字不满千，却把此地从唐到明万历约七百年历史中所发生的大事重点回顾了一番，从而引申到巡按毗陵陈公于廷为"两河书院"命名"求斯阁"的深刻含义。同时，这篇文章对陈大绶创办书院和当地士绅支持办学的功德大加赞颂，对斯地"自唐虞精一之传，几至绝响，赖洙泗一脉直接唐虞，至宋诸儒而续阐绎之，我朝诸儒又一大显"的经历感叹至深。最后，该文将斯地奇迹般的经历归结于"渭然吉水"，其意之深，令人深思。

陈大绶的父亲陈时霖系嘉靖三十一年（1552）举人，授司训中都升揭阳县知县。他严于律己，宽以待人，喜怒不形于色，后挂官归隐林下三十余年后，以长子大绶贵封兵部郎中，卒祀乡贤。

陈大绶之弟陈大绣，字正卿，系万历二十八年（1600）举人，授湖南长沙推官，志载其"执法不畏权贵"，后升任顺庆同知。

陈大绶告养归里十多年，在送别父母后，又被皇帝重新起用为朝中尚宝卿（正五品），掌管玉玺、符牌、印章，为皇帝所倚重。他后来又转任太仆寺卿，主要职能是管理全国的马政。太仆寺卿是太仆寺的长官，从三品，马是古代军队的重要装备，所以太仆寺卿这个职位是十分重要的。陈大绶在太仆寺卿任上，尽职尽责，细心操劳，最终病死在岗位上。道光版《浮梁县志》记载："陈大绶在京易簀之际，语不及私，平生持躬端方，里居清苦自甘，授徒讲学，《万历乙卯郡志》系其手定。祀乡贤。"

张　仙

张仙（1506—1568），字城之，号璧峰，明代江西饶州府浮梁县化鹏乡法京都中京村（今峙滩镇流口村法京组）人。他出生于乡村新贵、殷实人家。其高祖元奴，父母早亡，历经磨难，犹能"以礼自守，卓然自立[①]"，奋发有为，创下一番基业，为乡邻赞誉，为后世敬仰。曾祖季贤，受父影响，为人宽厚，勤勉持家，且"孝祖抚幼，仗义乐施，义行乡邻，为人称道[②]"。县令为其义行、善举、孝道而感动，上奏补为义官。祖父文通"廉静律身"，饱读诗书，好礼积善，"恤贫与祀老[③]"。父张瑾，虽无显赫业绩，但仍能继承乃祖遗风，恪守祖业，成为当地殷实之户。

张仙自幼饱读诗书，"弱冠文章，负有盛名[④]"。但张仙考场运气并不好，直到嘉靖十六年（1537）才考中举人，此时已三十二岁。

按例，明清举人除了有赴会试的资格外，还有了入仕的资格。在进士数量不够的时候，吏部会从举人中进行挑选，叫"大挑"。与张仙同榜的举人大多入了仕，仅浮梁与张仙同科的七人中就有四人做了官，"大挑"比例还是很高的。但张仙没有被挑选到，他只能等会试碰运气。可他这一试就是十六年。功夫不负苦心人，他的坚持终于有了回报。嘉靖三十二年（1553）他终于如愿以偿，考中进士入仕。嘉靖三十三年（1554），张仙被委任为邓州知州，时年四十七岁。奔五十的人了，也算大器晚成，实属不易！

张仙初入仕途就任知州（从五品），也体现了朝廷对他的重用。不过此时邓州虽为南阳政治、经济、文化、军事中心，属望郡，但张仙上任

[①][②][③][④] 见《金园张氏宗谱》

时，邓州恰遭河南尚诏友作乱，邓州城破民乱之时。上任当年，邓州辖地又发地震，城乡"官民店舍动摇，坏者十之六①"。张仙上任伊始，到处流贼作乱，劫后天灾接踵而至，真是仕途艰辛。但张仙无所畏惧，他韬光养晦几十年，终入仕途，不为钱财私欲，而是为了倾其所学，报效国家，留名青史。他终于在邓州这个舞台上大展宏图。

邓州任上，张仙为官勤勉清慎，奋发有为，安抚乡民，剿灭乱匪，劝课农桑，繁荣经济，循序图治。他先是修缮残破城楼，完善衙署配置，接着增修义仓，重修布政分司，除害兴利，使百姓安居乐业，政通人和。尤其值得称道的是，张仙在任内完成了《邓州志》的创修，记载了"邓州自周朝起，博邹、鲁、齐、赵之风情，记事俱备，郡纪始终，条理纂刻，略尽无一，按籍详尽，了然在目②"，这是张仙在其一生中最值得浓墨重彩的一项政绩。

张仙在邓州政绩突出，民望政声极高。任满后于嘉靖三十八年（1559），升工部员外郎，继转本部郎中（正五品）。因成绩突出，督造有功，破格加四品俸。嘉靖四十年（1561），张仙转升刑部郎中。嘉靖四十四年（1565）升任广东廉州知府（正四品）。

张仙升任廉州知府，年已五十有九。当时廉州属蛮荒之地，历来匪患不断，海寇侵扰。其时正是海贼吴平纠结倭寇不断侵扰廉州之时。州内县令、武官时有战死或被匪逼自裁者，内忧外患，官宦避廉州唯恐不及，张仙几乎是冒死赴任。

上任后，张仙不负众望，抚民众，平匪患，荡倭寇，很快稳定了形势，后来深入州内八县，剿土豪，查隐患，兴渔业，稳民心，施仁政，做实事，治内环境有了很大的改观。张仙在廉州任内虽无知邓州时的显赫政绩，但在这个蛮荒之地，能站稳脚跟、有所作为已属不易了。

---

①②见嘉靖版《邓州志》卷二

隆庆元年（1567），朝廷考核广东官员政绩，张仙任内政绩得到肯定，加上围剿海贼、倭寇有功，朝廷诏张仙等五位政绩突出的广东官员于次年入朝觐见皇上，行功论赏。可是张仙因在廉州任上日夜操劳，呕心沥血，加上年老迟暮，心力交瘁，积劳成疾，没有等到觐见之期，就于次年（1568）二月初八殁于应觐驿馆，卒于任上。

纵观张仙一生，他求学刻苦，为官清慎低调，知邓州时"修城池、备仓廪、修公署、置器用，凡兴利除害，班班可考[①]"；升任刑、工二部郎中，大权在握，但能清廉自律，不恃势弄权，被破格嘉勉；老年任廉州知府，仍能知难而进，任劳任怨，恪尽职守，"平倭寇、荡海贼、剿土豪、恤民众、兴渔业、振商业"，为朝廷，也为民众鞠躬尽瘁、死而后已，是值得后人敬仰的好官廉吏。尤其是邓州民众，深切怀念，敬张仙为名宦，祀供邓州名宦祠[②]。

张仙的清慎低调以及勤勉自立、奋发有为、忠孝礼义之家风，为其后人做出了榜样。其子张日升，天性笃实谦谨，勤奋好学，万历十三年（1585）领乡荐任福建建宁府通判（正六品），万历二十九年（1601）二月，亦卒于建宁公署任上，终年五十八岁。后人评价其"为官清慎，廉政勤政"，自是继承了其家风。父子都死于工作岗位上，其律己奉公、忠于职守之精神，值得我们后人敬仰。

---

①见《金园张氏宗谱》卷一《璧峰公赞》
②见乾隆版《廉州志》卷十二

朱一桂

朱一桂（1556—1631），字廷芳，又字廷萼，浮梁县北隅人，生于明嘉靖丙辰年（1556），万历二十年（1592）进士，授安徽省婺源县（现为江西省婺源县）知县。

朱一桂在婺源县任知县期间，清介自持。他在婺源任知县七年，官吏因为他施政清明、廉洁自律而不敢乱来，老百姓敬重他的为人和官威官德。后来，他因父母、岳父母相继离世而回家丁忧，直到万历三十七年（1610）朝廷才实授他兵科给事中。

在朝中，他正直敢言，"论朝廷之阙失、通阁部之否隔，辨时事之欺罔，虑川陇之反侧，事事深切，件件有据"。万历四十年（1612）全国大旱，朱一桂上疏条陈时弊，请皇帝引起重视，采取措施以救民于水火。结果，当日就下起了倾盆大雨解了旱情，士民都相传曰："此朱公雨也。"

不久，皇帝命朱一桂去山东巡察，朱一桂即刻去山东办差，圆满完成了皇帝交办的任务，回京具疏缴节，交回印信，并向皇帝提出自己身体有病，要求辞官休养。皇帝并未批准，任命朱一桂为湖广右参议。去湖广后，他又以处置延镇之乱而立功，皇帝给他加俸赐金，朱一桂上朝时再次提出告归的要求，又未被批准。

泰昌元年（1620），皇帝又特召朱一桂为太仆寺卿，他到任后改革马政，釐剔奸弊，使马政一清。

天启元年（1621），朱一桂升任右通政，后因议政事与同僚意见不合，请就南职，被任命为南京太常寺卿。天启五年（1625）五月，朱一桂被召为刑部右侍郎。

天启六年（1626）三月，熹宗朱由校在朝堂上看见相貌堂堂的朱一桂后发问："彼长而鬓者何官？"近侍以刑部右侍郎答之。熹宗曰："好个侍

郎！"皇帝对朱一桂的形象气质赞叹不已。

当时，宦官魏忠贤已窃取了朝廷大权，他派同党找到朱一桂，告诉他自己已得到皇帝信任，必将委以重任，发挥大的作用，暗示朱一桂成为他的党羽。但朱一桂一言不发，不愿为伍，并会同尚书徐兆魁、左侍郎沈演平反了李承恩、李应蛟之狱案，得罪了魏忠贤，出为南京右都御史。

没过多久，魏忠贤又在皇帝面前称李承恩等"营求脱罪"，连参徐兆魁、沈演等"纵容司官卖法"。朱一桂以"事同一体"上疏认罪，请求罢官，再一次激怒了魏忠贤，魏中贤使朱一桂闲居了七年。这一时期，魏忠贤及其同党气焰更加嚣张，令天下为其建生祠，弄得民怨鼎沸。但饶州、浮梁以"台檄敛金"为由，坚决不为魏忠贤修生祠。后来魏党尽被诛，朝廷追治建祠之罪时，唯江西独免，其中朱一桂功不可没。崇祯元年（1628），皇帝恢复了朱一桂的官位。

崇祯四年（1631）六月，朱一桂病故，享年75岁。崇祯皇帝下诏赠朱一桂为兵部尚书，赐祭葬。

《浮梁县志》载："朱一桂性宽恕，能容物，尤好引掖后进，中立不阿，识者谓有古大臣风。"其生平有文集十卷传世，祀乡贤。

俞敬德

俞敬德，浮梁县人。洪武四年（1371）辛亥科吴伯宗榜进士。俞敬德任海州知州时，因当地发生战争而引起大量平民伤亡和财产损失。战后，他极力抚恤，收留流亡人口，开辟田野，从此声名大噪，被提拔到京城任佥事，管理一省的监察司法。俞敬德离开海州之际，海州老百姓纷纷挽留。俞敬德卒于官，归葬浮梁城北之莲荷塘。参议郑隆为之赞曰："国朝开科，公首登第。出守海州，才优经济。擢授风宪，交章留公。俯从民请，久任成功。没于官舍，庙祀不朽。声名勒石，天地同久。"

戴 琏

戴琏，字廷献，浮梁县北隅人，成化二年（1466）丙戌科罗伦榜进士，人称"五经进士"。他力学考古，孙弁、计礼、戴珊皆出其门。戴琏被授予大理寺评事，审理并平反了很多冤案，为许多同行所不容，遂上疏言："刑狱之事，一弊不清则一理不彰，不尽去其弊，欲刑之明，得乎？其弊有五，曰姑息，曰苛刻，曰苟略，曰伺察，曰克忌。"戴琏又陈居官之先务有七："曰廉洁，曰戒惧，曰敏励，曰敦教，曰示俭，曰广爱，曰严身。"这些论述俱为识者所称道。可惜未等到这些建议被当权者采纳，戴琏便逝世了。他著有《知非集》，祀乡贤。

孙 弁

孙弁，字文冕，浮梁县长芗都官庄人，成化八年（1472）壬辰科吴宽榜进士。他初授知县，历监察御史，官至浙江佥事。知龙游，邑多豪猾，弁擒其数犯科条者，杖杀数人，由是奸邪敛迹，良善称庆。擢科给事中，即上疏论"彗星之变"，指斥甚切，又累陈天下大计，风裁凛然，廷臣咸称之为"孙大谏"。朝廷患之，遂调孙弁任御史，按视广东南畿，迁浙江按察佥事。孙弁才智敏达，事当行，无所委靡。计礼尝请于刘大夏曰："孙弁建言，多关国是。倘处京秩，必有裨益，何故使之外补？"大夏谓："弁锋棱太露，若养其才以待他日，更为有用之臣。"孙弁初次离开龙游，有豪绅书里门云"虎去山犹在"，弁任浙江按察佥事时续曰"山深虎又来"，上任后即将奸邪之人剪除殆尽。孙弁后升为大理寺卿。

卢 琼

卢琼，浮梁县人，字献卿，办事严谨，雷厉风行，知识广博，善于为文。卢琼登正德六年（1511）辛未科杨慎榜进士，授固始令。卢琼到任后，一面安抚，一面整饬，大力发展地方经济，百废待举。不久，他被提拔为监察御史。世宗即位后，卢琼上疏争大礼，其略曰："陛下在兴国，则为兴献王嗣；继大统，则为孝宗后。虽长子不得为人后，不能断之于先，而今可改乎？如先有利天下之心，而姑继孝宗统，复知为非，为兴献王嗣，是中立两途，适以彰过耳。"又复争大狱。世宗大怒，命人对卢琼施以廷杖，差点要了他的命。卢琼被贬谪戍辽东，十年乃赦归，年八十一而卒。隆庆元年（1567），朝廷追赠卢琼为光禄卿。他著有《归来稿》，祀乡贤。

汪　柏

汪柏，字廷节，生于正德壬申年（1512），浮梁县兴田乡夏田村人。汪柏幼有文名，19岁时中嘉靖辛卯科（1531）举人，26岁登嘉靖十七年（1538）戊戌科进士。

汪柏为人慷慨磊落，平生以文章事业自期，初授大理寺评事，迁光禄寺丞。时任宰相的夏言性格刚直，平时从不许诺于人，但他认为汪柏文学才品皆优，雅推汪柏担任广东海道副使。当时，海上巨寇何亚八经常到广东沿海杀人越货，祸害百姓，成为一方大害。汪柏到任后，掌握了何亚八作案规律，精密部署，组织人马一举将其擒获，绳之以法。他将从海盗处所缴获的财宝全部上交国家，自己不取分毫。朝廷根据汪柏的功绩和能力，提拔其担任浙江布政使。

在浙江布政使岗位上，汪柏勤政爱民，发展生产，改革陋习，注重教化，廉洁奉公，朝廷所给的俸禄节余部分均用于照顾在家乡务农的昆弟族人。汪柏的所作所为处处体现了一个廉明正直、才华横溢、施政有成的清官形象。在浙江布政使任满家居时，时景德镇有乐平人之变，汪柏上书巡抚王玮，要求了解乐平百姓的疾苦，减轻乐平百姓的负担以安抚民心。他又写信给守道沈磐，建议驿道由鄱阳县直抵建德。《上沈守道书》写道：

执事下车未久，一念恻恒，为民之意，穷檐部屋，无不知之，有民情不能自白，于上者俾执事爱民之意，壅而不得行，敢布腹心，惟执事裁焉。

窃见此行，诸公皆自鄱阳来浮梁，然后折往建德，迂回五六日。初疑以为行者之谬，既而询其故，乃鄱阳县苦建德之远，欲嫁其祸于浮梁，妄以浮梁近建德为词，以欺台下之听。

其实鄱阳去建德三日，皆通衢，而浮梁至建德亦三日，又崎岖山谷，寄宿民间，乃舍其坦途而驱行客于山谷，甚不便也。且鄱阳所以为此议者，以建德甚远，三日之役，民不堪而欲以节省民力耳。然必两日乃可至浮梁，比之往建德仅减一日，而增浮梁三日之费，所节于己者少，而嫁祸于人者甚大，仁人之所不为也。

假令浮梁果一日至建德，则鄱阳两日、浮梁一日，夫马均停而客亦不劳，有何不可？今鄱阳两日至浮梁，浮梁三日至建德，是以三日增为五日也。鄱浮虽各县，以台下视之皆赤子，节鄱阳一日之力而增浮梁三日之费，是以浮梁为壑，非台下之意也。

盖鄱阳苟免目前，谬为浮梁近建德之说，以欺台下之听。台下若知浮梁亦三日至建德，岂肯听其言使浮梁重出三日之夫马而迂客五日之途乎？夫鄱阳往建德之路，非自今日始，不独鄱阳苦于此役，建德以九里之县，出三日之夫马尤甚苦之。

曾议刈鄱阳、建德、浮梁之地，立县于石门，又有欲议设驿马递于中路者，只今未有一定之说，使浮梁果近建德，则前辈诸公何不为此议，而待今日哉？即使鄱阳不以累浮梁，建德岂肯舍浮梁之近而走鄱阳之远路？事体甚明，况浮梁仅百里有零，不及鄱阳三分之一，而御器厂在焉，以十三里当一厂役，而祁门、婺源一带，由浮梁以通乐平者络绎不绝，又无驿递，百姓之疲敝，比鄱阳更甚，比者一月之间，使客络绎，坊里办应不前，相视而苴。

而县官又以上司有行，不敢抗违，日夜比并夫马，以应使客，坊里逃去者过半矣！使客亦以三日之途迂为五六日，甚所不便。生等目击其事，不敢不以闻于台下，乞差台下亲信官一员，押送鄱阳县夫马至浮梁是否两日，仍押送浮梁县夫马至建德是否三日；仍勘鄱阳与浮梁至建德之路，孰为崎岖，孰为平坦。如果浮梁一日可至建德，不用三日，则请著为定例，鄱阳径关浮梁，浮梁转关建德。如果浮梁往建德必用三日，则请定鄱阳径关建德，不必复关浮梁。如此则庶几不致耗费民财，稽迟官程，使客既便而小县亦得以息肩矣！情急辞迫，不知所云。

从汪柏《上沈守道书》中，我们就可以了解汪柏的人格和品质。

守道沈磐收到汪柏上书后不久，汪柏就故去了。沈磐对汪柏的人品和施政能力非常尊崇，尽管汪柏不在了，他仍然根据汪柏的建议改进了鄱阳县到建德县（今建德市）的驿递路线，既方便了交通和邮递，又减轻了浮梁县不应该支出的额外负担。

为了纪念汪柏，他家乡夏田的士民在祖祠"汪氏家庙"的门口建了一座"藩宪坊"，横额上题写"微垣清望"四个字，总结了汪柏光明磊落、清廉善政的一生。

汪柏著有《青峰集》行世。

程时思

程时思（约1510—1579），字以学，号台山，浮梁兴田村人。程时思生性耿直，常常当面斥责人非，自身博学，多所通达，登嘉靖戊戌年（1538）进士。

他初授郧阳府（现湖北十堰）推官，正七品，掌理刑名，赞计典。任上，他不畏权势，尽忠职守，痛批奸蠹，声名远扬。程时思后因母亲逝世而丁忧，丁忧结束后补安徽太平知县。

嘉靖二十六年（1547），程时思擢兵科给事中。在任上，他言事不避权贵，从无阿谀奉承之举。后出任河南按察司佥事（正五品），又被授予御史之职而召至朝廷。在御史任上，他风裁盖峻，举朝称他为"程铁面"。

当时朝中是奸相严嵩父子当权，他们用了不少办法，引诱拉拢程时思。但程时思不为所动，直言面对，毫无私念。严嵩父子见拉拢不了，怀恨在心。

嘉靖三十年（1551），程时思因上疏拯救敢于直言的沈炼而触怒严嵩。严嵩虚构他事，将程时思调任颖上兵备道。那时，颖上（今安徽省阜阳市颖州区）盗贼猖獗，程时思到任后，即阐明政策，恩威并重。不久，境内治安得到好转。于是，程时思又被安排担任兵部员外郎，到朝中执掌直省提督事，接着又被派往广西兼理军务。其间，他向皇帝呈报边务八策，皇帝看后尤为赞赏，下诏晋升程时思为贵州布政使。程时思在边陲治理有方，麻哈、夜郎诸地一时归于平静。程时恩被朝廷大臣和域内居民称之为"西南锁玥"。

嘉靖四十四年（1565），程时思因父亲病故，回家乡浮梁兴田丁忧，从此，再也没有复出。

程时思和汪柏既是老乡，也是同科进士，且都是忠直良臣，心心相印。汪柏知道程时思铁面无私的性格，他和严嵩父子同在朝中为官，绝对不会和他们同流合污。后传闻程时思触忤奸相严嵩，汪柏非常替他担忧，曾写下《潞河怀寄程台山》一首：

燕山落日霞光起，楼船照见胭脂紫。
船头伐鼓岸鸣杵，杵罢月出天在水。
意中美人今何许，下帘独坐泪如雨。
鱼风吹沫闻愁耳，寂寞孤灯吐新蕊。
夜深何处诉斯语，风递嘈嘈苦儿女。
架上一幅相思字，凤管淋漓书茧纸。
一字一泪泪不止，缄泪寄君双锦鲤。
石岸露滴梧桐死，凤凰山下正忆汝。

全诗字里行间，尽现了汪柏和程时恩的深情厚谊以及当时奸相严嵩、严世蕃父子把持朝政、忠臣人人自危的时代背景。汪柏对程时思的情谊和担心还表现在《期程台山不至》这首诗中：

惆怅今何夕，蹉跎已首秋。
故人期不至，贱子忆无休。
细雨萤投室，长风雁过楼。

> 吹灯将就寝，犹自听鸣驺。

程时思，这位曾经和严嵩、严世蕃父子做斗争的浮梁先贤，无愧于"铁面"这个称呼！

曹　煜

曹煜，字孟辉，浮梁县劝义都人。嘉靖五年（1526）丙戌科龚用卿榜进士。他知上海县，平赋役，实仓廪，息狱讼，毁淫祠以振俗，节乡约以兴行，广学舍以育材。他在任时，祷雨辄应，蝗不为灾，复有岐梦之祥，不到四年便提拔重用，民讴思之，立祠以祀。曹煜历任御史、浙江按察司佥事。他唯才是举，居乡治家，尤得蓝田吕氏、涑水司马氏遗训。

曹天宪

曹天宪，字恒卿，浮梁县劝义都人。嘉靖二十年（1541）辛丑科沈坤榜进士。他生而颖卓，擅文誉，登进士后知新昌县。他刚廉无诡随，不携家累，躬先节俭，禁绝馈享。每延儒生至寝室，蔬食相对，萧然如寒士。著《赋役成规》勒石。县域山多路阴，夫役疲惫。天宪为之定下章程，非公事不轻易调遣。天宪曰："剥民媚上，我何忍？"卒从裁减。会岁旱，布袍芒屦行烈日中，出舍僧寺，凡阅月，望见枯槁，潸然泪下，为文责城隍神，至欲自焚以谢百姓。已而雨浃岁登，民颂其德。擢兵部职方司主事。留意军务，从侍郎范瓘巡边。凡冲隘要塞，躬履画图。至古北口，见其地陡绝险厄，而守备单弱，请亟更立重镇。寻迁武定兵备，明约束，励军气，赈饥掩骼，多出己赀。再迁四川参议，以抗直忤御史，

189

议调归。归作家训，冠、婚、丧、祭一仿《朱子家礼》，摒斥浮屠，里中化焉。其父曇，以贡教谕，旌德笃行，长者也，尝语天宪："汝祖深慕范公义田之善。"故天宪历官务约啬，禄入封贮别簏，尽捐之族，置义田以毕先志。卒之日，贫无以殓，族人哀感，助之丧，立祠，报之郡，祀乡贤，新昌祀名宦。弟天球，字萃卿，邑庠生，尝从天宪武定。比还，州人以厚赆私于路，天球曰："吾兄清节，奈何玷之。"晚受耆德冠带。

侯有功

侯有功，字思谦，浮梁县北隅人。嘉靖三十二年（1553）癸丑科陈谨榜进士。嘉靖三十一年（1552）举于乡，联登癸丑进士。授大理寺评事，恤刑河南，数决疑狱，多所全活。升潞州知府，大得民心。潞故出绸，官买成例，民苦之，有功条其事于台，终任无滥买者。擢陕西雁门副使。整饬废坠，防御加严，升布政使。闻母讣，恸哭血涌而卒，年仅三十八。性孝友，亲疾不解带，视汤药者常月余。兄有观，无子，推一子为之后，田产公之诸弟。卒之日，家无余资。潞安府祀其为名宦。

郑履祥

郑履祥，字季旋，浮梁县腾凤都人。万历四十四年（1616）丙辰科钱士升榜进士。授真定府推官。清正平允，为当道所推。分校北闱，复应浙江聘，前后所得士，皆一时名流。升工部主事，转兵部车驾员外郎、职方郎中。熹宗时，魏党擅权，履祥秉正不阿，见罢归。崇祯元年（1628），召为南京工部员外郎，升平阳知府。崇学恤民，兴利除害，颂声载道。丁艰归，服阕起复，以在任时有属邑陷于寇，左迁嘉定知府。升南京刑部郎中，终庐州知府。死于难。

朱应熊

朱应熊，字淑吕，浮梁县流溪人，崇祯四年（1631）辛未科陈于泰榜进士。崇祯庚午（1630）举于乡，登进士后，授海盐知县。廉洁狷介，人不敢干以私。召为兵部车驾司主事，历武选职方员外郎，升山东济南道参议，兼理粮饷。时山东省岁荒，输纳不前，台檄亲催。尽屏驺从，单骑劝谕，粮完而民不病。挽至运河，遇绿林啸聚，将肆攘夺，既近船，见济南牌，大呼曰："此清官朱爷，我辈勿犯之。"转福建建南道副使。所辖樵川、剑津之地，其俗去古鄙野，应熊兴学敬老，以礼化之，俗乃大变。既而流寇犯建昌，督兵守关，忧劳成疾，围既解，屡疏乞归，当道勉留弗得。寻复起为云南洱海道参政，坚卧不赴。顺治三年（1646），江西巡抚孙之獬遣官省间，将荐之，以疾辞，未几卒。应熊德性凝重，居乡不徇声利，故党里推服。

冯秉清

冯秉清，字惟乾，浮梁县劝义都（今鹅湖镇冯村）人，崇祯十年（1637）丁丑科刘同升榜进士。冯秉清以天启间岁贡任东乡训道，日与艾千子（艾南英）讨论不辍。崇祯癸酉（1633）领乡荐，署开化教谕，课士一守程朱之学。登进士后，授南雄推官，后迁严州，力革织造陋规。直指使委盘查全浙，平积狱，严臧否，兴学校，馈送一无所受。事竣，唯以诗扇献，众共骇愕。入为刑部主事。归故后鼓舞后学，尝捐俸为县置义田，年七十四卒。著有《易经合义》《春秋繁露》《四书解》行世。

鲍文弘

鲍文弘，字士可，浮梁县福义都墩口人，崇祯十三年（1640）庚辰科魏藻德榜进士，授惠州府推官。他谳狱明允，全活甚众。惠故濒海，时有盗猖獗，两台知其能，檄委进讨，僚友皆危之，文弘毅然督兵，即行密施方略，悉擒渠魁，复解胁从田程辈百余人。声益著，当道倍加器重。旋查盘肇庆，署篆兴宁，厉操守，兴教化，发奸摘伏，吏不敢欺。丁外艰去，惠人遮道攀缘不忍别，有陈德言再见之颂。既归，寻鼎革，城市丘墟，人民凋瘵，每以郡邑利弊兴革怂恿当事。于是力主建仓以舒买米之苦，定官解以免金民之害，实官厩以除走递马差之累。宿困永脱，邑人至今颂功不衰。卒年七十六，祀乡贤。

李思谟

李思谟，浮梁县人，字承伯，大钦孙也。崇祯十六年（1643）癸未科杨廷鉴榜进士。笃于孝友，五十孺慕不衰，偕弟思切讲读。以崇祯初选贡，领己卯（1639）乡荐，登癸未（1643）进士。知溧阳县（今溧阳市），留意教养。适权相奏令童子纳银，免府县考试，诸路风靡，思谟独不奉行，忤意罢归。其守正不阿类如此。自是隐居田园，日与其徒讲学论文，多所成就。与人交，敬慎温恭而严于取与，至桑梓利害，辄力赞兴除，其他一切罔预。年七十卒，祀乡贤。

清　代

鲍一复

鲍一复，字来吉，浮梁县福义都墩口人，顺治十八年（1661）辛丑科马世俊榜进士。幼颖敏，读书过目不忘，诵数千言。性简朴，不修边幅，与物平情，有犯不校。在籍候选时，远势利，非公不至。清约淡泊，不改寒士之风，唯兴利除害，地方一二大端，乐为倡率主持。又输屋作祠，让田与弟，为乡里所推。后知湖广石门知县。卒于燕邸，无以为殓，是故旧出资，棺椁才得以扶归。

吴宾兴

吴宾兴（1688—1761），字俊如，浮梁县兴田乡城门村人，生于清康熙戊辰年（1688）九月，康熙四十七年（1708）戊子科举人。

他初授江苏溧阳县（今溧阳市）教谕，在任时，身体力行，立教严格，兴学育才，谦和谨慎。继升安徽来安县知县，在任上，他爱民礼士，为政以人才为先，增学田，易祭器，修学宫，招抚流亡，增辟田地，发展经济，开通贸易，使百废俱举，清风凛然，深受士民敬爱。

吴宾兴为官近三十年，一身正气，两袖清风。同时，他对家乡的公益事业和帮困扶贫总是倾其所有，毫不吝惜。他不仅对他家族中的贫困者尽力帮助，而且对修桥补路诸事也大力提倡和全力支持。康熙五十四年（1715）回乡省亲时，他看见村民程肇礼捐出千金请来匠师开山取石，在龙溪河口建起了一座气势恢宏、沟通两省往来的青石拱桥——云瑞桥，为当地老百姓做了一件大善事，大为感慨，提笔写下了《云瑞桥记》：

龙溪会锦之水①，左冈右阜，道出其间，而病于无桥。惟冈有竹本，蔚然深秀。其阜为村落，栋宇连云，郡诸生友中，程君实家焉。君仁心为质，善气迎人，其济困拯溺，素所树立者，然也！疑为祥云，为瑞日，诚哉！有明道先生遗范乎！

今年冬，予归里至锦城，偕兄慨如游泽畔，见有石道如虹，倚冈阜而横于龙溪之上者，则程君所建云瑞桥也。云瑞者，以程君故名也。

夫存心爱物者，于人心有所济，于人心有所济者，于天必有所受。君谟万安，谓桥细故乎哉。

是溪也，虽非若汉之广、江之永，而方不可泳，又不可自担。夫贩竖以至服贾经商引重致远者，或阻狂澜，或畏坚冰，或蹭顿于崖岸，或偃蹇于泞滑，君心恻久矣！爰是鸠工伐石，破千金以成不朽，功甫竣而马载道，谓砥狂澜而渐磐也，谓脱坚冰而挟纩也。且谓危崖而康庄之，出深泞而袯席之也。德莫厚焉，福莫隆焉！

绍明道之统以食君谟之报，其在斯乎，其在斯乎！宜镌贞珉，用垂永久！适征记于予，因为述其大略如此。

吴宾兴写好《云瑞桥记》后，立即请石匠做了一块大石碑，将《云瑞桥记》镌刻于上，安上石礅，立于云瑞桥头，作为永久纪念。此碑立于云瑞桥头二百六十余年，向世人昭示程肇礼的功德。

云瑞桥紧锁龙溪之口，立于昌江岸边，桥高三丈、宽二丈、长六丈有余，青石砌就，上通徽州，下至饶州，方便人们出行。

---

①昌江河环绕城门五公里，像一件官服上的袍带，被世人称为锦水。

"云瑞桥"更像一道飞架东西两岸的彩虹，白天站在桥上，两江可见金光闪烁。环顾四周，青山环抱，双水汇流，耳边涛声不断，令人感慨万千。晴晚站在云瑞桥上，能观两月生辉，江流清澈明亮。抬头望去，吴刚挥动板斧砍伐月中桂树的动作依稀可辨，桂花之香似乎飘洒到了人间。云瑞桥在浮梁诸多石拱桥中，可算得上是伟岸之桥，至今仍然完整地屹立在龙溪河口、昌江之岸。据说该桥合龙之时，曾选定吉日良辰、烧香祷告，并收服过路鹊神以镇桥。

吴宾兴卒于乾隆二十六年（1761），终年73岁。

吴廷俊

吴廷俊（1693—1756），乳名正桂，字宗鲁，号秀堂，学名廷俊，浮梁县兴田乡城门村人，生于清代康熙癸酉年（1693）正月初四。吴廷俊自小好学，尊师敬长，雍正癸卯年（1723）考中举人。

他初授知县，例授文林郎（正七品），在任上洁己爱民，兴学重士，特别注重地方经济的发展和地方风气的转化，提倡正气，抑制歪风邪气，使地方风气有了进一步好转。他想办法筹资和捐俸修缮学校、建堤筑坝、消除水患，使县城及周边居民的安全得到了保障。他还经常微服下乡，了解农民生产生活，解决一些实际困难，从而得到了士民的拥戴。由于政绩突出，有治理才能，公直廉洁，一尘不染，吴廷俊于雍正己酉年（1729）借补长芦（今河北沧州附近）批验所大使。

有关资料显示，长芦是中国重要的产盐区域，其范围南起山东境内的黄河入海口，西北抵河北省黄骅市，过歧口，经天津海河口的大沽、塘沽，蓟运河口的双沽转东向唐山市丰南区、滦州市的滦河口、乐亭县的大清河口折向东北至秦皇岛市抚宁区洋河口，面积500多平方公里。

明代初年，天津的盐业生产，由设在沧州长芦镇的都转运使司管理，所以，天津附近海域盐区就被称为"长芦盐场"，所产的海盐也就叫作

"长芦盐"了。清代康熙年间，长芦巡盐御史衙门由北京迁至天津，长芦盐运使司衙门也由沧州移驻天津。

长芦盐区在元代设盐场22个，清代以后逐步裁废，仅留有8个。民国以后继续裁并，到1914年只剩下丰财、芦台两个[①]。长芦盐区是内海，没有什么风浪，海水含盐量高、盐质好，当时被人们称为"芦台玉沙"。

盐是人们日常生活的必需品，又是国家税收的重要来源之一，历史上一直是官产官销，专设衙门管理，控制颇严。批验所是个重要岗位，也是个肥缺。吴廷俊能够到长芦批验所担任盐务大使，既反映了他个人的廉洁作风和能力水平，也体现了雍正皇帝对他人品的认可和能力的重视。吴廷俊在长芦批验所大使的位子上由借补到直接任命，一干就是20多年，直到退休回到家乡城门村。

乾隆丙子岁（1756）九月，吴廷俊与世长辞，终年63岁。他留下的清官廉吏的形象，成为当地后人学习的榜样。

金起涛

金起涛，字飞客，号非林，英溪人，康熙癸丑科（1673）贡生。金起涛少年时就负有才名，时人称其"诗书二绝"，尤其擅写草书，地方争相取之。长大后，金起涛博览群书，用心探究，钻研学问。县邑学者如有大著作都会请他斟酌，决定取舍。金起涛因教授王家兄弟中举而声名显赫，县邑的许多青年才俊争相拜他为师。于是，他在英溪书房坞建馆授学，成就者以十数。金起涛著有《学庸注疏》《性理考据》及《诗赋译文》。《饶州府志》载有其传。

[①] 即现在的天津塘沽盐场和汉沽盐场。

吴从至

吴从至，字又李，浮梁县新正都（今瑶里人）人。康熙三十九年（1700）庚辰科汪绎榜进士，初任太康知县，后升任工部都水司主事。任太康令时，时值岁歉，地多灾疫，吴从至千方百计赈恤，老百姓才得以生存。对一些积久的疑难案件，他明察秋毫，奸枉立辨，由是恩威并著。他发现县里士人科举考试不顺，便加意培养，聘请名师辅导，结果连举于乡。等他离任的时候，士人立碑颂德。

汪兆熊

汪兆熊，字叔度，浮梁县桃墅人，康熙四十二年（1703）癸未科王式丹榜进士。他自小聪明伶俐、勤奋好学，经史百家无所不精，为文章必根于仁义。登进士后知全椒县，他廉明宽静，杜陋例，蠲浮额，禁侈靡，惩刁健，减刑息讼，重农兴礼，以休养教化为先。与士约，谨修能而崇尚经术。全椒县界于江淮之间，水旱最易为灾。汪兆熊到任后，立即开展生产自救及赈灾活动。雍正元年（1723），邻邑飞蝗四起，汪兆熊两充乡试同考官，所援率真才。五年（1727）冬，免归。后举乡饮大宾，年七十卒。

吴 翀

吴翀，字羽中，浮梁县新正都人，康熙五十二年（1713）癸巳科王敬铭榜进士。吴翀早慧，七岁工文，长益嗜学，才思敏捷，富于著述。既领乡荐，公车九蹶，康熙癸巳（1713），年五十二，始登第。自陈愿以

文章报国，改翰林院庶吉士，越两年，卒于京。吴翀为人淡泊宁静，乡举后，授徒如初，非公事不入县城。在馆时，清节弥厉。及卒，同年甘汝来赠挽诗，中有"言词纯朴天真烂，道力坚凝世味轻"之句，识者以为定评。

汪 壎

汪壎，字沉愔，兆熊子，浮梁县人，雍正二年（1724）甲辰科陈德华榜进士。汪壎自小颖敏异常，幼年入书院，长益嗜学，博通经史，诸子百家之书，无所不窥。汪壎雍正甲辰（1724）登进士后，雍正八年（1730）知直隶阜平县。他为政平和宽厚，务通下情，而一以教化为先。十二年（1734），调饶阳。翌年，回家守父孝。孝期满后，署高邑、藁城。乾隆四年（1739）补衡水，不久丁母忧回籍。九年（1744），补福建沙县。十二年（1747）秋，充乡试同考官，其冬计最卓，荐升河南邓州牧。历任七州县，所至绝陋规，却馈遗，消介之操，士民共见，去后人多思之。十六年（1751），免归。归故十年后逝世，享年六十有六。平生笃孝友，与人推诚不疑，而丰裁峻整，对之自生严惮。仕宦将二十年，至归，图书以外，行李萧然而已。善诗、古文辞，葺修县志、族谱，评选家塾文钞及点定汉以下至唐宋大家诗文，凡数十种。

李教文

李教文，字观二，浮梁县城人，生卒年不详。李教文才识广博精深，敏于学问，为清代雍正丁未年（1727）进士。

李教文任永福县县令才两个月，因思念母亲年老，路途遥远，难以迎养，于是向上级请求就近任职，后改为学职，补铅山教谕，以侍奉老母。为官期间，他廉洁正直，以提振士气为己任，并兴建学馆，取名曰：陶堂。他荟萃本县有才学的人，亲自授课，文教兴起，见于《课录》。他还修缮学宫，置办祭祀器物，焕然一新。李教文五十九岁去世，著有《陶堂诗文集》。

金梦熊

金梦熊，字均如，浮梁腾凤都（今经公桥镇金家坞）人。雍正十年（1732），金梦熊任山东武定府阳信县知县。

雍正帝自即位以来一直致力于整顿财政，他要求臣下雷厉风行，追缴各地亏空钱粮。阳信县自康熙六十年（1721）到雍正十二年（1734）累计积欠应缴中央钱粮折合白银十万两以上，金梦熊在任无法完成追缴差事，被雍正帝下旨革职罢籍。

乾隆初年，金梦熊参与了浮梁知县沈嘉徵主持的编修县志活动。道光版《浮梁县志·人物·贤良》有其小传，与另一位乾隆初年县志编修人员汪壎一样，同列"贤良"。

当年，金梦熊曾为浮梁金氏始祖金安事迹遭篡改之事，奔走呼号，控诉不休，同时研读宗谱，编写了《金氏世系图》一书，对金氏家族历史做出了贡献。

闵　遴

闵遴（1704—?），字登云，浮梁县城西隅人。他天资敏慧，童年即入县学，二十岁得中雍正元年（1723）举人。他念父母年岁已高，侍奉双亲二十多年，不愿出仕。

乾隆十二年（1747）初，闵遴才出任四川大宁盐课使。任上，闵遴勤于工作，铲奸除弊，盐场秩序井然。其时朝廷出兵金川，他按要求办

妥马匹等军需物资。

闵遴后升任江苏溧阳知县，到任之初，适逢灾荒，他尽心竭力，深入灾区，赈济灾民，使灾民摆脱饥饿死亡的威胁。他为官清廉，办事果断精明，一时奸胥猾吏，望风敛迹。当地老百姓作了十歌颂扬他，如《矜恤灾黎歌》说："我公慈爱，矜恤不遗，惠补天灾，浃髓沦肌。"溧阳民间还流传着"廉洁捐资救百姓，救了溧阳百万人。这样的好官能有几，闵氏阴功后代深"的民歌。

乾隆二十三年（1758），闵遴上书要求回归故里。离职时行李萧然，送行人群潸然泪下。归乡后，他清贫度日，然而"义举必先"。县令黄绳光认为他品德高尚，聘他掌管昌江书院。

邓梦琴

邓梦琴，字虞挥，号箕山，浮梁安西乡芦田人。他生于清雍正元年（1723），乾隆九年（1744）中举，时年21岁。乾隆十七年（1752），他又高中进士，时年也只有29岁。邓梦琴这届会试，全国共录取进士158人，邓梦琴位列第35名。

邓梦琴的科举道路虽然顺风顺水。但在仕途上却并不那么顺畅。在取得进士功名的九年后，即乾隆二十六年（1761），他才被选为四川省綦江县（今重庆市綦江区）知县。

綦江地处四川省东南边缘，属重庆府管辖，离浮梁一千多公里。对于家里上有老下有小的邓梦琴来说，这实在是有些艰难。邓梦琴在此任职的第五年，其继母去世，不得不丁忧在家守孝。可是不知何故，邓梦琴这次在家时间竟然超过了十年，直到乾隆四十一年（1776），才被朝廷起复，任四川省江津县（今江津市）知县。对于邓梦琴这样一个有梦想有追求的人来说，这无疑是一种煎熬。

此后，邓梦琴不停调动工作岗位，职务也不断升迁：

乾隆四十三年（1778），入陕任陕西省补援洵阳县（今旬阳县）知县。

乾隆四十七年（1782），署陕西省岐山县事。

乾隆四十八年（1783），调任宝鸡知县。

乾隆五十三年（1788），年满六十五周岁的邓梦琴升任商州直隶州知州。

乾隆五十六年（1791），署西安府事。

乾隆五十九年（1794），升授汉中府知府。其间，邓梦琴还兼任陕安道篆。道篆，是介于省、府之间一级的官员，辖八个州府。至此，邓梦琴在仕途上到达一个顶点。

邓梦琴为政，一贯以"能干"著称。

乾隆二十六年（1761），邓梦琴选授四川綦江知县。当时，一些仗着在重庆府里有靠山的胥吏在綦江当地横行霸道，百姓十分害怕，称他们为"老上司"。邓梦琴到任之后，经过细致排查，周密部署，派出精干队伍，抓捕其中几个典型人物突击审查，并报重庆府署治罪。很快，那些恶吏豪强便收敛了许多。

由于地缘关系，当时贵州省遵义地区有几个臭名昭著的强盗潜逃至綦江县。得知情报后，邓梦琴立即派出捕快，迂回千里，穷追不舍，终于在万县境内将他们抓获。从此，邓梦琴在百姓那里留下了"能干"的口碑。

在江津县任职期间，面对堆积如山的旧案，邓梦琴不拖不推，夜以继日，明辨冤狱。他因此多次与四川省按察使意见不合，曾多次遭其训斥。按察使管一省的司法，官比邓梦琴大得多，但邓梦琴坚持原则，重证据，以事实说话，最终使案情大白，令按察使哑口无言。江津县百姓称邓梦琴为"神君"。

乾隆四十三年（1778），邓梦琴调任洵阳知县。洵阳环山临汉水，五方杂居，是盗贼聚集的场所。邓梦琴上任伊始，剔奸除暴，实行"旅店有籍、贾舟有牌"管理制度，并在县、乡、村建立循环联系网络。一时间，方圆数百里，百姓山行水宿，均安然无恙。也就是在那一年，洵阳遇上久旱无雨的灾情，农田歉收。邓梦琴便劝导富户开仓平粜，赈济饥民，百姓得以安身。其后，荒山渐垦，棚民霸业，不听为主取赎，奸讼纷起。为此，邓梦琴定下规约，规定种粮食以五年为期，取炭以三年为期，到期退佃。从此争讼逐渐平息。

乾隆四十四年（1779），正值楚地流民大量涌入洵阳垦荒。因土地面积骤增，省府下文，要求洵阳县增加赋额。邓梦琴关心民瘼，向陕西巡抚呈文道："来这里开荒的都是为了躲避战乱而四处奔波的难民，建议给予减免数年赋粮。否则，他们觉得负担太重，会转徙他处。"于是，省府不再要求洵阳增加税赋。

邓梦琴十分重视文化教育。乾隆四十六年（1781），邓梦琴与安康人董诏及自己的两个二子邓传安、邓传牧一道，编修《洵阳县志》。该志分14卷，体例完备，资料翔实。志书修成后，得到著名学者、陕西巡抚毕沅赞许，并亲自为之作序。序里称赞邓梦琴："江右名进士，出宰洵阳。政教修明，有古循吏风。"邓梦琴还重视书院教育，创设义学，延师授徒，常教士人以《小学》《近思录》《洛学编》为宗。后任宝鸡知县、汉中知府时，他又主持纂修了《宝鸡县志》和《汉中府志》。

邓梦琴任宝鸡知县时，一边鼓励民众疏浚利民渠、发展农业，一边改革驿马制度。

宝鸡县（今宝鸡市）东有利民渠。该渠自三开河高嘴头起至虢镇，绵亘四十余里，灌地百余顷，关系到民生国税。但该渠年久失修，不能发挥作用。梦琴上任后，首先将其疏通，并引三开河入渭水，增加灌溉良田五十余顷。他对从南到北注入渭水诸渠都一一进行了疏浚，百姓日益富裕起来。而驿站是旧时供传递公文的官员中途休息、换马的地方。宝鸡县的川陕驿道上，辖有陈仓、东河两个驿站。自古人来客往，川流不息。民间之事均由里长处理，乡长负总责。但是，长期以来，他们相互勾结，收缴车马税赋，还不断进行敲诈勒索。梦琴到任后，立即整饬驿站，废除了一切不合理的收费。一时间道路通畅。

当时，周边县皆因苛捐杂税诉讼不断，唯有宝鸡县民众给知县送锦绣寿匾。一些知情者评论道："宝鸡令哪里是有花不完的余钱啊，他们只是官无所私，关注民生，筹划得宜，百姓知足。"

邓氏出口成章，吟得数首祷雨诗，其中一首是这样写的：

> 祷湫先视夜，出郭尚闻更。
> 沉月吴牛喘，危枝宿鸟惊。
> 渠分溜路滑，磨转激湍鸣。
> 莫怪催耕晚，将逾九十晴。

这是一首田园气息十分浓郁的五言诗，堪称精品。

为官之余，邓梦琴以治学闻名，时刻不忘激励后人。

邓梦琴少年时代，家境清贫，但丝毫没有影响他的求学之心。他自小聪颖，观书一目十行，作文一气呵成。他非常推崇《小学》《近思录》《洛学编》等书。直到考中进士后，他仍然苦学不止，还千里迢迢，拜在内阁学士蔡新门下。

蔡新，福建漳浦人，乾隆年间的大学问家，被授翰林编修。后在上书房任侍讲，辅导皇子读书。官历兵部、礼部、吏部尚书，授四库全书馆正总裁，文华殿大学士。在蔡新门下，邓梦琴的学识更加广博。后来在多地为官时，他依然"敷政悉，本儒术"，勤俭治学，修身养性。

邓梦琴每到一处为官，必以振兴文教为先。乾隆四十六年（1781），邓梦琴出任洵阳知县，其弟邓林从老家浮梁县来到洵阳探望。邓林也是一个极有才情的人，51岁时考取举人。邓梦琴让他与儿子邓传安一起参与《洵阳县志》的编修工作。在洵阳期间，邓林还赋诗作词多首。

嘉庆二年（1797），邓梦琴因脚疾辞官归故里后，因善于为文、博学多才，许多知名书院请他去讲学。

嘉庆九年（1804），81岁的邓梦琴在儿子邓传安的陪护下赴庐山白鹿洞书院讲学。后又到玉山端明书院、鄱阳芝阳书院主讲。

邓梦琴著有《楸亭文集》十六卷、诗集八卷、《史记书证》四卷，另有别稿四卷、诗稿十卷、补集若干卷，编有《洵阳县志》和《宝鸡县志》两部县志。

邓梦琴青年时代首游福建漳浦，求学在蔡新门下，因而得以研濂洛关闽之学源流，考查古人爱民之典范，探求儒学之本。所到之处以振兴文教为先。邓梦琴为官从不用幕宾，大凡公事，文书均无须打草稿，写起文章来洒脱自然。他每天处理的文案虽然很多，但从不滞留过夜。邓梦琴生性警觉机敏，处事谨慎，而且常以自己之心得劝慰别人。浮梁知县黄泌就是其中一位受益者。

黄泌，山西代州（今忻州市代县）人，乾隆三十八年（1773）任浮梁知县。他生性急躁，办事急于求成，结果适得其反。邓梦琴在一次回家省亲时，了解到这一情况，便来到县署与之谈心，劝之曰："古人常常是先了解自己的好恶，到公堂办案时才能明白他人之好恶。""当官不难于清，而难于慎；守官不难于勤谨，而难于和缓。"黄泌听后深受启发，捐资疏浚莲荷塘、建聚奎桥、修理县署、建双溪书院，做了不少好事。

邓梦琴为官二十余年，晚年卸官回原籍时，除了携有上万卷书外，没有一件像样的物品。回到家后，他租借县城兴贤门外民房而居。尽管这样，他依然不忘资助他人。如此清苦的生活，正常人是难以想象的。嘉庆九年（1804），年已81岁的邓梦琴，应知县之邀出席"鹿鸣宴"时，仍不忘对后生谆谆教诲。嘉庆十三年（1808），邓梦琴寿终正寝，享年86岁。

邓梦琴的业绩得到了世人的公认。他所任职之处，如洵阳县、宝鸡县、商州、汉中府均将其列入名宦祠。邓梦琴于嘉庆二十二年（1817）奉旨入祀陕西省名宦祠，道光元年（1821）奉旨入祀浮梁县乡贤祠。

邓传安

邓传安，字鹿耕，号菽原，晚号盱原，乾隆二十五年（1760）农历三月二十七日酉时出生于浮梁县安西乡下芦田（芦田西，距县城二十公里）。

邓传安出生时，父亲邓梦琴还是个在家候补的县令。这时候，邓梦琴的父母年逾七旬，生活拮据。邓梦琴靠着在县学、县衙里帮忙做些临时的差事，赚点零花钱贴补家用。邓传安的出生，给三十七岁的邓梦琴带来莫大的惊喜。他为儿子取名传安，希望他一生平平安安。其时，邓传安的母亲陈氏三十四岁，祖父邓以忠、祖母依然健朗，加上邓梦琴的弟弟邓林，一家六口，家境虽贫，但家庭和睦，其乐融融。在这个家庭里，邓传安受到了良好的启蒙教育。也许是邓传安的出生给父亲带来了喜气，他出生的第二年，邓梦琴被任命为四川綦江县知县。

乾隆三十年（1765），因继母去世，邓梦琴回家守孝，丁忧十余年。在这十多年里，邓梦琴虽然在仕途上放缓了脚步，但是在邓传安的教育上却花足了心思。

邓梦琴秉承古人"兴门第不如兴学第，振书声然后振家声"的处世哲学，继承父亲严格教育自己的传统，每天陪伴在邓传安身边。他以南宋大儒朱熹在《童蒙须知》中的话教育邓传安："读书有三到，谓心到，眼到，口到。心不在此，则眼不看仔细。心眼既不专一，却只漫浪诵读，决不能记，记亦不能久也。"他还说："三到之法，心到最急。心既到矣，眼口岂不到乎？"他要求邓传安，不但要用眼睛看、高声朗读，而且要抄、背、默，心脑并用。

邓传安自幼天资非凡，记性好，十四岁便熟读群书。在父亲的严格要求和精心指导下，邓传安的学业大有长进。

乾隆四十三年（1778），父亲邓梦琴丁忧复出，到陕西洵阳任知县，十八岁的邓传安随父来到这里。这是他第一次走出家门。他一边温习功课，博取功名，一边广交朋友，开阔视野。乾隆四十六年（1781），传安的叔叔邓林也来到洵阳县。邓梦琴便安排他俩一道协助自己编纂《洵阳县志》。

邓梦琴在署汉中府期间，一边督促辅导邓传安学习，一边安排他深入社会，开展调查，增长才干。这段时间，邓传安将自己调研时收集到的资料，撰写了一篇颇有分量的论文，得到了社会的好评。这篇文章就是《构作穰说》。

构穰，是生产白纸的原料。北宋《太平寰宇记》就有"金州贡纸"的记载，这种贡纸即以构穰为原料制成。构，亦称楮，为桑科落叶乔木，其叶可以饲猪，其枝皮即为穰，以构穰为原料生产的楮桑皮纸和白麻纸，至今仍为高级纸品。对于蔡伦造纸工艺在陕南的流传，无数前人都做过许多研究，从地方史志文献以及散存在民间的谱牒中，都可以看到或多或少的记载。据乾隆《兴安府志》记载，兴安府所属各县均生产构穰，这些构穰，一部分经水、陆两路运往西安、湖北等地，一部分则成为本地造纸的高级原料。

而邓传安《构作穰说》一文，则详尽地记载了构树栽培、构穰加工的过程及工序。文称：加工构穰只能冬季进行，要经过沤池、水浸、去皮、漂白、甑蒸等数道工序。"沃之以水，清其灰，而盏之而挥之而沃之而复蒸之，质愈柔而色愈白矣。"这些都是他经过认真细致的观察后写成的，难能可贵。

邓传安到了谈婚论嫁的年龄了。在邓梦琴朋友的撮合下，乾隆五十一年（1786），26岁的邓传安娶江西星子干氏为妻。岳父干从淳，时任星子县训道。同年，长子邓世畴出生。邓世畴，号小鹿，取父亲的字"鹿耕"中一个字。第二年，次子邓世田出生。邓世田号小菽，取父亲的号"菽原"中一个字。

邓传安喜事连连。两年后，也就是乾隆五十四年（1789），29岁的邓传安考取举人。时任商州知州的邓梦琴十分开心，写信祝贺。

嘉庆十年（1805），45岁的邓传安中彭浚榜进士，并授福建罗源知县。从中举到考取进士，足足过了十六年，邓传安可谓大器晚成。但不管怎样，邓传安从此真正步入了仕途。

在父亲身边的日子里，邓传安不仅学习到了不少文化知识，开阔了视野，而且还耳濡目染了父亲许多治学、为政的道理，这些为他以后的从政道路奠定了基础。

在邓传安科举路上，有两位大家对他的影响很大。一位是大文学家、内阁学士翁方纲。另一位是体仁阁大学士朱珪。

翁方纲（1733—1818），清代书法家、文学家、金石学家。乾隆十七年（1752）进士，北京人，官至内阁学士。他精鉴赏，经他考证题跋的著名碑帖颇多。他的书法与同时的刘墉、梁同书、王文治齐名。他能诗会文，论诗创"肌理说"，在诗歌领域有独到见解。翁方纲曾主持江西、湖北、江南、顺天乡试，又曾督学广东、江西、山东。邓传安成为翁方纲的门生就是在后者主持江西乡试的时候。

那时，翁方纲正在编撰《释文》一书，以帮助江西学子更好地迎接各级考试。邓传安参加完乡试后，得知这一消息，便约万载辛绍业、南城王聘珍、新城鲁肇光三位同年一同前去协助。翁方纲十分高兴，令"博采诸书以勘订之"。其间，邓传安他们与翁方纲朝夕相处，亲耳聆听许多教诲。在翁方纲的悉心辅导下，邓传安文学、书法等方面均有了很大的提升。

邓传安的另一位恩师是朱珪。朱珪，大兴人，清乾隆、嘉庆时名臣。嘉庆十三年（1808），朱珪出任江西乡试主考官。那时，邓传安丁忧在家，奉诏一道被聘为同考官。所谓同考官，就是在乡试、会试中协同主考官阅卷。在南昌阅卷期间，邓传安对朱珪有了深入的了解。

朱珪品性高傲，态度端正，清正廉洁，一尘不染。他虽然身居高位，

刻苦却如寒士，馈赠财物给人从不分别人的贵贱。

朱珪与江西新建裘曰修关系十分密切。裘曰修，乾隆年间工部尚书，著名的治水专家。一天，朱珪叫邓传安陪他前去裘府赴宴。酒后聊天时，朱珪忽然感叹说："穷啊，有什么办法呢？去年冬天，我把皇上所赐的貂皮大褂都给了当铺了。"

裘曰修知道他的廉政品行，笑着说："你啊，天生一副穷相，叫我说你什么好？这样吧，我刚刚领得一点伙食补助银两，你拿点去补补水。"说完，他叫仆人拿来银子一千两，摆在桌上。朱珪瞟了一眼桌上白花花的银子，二话不说，出门登车而去。

朱珪清德素修，为时人景仰。逝世的那天，卧处仅一床被褥，其别舍则残书数箧而已，见者莫不伤感。嘉庆帝亲自赐奠，刚到其门即放声哀哭，且赐以挽诗，有"半生惟独宿，一世不言钱"之句。朱珪，八岁便操觚为文，十九岁登进士，文体屈聱苍古，通晓吏治。纯皇帝（乾隆）深重其品，刘文正（刘统勋）复荐于朝。乾隆帝曾将朱珪与翁方纲、纪昀相比较，直言翁、纪为文士，而朱珪"不惟文好，品亦端方"。

邓传安从朱珪那里，学到了如何做一个好官、做一名清官。

邓传安后又历任武平、闽县知县。道光二年（1822），邓传安临危受命，赴台湾平乱。他行动果敢，除暴安良，用了不到一年的时间就平息了事态。

邓传安出生于名宦之家，从小耳濡目染父亲邓梦琴的治学精神和清廉的为官之道。他在闽北工作二十余载，以"廉明勤慎、有废必举"而著称；在台主政十年，关心教育，注重民生，为台海稳定、两岸和平与交流做出重要贡献。

邓传安是清代一位颇具影响力的台湾知府，是被道光皇帝称为"娴练吏治，熟悉地方情形""让朕海外无忧"的好官。

叶 宏

叶宏（1716—1760），字又芹，浮梁县人，乾隆十三年（1748）戊辰科梁国治榜进士。幼颖异，能文章，试诸生有声，乾隆甲子（1744）举于乡，戊辰（1748）登进士。初任户部主事，后升江南司员外郎，兼摄山东、陕西、贵州诸司务，旋转云南司正郎。叶宏英敏干练，钩稽校核，吏不能欺。时戡定金川西陲，事倍于昔，而支拨盈绌，咸中机宜。在职十余年，曹务综练，政绩卓然。叶宏于乾隆二十二年（1757），充会试同考；乾隆二十四年（1759），充山东副考官。他殚精竭虑，乾隆二十五年（1760），年四十有四，以疾卒于官，恩赐帑金，驰驿归葬。

叶廷裕

叶廷裕，字一泓，浮梁县北隅人，乾隆十九年（1754）甲戌科庄培因榜进士。他在籍候选时，振兴社学，倡浚莲塘，督率众工，葛衣青鞟，勤而忘倦。乾隆二十九年（1764），叶廷裕授广东乳源县令。乳源县穷山恶水，奸宄潜匿，民贫好讼。叶廷裕刚到任，时值大歉，来不及上报，便开仓预借以济，百姓才得以解困。他数鞫疑狱，省释无辜，戈获邻封及本邑逸犯多人。上宪异之，曰："不意忠信者，更明决也。"邑有税口查税，例用民船，裕构屋以居巡丁等，民船免累。修登云书院，捐俸延师，风化一变。乾隆三十年（1765），叶廷裕充同考官，后来因疾辞职，死于任上。死后行李萧然，儿子变卖家产前往广东，扶榇归里，人称叶廷裕"大清白吏"。

汪 泩

汪泩，字欲括，乾隆三年（1738）生，浮梁县桃墅人，乾隆四十三年（1778）戊戌科戴衢亨榜进士。少有异禀，读书一过成诵。稍长，为文洒洒千言，汪洋恣肆；性谨慎不苟。由乾隆乙酉（1765）拔贡生官定南训导，以身教士，文行交修。登进士后，乾隆五十二年（1787）选授广东合浦知县。修废坠，清狼田，斥奸宄，综密条贯，上官深器倚之。历任博罗、石城、新会等县知县，所到之处，政绩有声，被推荐调补顺德县（今佛山市顺德区）。顺德自古盗薮，时有巨盗百人，结聚在一起闹事。汪泩经过周密侦察，秘密上报，奉檄发兵役，将他们缉拿归案。擢授湖南宝庆府理徭同知，又先后权岳郡、郴州、澧州、靖州等处事，涉历烦剧，秩如裕如。学泛览群书，闳衍博贯，而尤邃于经义。著有《获经堂初稿》三十六卷、《祥刑经解》五卷、《周易衷翼集解》二十卷、《春秋比义集解》二十四卷。嘉庆十七年（1812）卒于官，年七十有四。

臧全泰

臧全泰（1782—1839），浮梁臧氏第三十世孙，原名道谦，字益儒，一字仲亨，号晨峰，嘉庆己卯年（1819）举人，道光癸未年（1823）拣选知县，道光乙未年（1835）选补抚州府金溪县儒学教谕，未任而卒。其平生正直，不染俄尘，和宗睦族，恕以待人，好学不倦，人称古风，辑修宗谱，敏勉克勤。

其生有六子，三子臧轼过继给其堂兄全恕。同治甲戌年（1874），因其三子臧轼（字小坡）为州同职衔加二级，父子二代同蒙恩宠赐龙章，均诰封奉直大夫（从五品文职散官）。臧全泰妻汪球弟（1783—1811），例赠七品孺人，诰封五品宜人；后妻汪成妹（1785—1853），例赠七品孺人，诰封五品宜人。诰命称臧全泰"善积于身，祥开厥后，教子著义方之训，传家裕堂构之遗"。臧全泰、臧全恕、臧轼，是浮梁唯一两代皆受诰封的臧氏名人。

臧全泰好学不倦，留有《臧湾八景诗》：

来脉蜿蜒

一脉盘基迥，峰峦面面通。
耸来骞雁翅，绝处逼蚕丛。
胎化阴阳里，回环隐见中。
飞檐朝挹爽，泉噭玉玲珑。

清潭水聚

澈底清如许，澄潭阅古今。
圆灵开匣镜，苍翠浸烟岑。
不灭濠梁乐，俄闻水调吟。
风回花叠舞，相赏涤尘襟。

石牛峰秀

磊落悬青嶂，征名得石牛。
千塍朝雨绿，一笛暮烟秋。
别有池阿胜，终无秣饲羞。
短歌凭扣角，明月挂前洲。

铁柱沃壤

入望青畴旷，犹传铁柱名。
津梁镌石古，禾黍锁烟清。
岁稳鱼占梦，风纯兕献觥。
征氓方数典，嘉乐奏平笙。

文笔点水

梦里生花日，标头夺锦年。
不因池作砚，谁识笔如椽。
秋干三危露，云题五色笺。
文章浮水面，脱颖几人传。

鲤池山环

一角池征鲤，登临意态豪。
河源逾积石，仙侣逐琴高。
翠笋峰千叠，蓝拖水半篙。
春风吹丙穴，为借武陵涛。

水口三关

水复山重处，盘纡一登斜。
构亭间附麓，种树杂生花。
牧笛催归犊，樵歌起暮鸦。
夕阳远眺望，指点白云家。

鼓山环护

见说山名鼓，无声却有形。
云烟凭缭绕，苔藓透濛溟。
涧落疑三叠，枹援笑寸莛。
环来原拥护，四面好山青。

江修为

江修为，谱名江兆为，浮梁县江村乡严台（古称严溪）人。

江氏家族自古以经营"两茶"（茶叶、茶油）为业。千百年来，江氏制茶技艺薪火相传，成为浮北知名的"制茶世家"。到江修为主持家政时期，江氏茶叶进入鼎盛时期。为扩大祖业，清嘉庆年间，江修为带领乡亲在严台祁峰山脉的塔里、许家等地开山辟土、垒石砌塝，选择碎石黑壤的山坳，种植优质楮叶之品种，栽下茶苗500余亩，并迁13户江氏族人到塔里居住，就近管理茶叶。江修为制茶技艺精湛，其"天祥茶号"所制的绿茶汤色明亮，兰香扑鼻，惟清惟馨，高贵典雅，在祁峰茶区、浮梁名声大噪，被钦赐为贡品。

在严溪《济阳江氏宗谱》中，录有邑庠生江廷佐为江修为绘像所题诗一首：

<blockquote>
公生志愿，大异凡流。
事承祖业，茶极鼎优。
建造祠宇，倡首名留。
钦赐天祥，荣利兼收。
教训子孙，勤俭是求。
公平处世，排难解忧。
贸易乡里，和气盈眸。
绘之以像，誉播千秋。
</blockquote>

汪宗潜

汪宗潜，乳名尚麟，字韶羽，号如洋，贡生。

汪宗潜年方二十，便开始行走于南昌、苏州、杭州等地，所到之处，生意无不兴隆。后来，他在武汉开设茶庄，并把生意做到了上海。英、俄、德、法等国的商人，无不把他的茶叶等货物视为珍宝。

道光二十二年（1842），《南京条约》签订以后，上海等五地立为通商口岸，上海于是成为外商贸易的重要之地。汪宗潜看准时机，将自制绿茶运抵上海销售。《天津条约》签订后，九江、汉口等地又成为新的通商口岸，汪宗潜又随时局变迁，根据市场所需，再次由制绿茶而改制红茶，运到九江、汉口进行销售。汪氏红茶一时夺得锦标，名扬中外，为汪宗潜博得"九江王"的美誉。

汪宗潜一生商海沉浮，专心经营茶叶生意，屡屡获得成功。他出售的茶叶，驰名中外。为此，时任两江总督的张之洞上报朝廷，赏赐汪宗潜戴蓝翎，授五品衔，后来又诰封奉政大夫。他被当时的知名人士称为"磻溪一代茶王"。

在他60岁时，浮梁县知县任玉琛赠"花甲长青"匾额，以表纪念。同进士出身、即用知县王廷鉴和儒学训导程兰为其作序：

公已值其大端而才干较乃父为宏远。行年二十，走豫章，游姑苏，所如无不得意。迨后业茶汉镇，服贾申江，英、俄、德、法列国洋商皆宝其货，为无上之珍。尤信其人，毫不苟取，一时得锦夺标，名扬中外。故能扩前人未竟之业，栋宇新而明经远，家声振矣！

汪孔杏

汪孔杏，乳名孔泰，字琇莹，号岐山，授明经，中书科中书，五品衔，汪宗潜之子。

汪孔杏少年之时，其性正直谨慎，中外称贤。他继承父业，经营茶叶生意，精于商战。汪孔杏一心以科举为业，但是多次赴考，都没能及第。于是，他的父亲对他说："浮梁盛产茶叶，从唐朝以来就广有声誉，我们生活在这里，实在是天然便利。从事茶叶贩运，可以广开财源，不也是很好的事情吗？何必要效仿书生故态，成名于科考呢？"汪宗潜又说："各行各业都可以出人头地呀！"在父亲的教诲下，汪孔杏于是立志弃儒从商，一生潜心务茶。

《汪氏宗谱》载："孔杏心存大志，引商于沪、宁、苏、杭、浔、汉之间，经商有道，名扬中外。迹前人之所未至，开后世贸易之驱。毕生货殖，屡屡获胜，在洋商中留下很高声誉，也为磻人做出典范。其贸易红火，腰缠万贯，为磻人之羡慕而效仿。诸多名流亦改儒从商，弃桑以茶，招股开号，贩茶市井。"

从此，父子二人潜心经营茶叶生意，经商有道，成为磻溪乃至浮梁红茶先驱，为磻溪中兴发挥了不可磨灭的作用。

当汪孔杏60岁与70岁生日时，有翰林院编修、顺天乡试同考官夏寅官、饶州府正堂齐兰和内阁中书王明德先后赠有"熙朝人瑞""年高有德""稀龄锡祐"等匾额。由此可见，汪孔杏影响之大。

汪冠儒

汪冠儒，乳名胜泰，字文升，号商谷，授修职郎。

汪冠儒年方二十，受到村中前辈务茶经商的耳濡目染，便弃农从商，但创业维艰，不尽如人意。清咸丰年间，帝国主义侵略者猖獗，蹂躏华夏大地。汪冠儒不避艰险，不畏强暴，历时三年，足迹遍及五省，出入枪林弹雨之中，却能够安然无恙。从同治到光绪年间，所幸天下平安，汪冠儒的时运渐渐亨通。《汪氏宗谱》载他"始嘉端木之风，继操西岩之业，运涉荆场"，生意兴隆，称誉乡里。当时，赐进士、钦加同知衔直隶祁州正堂程抟万及桃墅宗台赠有"一乡善士""红寿可宗"匾额。

金耀邦

金耀邦，字隆吉，号璧桥，英溪人，咸丰二年（1852）壬子科第九名举人。咸丰三年（1853），金耀邦响应清政府号召，与金步桂等一起倡办团练。咸丰七年丁巳（1857），太平天国军占领景德镇，浮梁杨县令惊慌失措。此时，金耀邦前去拜见杨县令，陈述进剿太平军的策略，与县令约好日子一同进剿。

而后，金耀邦回到家乡，积极准备，按约定的日期，率几百民团沿昌江而下，进攻景德镇的太平军。但是，杨县令却假借去徽州搬救兵，一去不回。于是，金耀邦孤军陷入重围，与长子家喜、监生金辉熊及金氏众子弟一起战死在小北门的莲荷塘。时为闰五月初十。

浮梁教谕黄佩实激于义愤，具文伸告于饶州府。江西巡抚耆龄接文即转奏清廷，清廷遂发布圣谕，给予金耀邦"祭葬世职"恩荣，"照七品官例，给发恤银一百两、全葬银一百两、一次致祭银六两，入祀阵亡地方府地昭忠祠，子孙荫袭，云恩罔替"。从此，金耀邦子孙世袭五品云骑都尉守备衔，领七品官俸禄。金耀邦次子于是改名为"世恩"，并建"御赐俸禄"门楼以示纪念。

汪东桢

汪东桢，乳名官泰，字玉材，号瑞昌，官名朝真，国学生，加同知衔，赏戴花翎，候选州同，奉旨诰封奉政大夫、司马。

同治初年，随着一系列条约的签订，清朝政府被迫开放通商口岸，中外商家蜂拥而至，磻溪红茶亦在此时成为浮梁出口的大宗商品。汪东桢常常与西洋商人往来交易，而对于自家茶叶，他更是讲究，揉摘焙制，精益求精，遂使香气浓郁的仙芽名扬海外，西洋商人尤其以为大奇。因汪东桢经商讲究诚信，故他的茶叶没有上市，洋商不复议定价格。他每年通过茶叶获得的收入最高，是他人的三倍，因此，获利也很多。他不仅是祁门、浮梁的制茶高手，而且被称为"中国之特色"。

汪东桢60岁和70岁生日时，有乡进士章甫、安徽督学吴某、翰林院江西学政盛某、广西布政使朱荣瑑、湖北按察使岑春蓂、江西候补道梁某和安徽翰林院许承尧等先后赠匾额"望重乡邦""矍铄堪钦""为善至乐""乐意从心""德高寿永""硕德遐龄"。汪东桢因经商成功，名震浮邑，誉满江南。

汪坤伦

汪坤伦，乳名德茂，字正斌，号可也，贡生。

汪坤伦，被人称为"商战人杰"。同治九年（1870），25岁的汪坤伦进入茶号帮工，勤于钻研茶务。据传青壮年之时，汪坤伦曾说过："人生斯世不能争名于朝廷，当亦争利于市。"于是他弃农从商，转而以本地特产之茶叶为经营之本，一心务茶，竭精焙制，制作出精品之茶叶。当时，在九江、汉口的洋商，争相采购汪坤伦焙制的茶叶。一时间，汪坤伦的名声远播，甚至有洋商为了得到他所研制的茶叶，以包租酒楼的方式与之见面。汪坤伦容貌朴实，言语诚恳，所制茶叶货真价实，洋商甚至为茶叶注册了商标，令其广为传播。这实在是商场中所寡见的。从此以后，汪坤伦生意兴隆，家产日增，人丁兴旺。

汪东林

汪东林，乳名天顺，字雨膏，号志高，国学生，例授儒林郎。

汪东林先生成年伊始，就弃儒从商，制作本地香茗，在苏杭一带经商，获利很多。清同治十三年（1874），汪东林改制绿甲为红丁，通过九江码头，直达汉口，与外商进行贸易。因此他的茶叶生意日渐兴隆，声名鹊起。他与人为善，光明磊落，威名远扬。其时，四品衔署理浮梁正堂王大人、乡进士权拔万、三品衔即补直隶州程大人和丁酉科举人拣选京县知县杨燮等赠有匾额"庆衍箕裘""硬德引言""松鹤遐龄"和"谥肃穆"等，汪东林可谓是誉满乡里。

汪东杞

　　汪东杞，乳名福盛，字达材，号巨臣，邑优庠生，加授贡元，候选儒学正堂，具有远见卓识。

　　汪东杞是汪东桢的胞弟，一生跟随兄长经营茶叶。在通商口岸大开之后，西学东渐之时，汪东杞就深知仅仅依靠文辞之学毫无裨益，转而极力研究商学。他与兄长商量说："如今中外互市，通商日益频繁，来华经营的外商，无不注意到我们的茶叶。我们村一向号称产茶名区，这是得天独厚的优势，不可以忽视。"汪东杞于是陈述自己的所见所闻，与兄长一起探讨制造仙芽红茶。不久，他所制造的仙芽红茶便驰名海外。汪东杞经商足迹遍及上海、武汉等地。他事业繁忙，每年都没有多少空闲日子。后来，他又对兄长说："我们的商品在与外商的商战中取胜，在一定程度上也阻止了外商向我国倾销他们的商品，也算为国家做了一点小小的贡献。"由此可见汪东杞抱负远大，并存有爱国之理念。

　　光绪十六年（1890），汪东杞运茶去上海，不幸在黄冈遭遇风浪落水而殁，年仅51岁，令人哀叹。有人致辞云："先生之逝良可哀，先生之名永不朽。所幸后继有人，长子飞鹏、次子抟鹏均有声于庠序，可谓能继先生之志，而家道益昌、商业亦盛。仙芽之茶岁愈更丰之。飞鹏逝世后，抟鹏手操商界，独树一帜，亦告慰先生矣。"

汪锡玦

汪锡玦，乳名胡福，字灿庭，号辅宸，贡生，钦赐五品衔，赏戴蓝翎，授儒林郎，州同知。享年92岁。

汪锡玦深知，唯有勤俭方能发家，于是依托本地山区特点，紧紧抓住本地的特产——茶叶，大力经营。他花费精力，不惜联络知己，广结好友，倡导设立茶号，并且终生守护。在茶叶的经营过程中，他利用口岸开放的便利，积极与外商沟通，进行正当贸易，前后长达数十年，即使其间多有失利，也不曾放弃，最终得以致富，家财万贯。

汪锡玦发家之后，从不挥霍，本性善良的他，极力回报家乡。他修道路、造桥梁、建寺庙、恤孤孀，同时还带头起造会馆、兴建育婴学堂、教化乡里后生。这种种善举，无不倾尽心血与财力。

汪锡玦为人坦诚，坚守诚信。光绪四年（1878），他因经营失策，导致资本亏折，但他谨守诚信之本，变卖家产，坚持不让他人财产蒙受损失，维护了良好的信誉，深得同行信任。

《汪氏宗谱》载："先生家政慈严，将课孙辈，建书房，隆师传，丰酒浆。四世同堂，门庭蔼瑞，兰桂流芳。惟先生德有如斯之盛，开九秩之荣庆，颂祷珠玑，字字香贵，授其德郎，家道荣昌。"

汪乙照

汪乙照，乳名汉光，字抟鹏，号晓帆，邑庠生。清光绪五年（1879）生，民国十七年（1928）病故于上海，年仅五十岁。民国初年，汪乙照曾任浮梁县财政课长、上海商会委员。

汪乙照乃大茶商汪东杞之子，自幼跟随父辈商海运筹、满腹茶经，足迹遍及上海、济南、香港等地。当他的父亲颐养天年的时候，他便跃入茶行商市，为仙芽重新正名，决意打出自己的品牌。

民国初，风华正茂的汪乙照，成为浮梁、祁门、建德（现东至）的茶商大老板，被冠名为磻溪第二代茶王。此时，汪乙照对父辈"仙芽""毛峰"品名，总觉不如意，欲另立品牌打入商界。他另辟蹊径，几番酝酿、论证，最终定为"祁红"。一时间，"祁红"成为浮梁茶市上一颗璀璨耀眼的新星。他始终坚守经商仁德、父辈诚信，故每年上海各大茶市、商铺，不见"祁红"不开秤，没有汪乙照防伪商标不验货，不见抟鹏印鉴不付款。当时，汪抟鹏的名字威震大江南北。

汪乙照的发迹源于他的父亲和伯父。他伯父是钦赐同知衔赏戴花翎，其父是清末贡生，兄弟二人拧成一股绳，研究商经。时值同治初年，口岸大开，外洋纷入，百业互通。浮梁除了陶瓷，就数茶叶出口为大宗。磻溪名茶——仙芽红茶，由于山高雾浓、土肥水美，加上焙制讲究，以枝圆、色艳、味醇、香浓、甘润而出名，小呷一口如同兰香四溢，叫人神清气爽，故而吸引了许多洋商。

1876年，西欧人为追求这一香茗，不远万里，漂洋过海，慕名寻觅，终于踏进了这个古老的中国山村，访到了磻溪的仙芽，以能购得磻溪的仙芽而深感荣幸。

汪乙照的伯父和父亲二人后来在上海设市，每年开春捷足先登，以货优、信诚，取得洋商的信赖。光绪二十二年（1896），一英国茶商在结账中，无意中多付给他们兄弟5000大洋的货款。兄弟年终核计，盈余有误。次年，另做价值5000大洋的仙芽送至上海付于那个洋商。洋人惊叹不已，此举进一步得到洋人的尊敬和仰慕。此后，他们"复隆昌"茶号的茶叶未到上海茶市，所有茶市商行不开市贸易，更不复议价。洋人看重其兄弟一言九鼎，争相与他们照相留念，并把他们的容貌传播到欧洲四国（英、俄、德、法）。兄弟俩顿时声誉大振，生意日隆，累年所获颇丰。

汪乙照同样潜心研究茶艺，常驻沪宁，往返港粤。1927年，共产党

筹备南昌起义，周恩来派专人到上海各商界募捐筹款。汪乙照深明大义，慷慨解囊，带头捐款数千大洋，对八一起义，对中国的革命做出了重大贡献。

朱季芳

朱季芳，字如川，浮梁县沧溪村人，"恒德昌"茶号第六代传人。"恒德昌"茶号创办于清代乾隆年间，光绪初年改制红茶后，该号十分重视工夫红茶的质量和产品信誉，严格按照工夫红茶制作标准和工序进行手工加工。而且，该号设立商标，公开质量标准，在国内外市场享有很高声誉。清末民初，"恒德昌"茶号年产工夫红茶1500箱，全部运抵上海，远销东南亚等地。"恒德昌"第六代掌门朱季芳在上海开设分号，生意兴隆，产品供不应求。清代末年，朱季芳因捐助军饷有功，受到当时在上海的李鸿章的接见，李鸿章曾亲笔为"恒德昌"茶号题写匾额，以资鼓励和表彰。

汪龙光

汪龙光（1860—1917），字伯式，号勉斋，浮梁西乡凰峰村人。光绪九年（1883），经科举考试升入京师国子监，并在朝中任教谕。光绪十九年（1893），汪龙光载誉返乡。光绪二十六年（1900），义和团运动兴起，八国联军攻入京城，东南沿海燃起战火，一片沸腾。清廷下旨令办团防到府县，汪龙光于是兼职为浮梁地区的统领管带。景德镇是历史名镇，位于浮梁的南乡，其时时局一片混乱，并殃及教堂及教民，乡里百姓也处于危难之中。汪龙光毅然倡办西乡团练，以保障浮梁县邑的安全畅通。

光绪二十八年（1902），受柯抚所聘，汪龙光担任饶州农工商矿事，次年（1903）以内阁中书入京供职。光绪三十二年（1906），应饶州太守张检之所聘，汪龙光任郡城中学讲席，次年（1907）接受李乡恒方伯所聘，担任南浔铁路购地处总办。

汪龙光无意仕宦，很想从事实业救国。正逢好友康特璋（康达）担任股东，被推为景德镇瓷业公司总理，筹集二十万银圆，坚请汪龙光回浮梁协助厂内事务。当时浮梁瓷业每况愈下，生产有停滞的现象，汪龙光也希望通过自己的不懈努力振兴瓷业。汪龙光到任之后，有条不紊地处理各项工作，惨淡经营着景德镇瓷业公司。

汪龙光先是规划与制定景德镇瓷业公司的经营方针，以复古求新来兴盛瓷业。公司设计出了造型宏大且精美精细的新品种，并聘请技艺师傅外出游学，使瓷业重现生机。

其后，汪龙光又调任省议会秘书。光绪三十四年（1908），湖北巡按使吕调元聘汪龙光为使署秘书。数月后，汪龙光因病归居景德镇，深居简出，同时还在家乡创建了"西河书院"。从此，汪龙光先生招收学生，坐堂讲学，为培养西河人才做出了巨大的贡献。其间，汪龙光还编纂县志，修辑《景德镇陶录》，并辑集平生所著诗文，编辑成书。

汪龙光于民国六年（1917）二月九日卒于景德镇寓所，享年五十八岁。

汪凤翙

汪凤翙，字仲孚，号历斋，浮西庐田都凰峰村人，汪龙光之弟，以博闻强识而名冠同辈。光绪二十三年（1897），科贡开考，汪凤翙参加考试，名列二等第五名，朝廷下旨以教职任用。汪凤翙于光绪二十六年（1900）二月选授乐安教谕；光绪二十八年（1902）至光绪三十年（1904），入主西河书院讲席；光绪三十一年（1905），调补萍乡县教谕。

汪凤翔在两度任教谕期间,"慨然以师道自任孜孜"。清廷变法,诏立学堂,汪凤翔在萍乡即以县属创办中学校。汪凤翔自己也因为"新旧沟通"而被举为监督,主持全校的各项规章制度的拟定,并兼任国文、历史、地理教习,深受全校师生的敬重。

汪兆鼎

汪兆鼎,字子铭,号铸九,浮西庐田都凰峰村人,汪龙光之长子,弱冠之时就"县学生有声",才华横溢。汪兆鼎于清朝政府"季考"选拔"英俊",资送出洋而留学日本。

光绪三十二年(1906),汪兆鼎入日本弘文学院学习。宣统元年(1909),由普通科毕业后考入日本的商科专门学校。在此期间,汪兆鼎虽然身居远洋,却心系祖国,深谙大变革中的世界之状况,深虑清朝专制体制下的"不图治"之病态,于是广结各地学子,以《信吴丛话》为渠道,宣传中华文化及进步思想。

在东京时,汪兆鼎以通俗易懂的白话文,组织编纂《江西》杂志。汪兆鼎的文章以"瑰玮雄异"著称,受到了众多读者的追捧。

宣统三年(1911),武昌起义,举国响应。在距汪兆鼎大学毕业仅数月时,孙中山先生入驻南京,"改国体为共和民国"。其父汪龙光亦以资政院议员南下九江。汪兆鼎与之同返浮梁故里,以江西军政府命任乐平县事。汪兆鼎就任后,积极开展工作,乐平俨然一个共和政府的雏形。

民国三年(1914),汪兆鼎著《新吾室寄生》《新吾室文钞》面世。

汪兆谦

汪兆谦，字子益，号虚圃，浮梁西乡庐田都凰峰村人，汪龙光之次子。光绪二十六年（1900）前后，甲午战败后，西方列强对华渗透侵略日益加重，对清廷的控制也日益加深。汪兆谦秉承父言，毅然放弃科举仕途，另谋"救世"之方。乡居的汪兆谦"耕于凰峰之野，日出而作，日落而息"，闲时与六七名农侣讲学，共商治国之道。汪兆谦此时创作二十首脍炙人口的《农歌》，其诗歌的意境与韵味，可与白居易的诗歌相媲美。汪兆谦与南渡居家的鄱阳人李文山结下了深厚的友谊，汪兆谦与李文山志趣相投，唱和酬答，成为轰动一时的艺林佳话。汪兆谦编辑出版有文卷若干。

汪兆谦且耕且读，"通经服古"，潜心研究"当世之务"。光绪二十六年（1900），义和团兴起，八国联军攻入北京，天下大乱。汪兆谦倡立"守望会"，积极响应。他打造枪支数百支，集合了五百"骁勇壮健"之士。汪兆谦还精于武术，善使双刀，"山蛇英光，刺目不敢逼视"。

义和团事件后，汪兆谦积极兴办学堂、架设桥梁、开拓道路、兴修水利，为民做实事。汪兆谦"磊落光明，慷慨好义"之举，远近称道，民风亦为之一变。

光绪三十四年（1908），汪兆谦病逝于景德镇侯家弄寓邸。他著有《虚圃诗文集》若干卷。

江资甫

江资甫（1857—1931），字智普，浮梁江村乡严台村人。江资甫少年之时即喜好农商之学，珠心算十分熟练。他13岁随父江流芳在沪学习经商，15岁那年在英租界玩耍，突患急性阑尾炎，幸得荷兰的詹森夫妇救治。病愈后，江资甫随父常去答谢，一来二去，两家结下了深厚的感情。詹森夫妇见其聪颖机灵，收其为义子。江资甫由此结交了一些洋茶商。

江资甫

光绪十三年（1887），其父江流芳病故，江资甫执掌天祥茶号。执掌茶号后，江资甫一方面扩大本号优质山茶的种植，增加自产优质茶产量；另一方面严把红毛茶收购关，提高精制红茶质量。在江资甫的打理下，天祥茶号在上海逐渐成名。每年运往上海销售的茶叶可达1400余担，其中自产400多担，收购茶农茶叶1000余担。

清朝末年，在一些洋茶商的支持下，江资甫与其他茶商共同发起成立上海茶叶协会，并出任常务会长，俗称"大东家"。

民国三年（1914），由于执掌天祥茶号，常年与茶叶打交道，留心总结制茶经验，江资甫著成《做茶要诀》一书。

同年，上海茶叶协会和茶叶界根据"中国筹备巴拿马赛会事务局"的要求，积极选茶参赛。为选好茶、体现公平，协会组织各茶号、茶行之茶叶进行严格的"斗茶"海选，以得分多少决定参赛资格。结果，江资甫天祥茶号所产"祁红"得分最高，被推荐参加巴拿马万国博览会。

1915年，天祥茶号不负众望，一举夺得巴拿马万国博览会金奖。

江资甫致富不忘家乡，回家过年，见人就散银锭。光绪十年（1884），他捐巨款在江村乡沽演村建立北斗书院，致力于发展地方教育和培育人才。同时，他看到江村乡中洲村村前木桥常被洪水冲塌，特地捐款打造一副长达十几丈的铁链条，把板桥和桥墩串联起来，避免桥板、桥墩被水冲走，方便了群众出行。他还出资建造和修缮许多道路和亭桥，其中泊川金沙滩的"登云桥"至今犹存。江资甫做了大量公益性事业，得到方圆几十里群众的赞扬。

第二章　浮梁名宦

刘仲昭

刘仲昭，河南省南阳人氏，生卒年月不详，后梁开平元年（907）以大理寺评事出任浮梁县县令。

后梁是五代十国时的第一个朝代，梁王朱全忠（朱温）即帝位，是为梁太祖。后梁的建立，标志着中国重新分裂，五代十国的混战从此开始。

刘仲昭在这样的国情下前来浮梁担任县令，其艰辛情况可想而知。

刘仲昭一到浮梁，就遇上当时驻扎在浮梁的陈旭叛乱。刘仲昭不顾自身安危，单人独骑前往陈旭大营晓之以大义，成功劝说陈旭归降。其任县令期间，战乱频繁，每逢域内出现军情之时，他都身先士卒，带头冲锋陷阵，率先垂范，并屡屡转危为安，屡建奇功，使浮梁的老百姓能够过上比较安定的生活，真正做到了"为官一任，造福一方"。因此，浮梁百姓曾在县城为刘仲昭立生祠，以纪念他的功德。

后来，刘仲昭次子刘丙从河南迁居到浮梁，发展成为刘姓望族。刘丙逝世后，葬于浮梁。浮梁县城建立"名宦祠"后，入"名宦者"奉祀的官员仅有27人，知县刘丙系唐代继金安、金淑彦、金淑迟父子后的第一人。

许彭年

许彭年，字屯田，生卒和籍贯不详，北宋嘉祐年间任浮梁县知县。

许彭年在浮梁担任知县期间，"居官慈重，爱民如子，安民抚众，政尚宽平，清慎廉洁，一尘不染"。时任吏部尚书的彭汝砺曾写诗称赞他道：

> 浮梁巧烧瓷，颜色比琼玖。
> 因官射利疾，众喜君独不（否）。
> 父老争叹息，此事古未有。

——《送许屯田诗》

彭汝砺诗中之意是，当时很多为官者凭借自己手中的权势牟取私利，尤其是浮梁景德镇所产的瓷器质地精美，更为官宦权贵所喜欢。唯独到浮梁当知县的许彭年洁身自好，不为所动，只身而来，全身而退，得到浮梁老百姓"自来做知县，不买瓷器者一人"的高度评价，成为浮梁一千多年来几百位知县中清正廉洁的典型代表而永载史册。

辛次膺

辛次膺，字起季，山东莱州掖县人，生年不详，卒于乾道六年（1170）。辛次膺晚慧，为学勤奋，日诵千言，擅长属文，尤工于诗，宋政和三年（1113）登进士第。

辛次膺于北宋靖康元年（1126）来浮梁县担任知县。那时，宋朝政治腐败，奸臣当道，劳民伤财，百姓怨声载道，终于官逼民反，直接导致了方腊和宋江起义。虽然起义军很快被镇压下去，但北宋政权也遭到了沉重打击。宣和七年（1125），金兵大举南侵，北宋主战派大臣李纲临危受命，联众拼死抗金，金兵被迫退兵。靖康元年（1126），金太宗再次派兵侵宋，兵分两路先克太原，继而攻陷宋都开封，于1127年掳走宋徽宗和宋钦宗二帝，北宋王朝至此覆灭。辛次膺在这种形势下出任浮梁知县，其艰难情况可想而知。

但是，辛次膺毕竟是一个饱读诗书、才华横溢、爱国爱民的官员，他到浮梁知县任上后，为政清正廉明、仁而有化、优在选贤、一身正气、两袖清风，重在德教和扭转风气，能够直言别人的过错，但在原则问题上却毫不退让，体现出其正直的性格特征。辛次膺还是一个礼士爱民的好官，对老百姓和蔼可亲，经常行走于百姓之间，了解他们的意愿，倾听他们的呼声，鼓励发展生产和安定地方秩序，深受士民敬重，被推崇为浮梁名宦。

辛次膺

辛次膺因在浮梁任上政绩卓著被调知婺州（今浙江金华），继而擢为朝廷右正言（也称司谏），掌道德教导，考察民间可堪大用的人才，并负责考核地方乡里政绩，凡朝廷阙失、大事廷诤、小事论奏等。在右正言的位子上，他每以名实为言，多有裨益，因此得到皇帝的器重。每次上朝论事，皇帝都直呼他的官职而不叫他的名字，这是很荣耀的事情。当时，汤思退等朋党奸罔，皆被弹劾罢官。每个奏章一出炉，每弹劾一位重臣，皆轰动社会各界。

绍兴年间，辛次膺再任右正言，力主抗金，曾前后七次上疏劝谏高宗接受宣和、靖康年间的教训，不与敌议和。

绍兴和议以后，辛次膺义愤填膺，上疏对以秦桧为代表的主和派为一己私利卖国求荣的丑恶行径进行了猛烈抨击，对高宗"降万乘之尊"求悦于敌而负天下之人的做法也提出了尖锐的批评。

当奸相秦桧利用职权为其妻兄加官时，位卑权微的辛次膺立即向高宗递交弹劾奏章，文中历数秦桧妻兄和亲家投靠金贼、占官田的卖国谋私行径，建议皇上予以严惩。高宗留下奏本准备查处，可等辛次膺离开后，秦桧追到高宗寝室，花言巧语说服高宗收回了成命。辛次膺听到后怒火中烧，立即上疏，尖锐指出这是秦桧的"容私营救"，而高宗却听之任之，致使"国之纪纲，臣之责任，一切废格"。他接着申明，就是皇亲国戚，皇上宠任不当也应论劾。他铁面无私地说："难道现在宰相的姻亲就不能治罪吗？希望皇上力戒蒙蔽之渐。"所以史称"渡江以后，直言之臣以次膺为首"。

但辛次膺终因势单力薄，为秦桧所害，被削职为民，流落乡里达20年。在落职期间，他仍"以礼自持"，即使世路崎岖、生活颠沛流离，也绝不屈服。

直到孝宗即位，辛次膺才被再次起用，担任御史中丞、同知枢密院事、参知政事，力主抗金不懈。后因身体有病，改授资政殿学士提举洞霄宫。

辛次膺十分同情战乱中老百姓的疾苦，曾多次上疏，请求皇上赈济抚慰欲外出谋生的中原老百姓，以定其心；停止征收不急用的赋税，精简多余的老弱残兵；召回逃亡农民并借给种子和耕牛，以开垦荒芜了的两淮沃土。辛次膺极有政治抱负，且能为民请命，很受百姓的拥戴。辛次膺于乾道六年（1170）卒，著有《属辞比事》5卷、奏疏10卷、笺表10卷传世。

辛次膺十分热爱浮梁的山水，在浮梁任职时就住在"溪东之南城最高山下"。后来，他担任南宋御史中丞、枢密院事和参知政事、资政殿学士提举洞霄宫等高级职务时，仍把浮梁当作第二故乡而时有往来，联系不断。他病故前，嘱其家人在他故后将他的灵柩运抵浮梁安葬。因此，浮梁人也把他看成是浮邑人而入祀"乡贤祠"。

吴　泳

吴泳，字叔永，生卒年不详，四川潼川（今三台县）人。嘉定元年（1209）进士，嘉定二年（1209）知浮梁县事。

吴泳在担任浮梁知县期间，爱民礼士，勤于政务，在荒年储备丰年的物资，眼光长远。后调任为军器少监，左迁太府寺丞、校书郎，升秘书丞兼权司封郎官，兼枢密院编修官，升著作郎，时暂兼权直舍人院。

他在应诏上书和皇帝轮对时说："愿陛下养心，以清明约己，以恭俭进德，以刚毅发强，毋以旨酒违善言，毋以嬖御嫉庄士，毋以靡曼之色伐天性。杜渐防微，澄源正本，使君身之所自立者先有其地。夫然后移所留之聪明以经世务，移所舍之精神以强国政，移所用之心力以恤罢民，移所当省之浮费以犒边上久戍之士，则不惟可以消弭灾变，攘除奸凶，殄灭寇贼，虽以是建久安长治之策可也。"

他在另一次和皇帝对话时又言："诵往哲之遗言，进谋国之上策，实不过曰内修政事而已。然所谓内修者，非但车马器械之谓也。衮职之阙，所当修也；官师之旷，所当修也；出令之所弗清，所当修也；本兵之地弗严，所当修也；直言敢谏之未得其职，所当修也；折冲御侮之弗堪其任，所当修也。陛下退修于其上，百官有司交修于其下，朝廷既正，人心既附，然后申警国人，精讨军实，合内修外攘为一事，神州赤县，皆在吾指顾中矣。"

在讨论京城火灾时，吴泳应诏上封曰："京城之灾，京城之所见也。四方有败，陛下亦得而见之乎？夫惨莫惨于兵也，而连年不戢，则甚于火矣。酷莫酷于吏也，而频岁横征，则猛于火矣。闽之民困于盗，浙之民困于水，蜀之民困于兵。横敛之原既不澄于上，包苴之根又不绝于下。譬彼坏木，疾用无枝，而内涸之形见矣。"

皇帝很欣赏他的观点，于是迁秘书少监兼权中书舍人，寻迁起居舍人兼权吏部侍郎,兼直学士院。

他上疏言:"世之识治体而忧时几者,以为天运将变矣,世道将降矣,国论将更矣,正人将引去而旧人将登用矣。执持初意,封植正论,兹非砥柱倾颓之时乎?若使廉通敏慧者专治财赋,淑慎晓畅者专御军旅,明清敬谨者专典刑狱,经术通明使道训典,文雅丽则使作训辞,秉节坚厉使备风宪,奉法循理使居牧守,刚直有守者不听其引去,恬退无竞者不听其里居,功名慷慨者不佚之以祠庭,言论闿爽者不置之于外服,随才器使,各尽其分,则短长小大,安有不适用者哉!"

吴泳又建议皇帝"谨政体、正道揆、厉臣节、综军务"四事,皇帝又任命他为刑部尚书兼修玉牒,以宝章阁直学士知宁国府,提举太平兴国宫,进宝章阁学士,差知温州。赴温州上任时,他听闻温州发生饥荒,便至处州(今浙江丽水),乞蠲租科降,救饿者四万八千有奇,放夏税十二万有奇、秋苗两万八千有奇,病者复与之药。皇帝了解他的作为后,赐吴泳衣带鞍马,改知泉州。吴泳后因直言而罢官,祀浮梁名宦。

吴泳知识渊博,才华横溢,著有《鹤林集》(见《四库总目》第四十卷)。其中在《水龙吟·寿李长孺》中写道:

清江社雨初晴,秋香吹彻高堂晓。天然带得,酒星风骨,诗囊才调。洒水春深,屏山月淡,吟鞭俱到。算一生绕遍,瑶阶玉树,如君样、人间少。

未放鹤归华表。伴仙翁、依然天杪。知他费几,雁边红粒,马边青草。待得清夷,彩衣花绶,哄堂一笑。且和平心事,等闲博个,千秋不老。

李际春

李际春,江苏武进人氏,生卒年不详。他进士及第后,于明代万历三年(1575)调任浮梁县知县,任期三年,于万历五年(1577)离开浮梁。

李际春是个严肃刚毅、廉洁勤谨的知县,他无私无畏,抑强扶弱,孜孜为民,把浮梁的工作当作家事来做,尽心尽责,从不敷衍塞责。

浮梁前任知县龚叔贲是湖北崇阳人氏,举人出身,隆庆年间知浮梁县事。其在位期间,和污吏串通一气,凡利必捡,大到贪污公粮、库钱,小到史官的几两儿钱,任何公款到了他的手上,必要盘剥一番,中饱私囊。为了捞取更多的钱财,他滥用刑罚,草菅人命,老百姓对其又怨又恨,联名向上级告发他的罪行,使他被削职回乡。龚叔贲任职期间,浮梁的贪官污吏横行霸道、贪贿成风,老百姓则苦不堪言。

李际春到任后,首先是整顿吏治,打击不法。他以身作则,正气凛然,在衙署门口写下"视听自民视听,饿寒由己饿寒"的榜联以表明自己的心迹。通过一段时间的努力,浮梁的社会风气得到了好转,老百姓能够安居乐业,全县经济得到恢复,老百姓将李际春视为青天。三年任满,李际春调离浮梁,赴湖北黄陂担任知县,离开之时,身无长物。家童无意中带走了衙署的一床竹帘,李际春发现后,立即归还。在湖北黄陂任上,他一如既往,与在浮梁任知县时一样廉洁。后自告还乡,家乡的老百姓非常敬佩他的清德,推举他为当地的领袖。

在浮梁,老百姓牢记李际春担任知县时的功德,推举他为名宦而享受千秋祭祀。

周起元[1]

周起元，字仲先，号绵贞，福建海澄（今福建省漳州市龙海区海澄镇）人，明朝万历二十八年（1600）考中举人第一名（即解元），万历二十九年（1601）高中进士，万历三十年（1602）以进士知浮梁县事。

周起元为人刚正无私、爱民如子。在浮梁任知县时，他不畏强权，廉洁奉公，威猛敏干，勤于政务，博学多才，得到四乡赞誉。其微薄的俸禄多捐于修缮学宫、购置学田。在处理烦琐的公事之余，他前后用了四年时间亲自编修《浮梁县志》。调离浮梁去南昌任知府时，他只有几件简单行李，其中大部分是书籍、手稿和几件换洗衣物，俨然一位贫儒寒士。

到南昌任职后，他仍然牵挂浮梁的发展。他节衣缩食，为浮梁县购买省会南昌章江门外的一块土地修建水次仓廒，解决浮梁运瓷运茶之船只在南昌的停靠和货物运输储藏等困难（后来改作浮梁在省会的乡试公寓）。由于为官清廉、勤政爱民、政绩卓著，周起元又由南昌知府升任湖广道御史。天启三年（1623），周起元累升右佥都御史巡抚苏松十府，成为封疆大吏。天启六年（1626），他死于魏忠贤"阉党之祸"。

周起元等人遇害次年，年仅23岁的天启帝驾崩。遗诏由五弟信王朱由检继位，是为崇祯帝。崇祯帝朱由检登基后，后宫、朝廷都发生了变化，他下令将魏忠贤处死。崇祯二年（1629），朱由检亲自敲定魏忠贤"逆党"案的人数和量型标准，史称"钦定逆案"。魏忠贤及其党羽262人，罪

---

[1]本篇内容见道光版《浮梁县志·人物卷》《中国全史·官吏史》及孔潮丽主编《江苏安徽巡抚》（农村读物出版社2004年版）。

分六等,尽皆伏法。崇祯帝追赠周起元为兵部右侍郎。

作为地方官,周起元仅仅是浮梁历史上有史可查的343位知县中的一位。作为明、清两朝的江苏巡抚,他也不过是212位封疆大吏中的一员。纵观周起元的一生,他真正做到了以下几个方面:

第一,克己省身。个人生活去行修洁,衣食住行自奉简约、固守清俭,乐于清贫,两袖清风,一尘不染。

第二,秉公执法。不以金钱论事,不畏强暴,刚正不阿,办事公道,平反冤狱,同官场上的恶势力做斗争。

第三,施政于民。能够积极采取惠民、利民的政策和措施,重视教育、兴修水利、节省开支、减少赋税、扶助农桑等等。

第四,身体力行。躬身实践儒家的"修身、齐家、治国、平天下"的思想原则,始终如一地忠实于统治集团。

因此,周起元刚正无私、疾恶如仇的品德,爱民如子、为民请愿的行为,大义凛然、视死如归的骨气,廉洁奉公、两袖清风的作风,令其成为中国古代封建社会清官廉吏的一个楷模。因此,浮梁人把周起元列为名宦、贤侯请进"名宦祠"和"贤侯祠",世世代代奉祀。

钱中选

钱中选,字玉虹,浙江省长兴县人,明代万历年间以进士知浮梁县事。

钱中选到浮梁上任后,特别注重社会风气的转化,提倡正气,抑制歪风邪气。明代万历年间,浮梁"巨奸窝赌"情况严重,既影响社会治安、败坏社会风气,又影响生产生活。许多家庭因参与赌博而弄得妻离子散、家破人亡。钱中选为此制定了"乡规民约",提出"凡赌博窃盗奸淫者,以木为矮门,竖其间,俾伛偻出以辱之",名曰"充警"。他制定了详细的方略，出动衙役，把所有的巨奸全部逮捕归案，严加审讯，令这些人尽毙杖下。有个别巨商闻风出逃，外出躲避，但不管躲于何处，钱中选都将他们一一抓获，绳之以法。

钱中选特别痛恶以婚相争的现象，认为夫妇是"人道之始"，如果"娶不以礼"就不能"责以妇道"。有关伦理之类的诉讼，他必定严格按法惩处，决不姑息。至于一般民讼小事，钱中选则反复委婉劝解疏导，尽量不用刑罚，或终日不杖一人，真正做到了因事量刑、执法公正，被百姓呼为"青天大老爷"。

钱中选在浮梁任知县三年，洁身自好，恩威并著，使社会风气根本上得到了好转。浮梁政通人和，他深受老百姓的敬慕而被选入贤侯祠，享受祭祀。

马鸣起

马鸣起，字伯龙，福建省龙溪县人，生卒年不详，明代万历年间以进士知浮梁县事。

马鸣起担任浮梁知县只有短短的九个月，但他凭着一身胆识才华以及对浮梁人民的责任精神，兴学重教，改革民俗，使浮梁的学习风气和地方风俗有了明显的好转。他廉洁爱民，重视农业和经济的发展，使浮梁人的生活得到安定和提高。九个月后，马鸣起调任江西新建县（今南昌市新建区）知县，老百姓得到消息后，纷纷赶来给他送行，把道路都堵得水泄不通，很多人难受得流下了眼泪。

马鸣起深爱着浮梁，他到新建县任职后，了解到浮梁在省会南昌的漕仓建在"三圣庙"的侧面，与赣江之间有一片民居阻隔，运输很不方便，于是他捐款为浮梁县买下仓库前面一片土地并建起了望江楼，楼前用石砌筑起岸坝和码头，方便了浮梁船只的停靠来往和货物运输。

马鸣起任浮梁知县时兴学重教，洁身自好，调离浮梁去新建任职后，

还能心系浮梁,主动出资为浮梁在南昌买地建岸坝、建码头,因而倍受浮梁士民的拥戴而入贤侯祠奉祀。马鸣起因为政绩卓著,后升任户部尚书。

王临元

王临元,字戒初,山东省聊城县(今聊城市)人,生卒年月不详,清代顺治辛丑科(1661)进士,康熙九年(1670)调任浮梁县知县。

王临元性格开朗,才思敏捷,刚正无私,对胥吏要求十分严格,难容胥吏贪赃枉法欺压乡民。在任期间,他组织修葺县衙,重建省城仓廒,百废俱举。康熙十二年(1673),他主持撰修《浮梁县志》,全部内容都要亲自审阅、校对和裁定,在几个月的时间内便完成了康熙版《浮梁县志》的编修,充分体现了他的干练和才华。

康熙十三年(1674),当地守备王宪反叛,叛军进攻县衙,捉住王临元,要他归顺。王临元毫不畏惧,大骂王宪食君之禄却行禽兽之事,祸国殃民。王宪恼羞成怒,于七月二十二日将知县王临元缢死。王临元殉难后,康熙皇帝非常赞赏王临元的气节和忠贞,下诏追赠他为江西按察使佥事,并举行隆重葬礼,下旨让其子进入国子监读书。

王临元的品德、气节和治理能力得到浮梁人的尊崇和敬佩,被推荐进入名宦祠享受祭祀。

王临元遇难后,后任县令张齐仲对王临元之壮举十分钦佩,曾亲拟《祭殉难知县王佥事文》以悼之:

维公生也有为,出也不偶。地居东鲁,早知教秉宗风,名捷南宫,其看花明上苑,方分符于江右,将极最于熙朝。撬枪动而斗野戈,横梓鼓鸣而衡星序乱。剑锋可齿,敢忘慷慨之心。鼎镬如饴,愿就从容之义。拼一死以鸣报,甘百折以无回。身随箕尾之归,气作山河之壮。荷香三里锦云堆,莫载扁舟。月照双溪桃源路,空闻长啸。虽捐躯靖难,臣工之职分宜然。乃表节许旌忠，朝野之公心不泯。仰承天宠，俯锡殊荣。牵辆榇而驰驿还乡。孔之仁，孟之义，于今无愧，引仙绋而邀思返旗。山之左，江之右，自此有光。虽理幽无异治明，莫谓身分。两世纵旧政，无能新古，尚其佑此一方。戋戋束帛，耿耿于忱，式鉴寅恭，神其来格。

沈嘉徵

沈嘉徵，字怀清，浙江省山阴人，生卒年不详，雍正年间由乐平知县调补浮梁知县。

他一到浮梁任上，见县治文庙倾圮，就立即带头捐俸倡修，重建大成殿及两庑大成门。原来，县城曾设有义学，后来由于失修也已倒塌，一派荒凉景象。前令张景苍见无学校，一时又没有资金可以重建，于是便借民居设馆，很多士子到学馆读书，解决了一时的困难。乾隆元年（1736），沈嘉徵捐献养廉银一百二十两，于县衙东首建屋三进，取名为"昌江书院"，又另捐俸聘请教师授课，一时间"人文蔚起"。沈嘉徵在《昌江书院》一诗中写道：

沈嘉徵

其一

德教欣看四海敷，党庠术序遍生徒。
曾闻十室有忠信，敢道山城学者无。

其二

昌水阳山毓地灵，草茅千古有穷经。
当年版筑求良弼，伫看图来梦里形。

沈嘉徵在诗中赞扬浮梁是个重视教育的地方，有过"十室九读书"的赞誉。浮梁的山水俊美毓秀，民间有很多真才实学者可供选拔，因此要学习古人"版筑求良弼"的精神，发现人才和重用人才，地方的事情方可办好。

乾隆四年（1739），县城北莲花塘山洪暴发，洪水冲决堤坝，对县城居民造成直接危害。沈嘉徵又捐俸培补，建堤筑坝，清除了水患，使县城居民的安全得到了保障。

沈嘉徵利用公事之余，组织编修了《浮梁县志》。他还多方筹集资金重建县城中的上谕亭、申明亭、先农坛、养济院、广济堂，既弘扬正气，又体恤贫民。经过他的苦心经营，浮梁一时间百废俱举，气象一新。他在浮梁任知县16年，真正做到了守清政勤、性尤恺悌。他经常深入农民、窑民之中，对他们的生产生活有深刻的了解。他在《劝农》一诗中写道：

> 田畯龂诗至喜赓，春风春雨兆丰盈。
> 歌传五绔惭予政，麦望双歧赖尔耕。
> 灵鸟知时催布谷，蜗牛勤力出新晴。
> 古今治本农为首，莫辍余闲听柳莺。

在诗中，他对治本以农为首，丰收在于耕耘和莫误农时等做了精辟的总结，对当时粮食丰收充满了喜悦。他还在《祈雨》一诗中写道：

> 生意仰天泽，闾阎待命赊。
> 风云千嶂雨，饱暖万人家。
> 政失官应谴，民蚩罪漫加。
> 西江堪决水，早沛及桑麻。

字里行间，总结了过去农业丰收靠的是风调雨顺，只有天公作美，才能丰衣足食。一个地方政治不清明，官员应该受到谴责，但有些无知的百姓也会漫加罪名。但愿求来西江之水，早早地解除干旱，让农民有个好收成。这首《祈雨》诗，真正体现了沈嘉徵爱民如子的一片诚心。

作为一名知县，沈嘉徵在审理案件时也是亲力亲为，极负责任的。他在《六月下乡相验归途口占》一诗中写道：

> 事惨关民命，长途冒暑来。
> 生人心已碎，死者目犹开。
> 曲直难容隐，存亡尽可哀。
> 政刑惭化导，冰雪凛寒灰。

他任职期间，浮梁乡下出了一宗命案，他不辞长途辛劳，冒着暑热，亲自去乡下了解案情，查验尸身。因为这是有关人命的大事，岂可马虎敷衍！当他到达现场，看到死者双眼未闭，而死者的亲属个个泪流满面、人人肝肠寸断时，更感到自己身上责任之重大，一定要秉公论断，将案情弄个水落石出，令真相大白，将杀人者绳之以法，给死者家属一个交代，让社会安定祥和、百姓安居乐业。

雍正六年（1728），沈嘉徵又捐俸修葺城墙，并规定从今往后如有坍塌，由知县捐廉修理。城墙修缮竣工时，沈嘉徵曾在《邑城颓圮竭力捐葺工竣口占》一诗中写道：

> 保障护山城，年深渐圮倾。
> 藩垣心在固，守望势难轻。

浮梁县城墙于元代至正十九年（1359）修筑以后，于明代永乐年间砌以砖石。此后，城墙曾经过嘉靖十九年（1539）、嘉靖三十七年（1558）、万历三十年（1602）、顺治五年（1648）、康熙三年（1664）五次修缮，到沈嘉徵这次，已是第七次修葺。城垣是县城安全的保障，它的修缮不仅仅是军事防御的需要，也是稳固人心的需要。修缮好了城垣，也就稳定了人心。

沈嘉徵也是个廉洁而有思想的官员，他捐廉办养济院、广济堂以扶贫助弱，办书院以培养人才，而他自己在景德镇御窑厂西侧的行馆却十分简陋，而且年久失修。下属多次请他改建，他都以不能滥用民力为由拒绝，并作诗自勉：

第二章 浮梁名宦

行馆何须大，心期四境宽。
汝嫌容膝小，我凛履冰寒。
屋漏遮高树，垣颓补远峦。
门无旋马地，未必玷朝官。

敬畏之心，诙谐之情，无与伦比。他在浮梁任上的许多吟咏诗作，不仅风雅，尽展其才，而且于文中可见他的性情和人格。他在《窑民行》一诗中写道：

景镇产佳瓷，产器不产手。
工匠来八方，器成天下走。
陶业活多人，业不与时偶。
富户利生财，穷工身糊口。
食指万家烟，中外贾客薮。
坯房蚁垤多，陶火烛牛斗。
都会罕比雄，浮邑抵一拇。
承乏莅岩疆，才庸惕蚊负。
百务拙补勤，民困引余咎。
区区恫瘝心，暇时历田亩。
马鞍东南山，荒冢叠培塿。
瞥见草中人，偃卧如中酒。
尘淹百结衣，风飏蓬飞首。
形骸半已僵，面目黎以垢。
头上翔饥乌，脚跟蹲黄狗。
吊客集青蝇，馋吻各赳赳。
呼伴扪其胸，残魂丝一缕。
关启润茶汤，目眙渐运肘。
问伊致此由，泪枯气咽吼。
嗫嚅约略言，身业陶工久。
佣工依主人，窑户都昌叟。

心向主人倾，力不辞抖擞。
粝食充枯肠，不敢问斋韭。
工贱乏赢资，异乡无亲友。
服役二十年，病老逢阳九。
饘粥生谁供，死况思樏槄。
弃我青山阳，青磷照我傍。
死生不自觉，显晦竟微茫。
狼狈于此极，速愿归冥乡。
我已安命数，君无代徬徨。
我闻泪沾臆，四顾惨以伤。
天乎好生德，人心奚云亡。
邑令虽末吏，舍我其谁当。
与其埋骴骼，何如拯膏肓。
此情堪上达，仁宪皆龚黄。
不顾余清俸，解此孤贫殃。
心长忘力短，聊为仁者倡。
养济斯人始，建院及四方。

  这首诗通篇对景德镇窑工的生活和疾苦充满了同情和自咎。"百务拙补勤，民困引余咎""不顾余清俸，解此孤贫殃"。这样的知县，在封建社会中实属难能可贵，就是当今，也还是值得借鉴和学习的榜样。沈嘉徵在《劝息讼》中也写下"蒲鞭难掩辱，末吏亦须警"的诗句，既体现了其廉洁奉公的品德和爱护百姓的情操，也反映了他对衙门中其他官吏的约束和严格要求。

  沈嘉徵因政策卓著，后升任象州牧①，在浮梁，则被推崇入贤侯祠。

---

①今广西壮族自治区中部,其境相当今广西象州、武宣等县地。

萧奇勋

萧奇勋，字懋建，福建莆田人，进士出身，生卒年不详，明代嘉靖年间任浮梁知县。

萧奇勋"廉明无私，吏不敢欺"，积累了一套治理匪盗的办法。他到浮梁任职时，当时有一些狡猾的强盗与吏员和一些市人相互勾结，官盗一家，狼狈为奸，官府曾经有很长一段时间对他们一点办法也没有。萧奇勋到任后，深入了解社情民意，很快掌握了全部情况。萧奇勋刚毅正直、廉明无私、不畏豪强，他果敢出击，有的放矢，很快就把这些歹徒一网打尽，营造了一个安定的社会环境，得到了老百姓的衷心拥护和爱戴。

萧奇勋非常注重对人才的培养，县志载他"每言为政，以人才为先"。他在位时主持修缮学校，注重培养生员，经常捐俸周济贫困的生员完成学业，帮助有困难的生员成家立业，鼓励他们参加府试、院试、乡试、会试和殿试，对赴试有困难的生员给予盘缠资助。浮梁一时间读书风气兴起，人才层出不穷。

嘉靖二十七年（1548），县城的城墙由于年久失修，很多地方出现坍塌。萧奇勋带头捐俸并多方筹措费用将城墙修复好，没有增加老百姓的负担。在这次修缮中，萧奇勋考虑到人们生产和生活的方便，刻意增设了小东门和小南门。他又根据训导霍文玉的建议，另增设了新南门箭楼以为学宫文笔。霍文玉曾为捐地修新南门撰写了碑记。记曰：

隆庆辛未六月初建泮桥，乃宪曹峒峰旧宅，而雁塔又在其山房之后。明年三月谋穴城墙而门之，以罄若人文之丽。其地外有江楼，内有精舍，又当峒峰冢嗣守亮之业。元初费忍废成业，将移置他所，守亮谓：斯盛举何靳此咫尺地！遂捐所有以成美功。阅月而功乃就绪，构层楼于上，凡儒林诸景，一登楼而手览袖拾之。匾曰"文明"其有谓哉！夫沣浮之文明聚焉，乃其胜概，惟曹氏实成之，一时所遭，固若偶然。而曹氏世德之昌，地脉钟毓之会，似有神以司其柄。谓之偶然，亦不可携之壁间，供他日读《桥门文峰记》者，其有考于斯，而曹氏他日云仍簪绂之盛，亦知有所本云。

从霍文玉所撰碑记中可以看出，新南门（即文明门）及箭楼修成后，与学宫在一条中轴线上，登上城墙，儒林诸景尽收眼底，成为县治景观之一。新南门之设，体现了萧奇勋对教育和人才培养的高度重视。

萧奇勋在任上还采取"均力役"的办法减轻老百姓的不合理负担，改革废除了一些陈规陋习，推动社会风气向进步的方向转化。萧奇勋"善政甚多"，浮梁百姓因而常记于怀而祀之于"贤侯祠"和"名宦祠"。

娄维嵩

娄维嵩，字中立，河北真定人，生卒年不详，进士出身，顺治七年（1650）任浮梁知县。

当时清朝刚刚建立，兵燹之后，"民流离凋瘵，困于征徭"。娄维嵩上任后，立即出榜安民，设法召回逃离户口万余丁，开垦荒田两千多顷，解决了老百姓的生活问题。但接踵而来的是土寇于光、吴保等滋事侵扰，抢家劫舍，使老百姓重陷水深火热之中。娄知县"远明侦探，密授方略"，不动一兵一卒，便平息了这次动乱。

当时，朝廷在粤地用兵，发江西民夫开道，调拨江西的粮食供应部队，并要求浮梁出民夫150名。娄维嵩又上书请减："邑乍离汤火，民不满万，役一人而十甲受累，是将靡有孑遗也。"他尽力免除浮梁民役，抚台接受了他的请求，省减了浮梁"漕粮万余石"，到年底，只虚报了这个上解粮数。这一年粮食收成不好，米价上涨，商人和官吏串通一气，横征暴敛，使浮梁百姓"破家者比比皆是"，受到很大的伤害。娄知县提出

改革方案，捐资建仓，实行官征官解，既方便了老百姓，又抑制了商人的不法行为。此外，娄维嵩在任期间兴学育人，培养士气，把自己的精力用到对人才的培养上，老百姓视他为"父母官"，而入贤侯祠奉祀。

萧蕴枢

萧蕴枢，字特力，湖北孝感人，生卒年不详，举人出身，康熙元年（1662）知浮梁县事。

当时，浮梁知县经常变动，政令松弛，朝令夕改。萧蕴枢精明强干，到任后大有所为。他组织人力、财力修建公馆，又于康熙四年（1665）倡修城墙，增高城墙四尺，设垛口667个，却不增加老百姓丝毫负担，志载"民不知役"。他奉令"复丈田土，清除虚粮，编定赋役"，井然有序。他对上级撤建营房必须征地若干决议持反对意见，敢于直陈自己的建议，坚决反对侵犯老百姓的利益。因此，浮梁的老百姓把他比作明代良宦汪宗伊，以其才华横溢、清廉刚直而入贤侯祠奉祀。

张齐仲

张齐仲，字砥辑，山西阳城人，生卒年不详，康熙丁未（1667）进士，康熙十五年（1676）知浮梁县事。

张齐仲知浮梁时，正值康熙皇帝削三藩之际，浮梁处在阻隔耿精忠、尚可喜两位藩王叛军的要冲之地，形势十分严峻。张齐仲亲往省城调来大兵，有效阻止了叛军的进攻。

平定叛军后，他立即着手招抚流亡在外的群众，"给发牛种，安集窑业"，使老百姓很快安定下来从事农业和瓷业生产。

第二年，张齐仲又以"丁缺田荒"实情上报，被批准从康熙十六年至二十年（1677—1681）内，按常规赋税额的40%征收，大大减轻了老百姓的负担。这些措施，既促进了当时浮梁经济的复苏，又促进了浮梁人口的增长。后来，浮梁发生旱情，张齐仲如实上报，"请赈请蠲"，使老百姓能顺利渡过难关。同时，张齐仲努力劝导农民开垦农田、荒山、荒地，扩大粮食的种植面积，解决老百姓的温饱问题。他还非常重视教育和人才的培养，修葺城垣，禁赌禁丐，禁瓷器之书年号及圣贤字迹，促进了当时社会经济的发展和风气的转化，赢得了浮梁人民的尊敬，而入贤侯祠奉祀。

黄绳先

黄绳先，字正木，号墨航，浙江鄞县（今宁波市鄞州区）人，生卒年不详，清代乾隆年间以进士知浮梁县事。

黄绳先刚直廉洁，光明正大。他"杜绝苞苴，不畏强御，纤毫不爽，民称神明"。浮梁昌江书院虽由前令沈嘉徵所建，但办学经费拮据。黄绳先了解到文昌庵侵占前义学田地山场，立即判处全部归公，然后划拨给昌江书院作为办学经费。当接到城乡社仓铨报社长胥吏缘为奸的举报后，他迅即痛革混报之弊，严惩那些内外勾结、营私舞弊的社长胥吏，而于百姓则秋毫无犯。他又派遣家丁出境购买粮食，补满仓储。他这些做法在数十年内尚属首创。尤其是他严厉处置贼盗讼棍、强丐流匪，使浮梁境内"百里安堵"。上司又不时委托黄绳先办理邻里案件，他到哪里，哪里的群众便欢声雷动，疑冤之事便很快在他的审理下得到昭雪。黄绳先也"终岁略无暇日"。他"自奉俭约，蔬菇皆自备，一毫不取于人"。后因积劳成疾，辞官还乡。志载"浮民如失慈母，去时行李萧然，泣送至河干者百里不断"。有人竟送至其家浙江鄞县四明，见其原籍破屋数椽而已，无不叹服和赞佩。黄绳先入祀贤侯祠。

黄　泌

黄泌，字景鄞，代州（今山西代县）人，生卒年月不详，乾隆三十六年（1771）由进士任浮梁知县。

他到浮梁任上后，志载"以儒术饰吏治，折狱一衷于理"，但他"性格刚直激烈，或偶涉偏断，知之旋即改悔，绝无回护。心主慈爱，未尝辄用严刑。操尤清介，收纳钱粮，不益正额，又捐俸垫解牛税，永不累民，查缴禁书，绝无烦扰。数年以来，民阴受其福者不一而足"。

县治北关外莲荷池，合邑文脉所关，年久淤塞，黄泌捐廉四十两请人疏浚，当地的老百姓也踊跃参与，很快竣工。他又在莲花塘上建"聚奎桥"以通往来，同时于西岸建绍文书院，"又以学宫文峰倾卸，鼎移震、巽二方文塔，改建魁星阁，挑浚泮池等项工费不亿而成。百姓拥戴，迄今弦诵不辍。科甲蝉联，实泌之力也"。黄泌主政浮梁期间，百姓安居乐业，社会安定祥和。他在浮梁七载，士民相习，蔼如家人父子。黄泌后擢吴城同知，去之日，送行的群众有数千人之多，都称颂他可比肩黄绳先。去后，士民仍经常思慕黄泌，奉祀于贤侯祠。

刘　丙

刘丙，号克齐，安徽广德人，生卒年月不详，嘉庆壬戌（1802）进士，为唐代浮梁县令刘仲昭长房二十四代孙。刘丙于嘉庆十六年（1811）由上高调任浮梁县，前后在浮梁担任知县十年，是继唐代知县金安、明代知县赵应、清代知县沈嘉徵之后，百姓请求留任时间最长又很有政绩的知县之一。

刘丙"廉明仁恕"。他一到浮梁任上，立即找地方百姓和有关人士，了解群众疾苦和地方急需办理的事务。

刘丙非常重视和关心浮梁教育，上任不久便着手修整上谕亭和文庙。当了解到"学宫祭器残缺、典籍甚少"的情况后，他便在郡城增建广试院，创办育婴堂，庙宇载祀典者都加以整修。他特别爱才劝学，捐出数百两廉银帮助书院"育火课艺"，还亲自为参加府试和乡试的生员送行，送给每一个生员一定的盘缠，而且每天都要到"魁星阁"行香燃灯，祝福祷告，直至揭榜为止。由于刘丙重视教育，因此当时浮梁科名相继，贤才辈出。嘉庆十八年至道光二年（1813—1822）十年间，共有11人考中举人，其中道光元年（1821）辛巳科，浮梁生员吴廷珪高中解元，为该科乡试第一名。

刘丙还注重农业生产，奖励在农业耕作中做出了成绩的农民。如果遇到大旱，他和农夫一起跋山涉水，徒步往返数十里到龙池求雨，和求雨的百姓一起"齐宿坛下"。

在行政方面，他刚柔并济，运用自如，充分显示了出色的工作能力。当时景德镇治安比较混乱，歹徒横行，肆虐一方，刘丙往往微服稽查，深入实地掌握实情，然后快刀斩乱麻，果断做出处置，很快使歹徒在街市上销声匿迹。

他还倡导修渠排水，建水星阁，使县城水患减少了许多。他"莅任十年，治益洽"。

刘丙后升任虔化州（今江西宁都）牧，临行送行者"塞道攀辕，如失慈母"。为了纪念刘丙的功绩，浮梁人把他的名字列入贤侯祠和绍文书院奉祀。

杨文灏

杨文灏，号竹亭，生卒年月不详，直隶万全人氏，乾隆二十年（1755）由乡贡知浮梁县。

杨文灏精明强干、执法如山，使手下官吏奉公守法，行事不敢欺瞒。他对待老百姓则以慈爱为本，遇有百姓的案件，立即进行审理，决不迟疑。因此，老百姓对其十分敬服。杨文灏在每年收取赋税时，严格按照规定办事，不多收百姓一分一毫，出纳财务清清楚楚。他自己公开向老百姓承诺"百弊不作"，廉洁奉公。当时，浮梁在省城南昌的漕仓因移兑饶州府改为"多士试馆"，杨文灏倡导并带头捐款修缮扩建，使其面貌焕然一新，为浮梁赴乡试的生员食宿提供了方便。

杨文灏在浮梁主政期间，"不繁不扰，有守有为"，得到了老百姓的尊崇而奉祀于贤侯祠。

何 浩

何浩，字改夫，生卒年月不详，浙江会稽人，乾隆五十一年（1786）知浮梁县。

何浩在浮梁任职期间，把老百姓的事情看成是自己的家事而重视关心。他严格实行"保甲法"，加强县域内的社会治安管理，责罚一视同仁，下乡巡行时遇到纠纷案件则当场处理，不留尾巴。所立之法简洁易行，周到细微。因而他在浮梁任职期间，县内无盗无贼。

何浩勤于政事，处理公事之余，即一人一骑四处循行，经常沿着田间小路，出入阡陌，深入民间，了解民情，奖勤罚惰，与田夫野老促膝交谈，亲如家人。他亲自指点种植管理之宜，参与劳作，使农村惰于农耕者都不敢再偷懒嬉戏，勤于农耕之风气不断升华。当时，浮梁的水利设施很差，很多农田往往因缺水而歉收。何浩亲自下乡考察地势，劝说农民在脊田里多开陂塘以蓄聚水源，并使共同享受水利资源者分摊其赋税。他接着又沿着泉源，动员农民疏通渠道，使大旺之泉归于一路，再于开阔之处整池建塘蓄水以资灌溉，确保粮食丰收。何浩还动员农民于空闲隙地植桑养蚕，种植松杉大竹。他亲自制定"重农四则"，使全县农民在农业耕作中有章可以遵循，有经验可以借鉴。为了端正社会风气，何浩还制作"忠孝勤俭文"四则，谕令各都里老分教其乡。绍文书院当时膳货不给，何浩自捐白银六百两以资膏火。

乾隆五十六年（1791），何浩又捐俸和筹措资金重修县学（即文庙），使堂构垣墉焕然一新。他还筹资捐俸新建上谕亭与考棚等等，在任五年，实现了百废俱举。

后来，江西分巡道海绍提出要在浮梁景德镇设关榷税，何浩认为不宜增加景德镇的税收负担而与海绍相争，结果是税关没有设立起来，百姓获益。但何浩却因为此事得罪了海绍，海绍后来找了个其他理由把何浩调出了浮梁县。何浩离职之日，老百姓泣送数十里不绝。

陈　　安

陈安，别号仲亭，又号拙翁，浙江绍兴人，生于清同治七年（1868），卒于民国十九年（1930），民国三年（1914）任浮梁县知事。

他12岁就能篆刻、绘画、书写，以才学优秀闻名。陈安曾任江西提法使、江宁知县、上海警察总局发审员，后辞职到江西。他与当时江西省省长戚扬是同乡，戚早知陈安才能，便调陈安主政浮梁。当时浮梁是望县，县有因瓷器而驰名天下的景德镇，人口众多，各地杂处，其中有狡猾不法之徒，结伙扰乱社会治安。陈安到任初期，根据地理民情，采取一些施政措施。他于民国四年（1915）报请省长公署批准，并于民国

五年（1916）将浮梁县政府迁至景德镇。

民国五年（1916）春节刚过，知事陈安就要将县城从旧城迁到景德镇。消息一传出，舆论一片哗然。许多人表示难以理解、难以接受，认为这样一个有着一千多年历史的古城，环境优美，功能齐全，为什么放着不用，硬要挤进一个熙熙攘攘、拥挤不堪的市镇去办公呢？

陈安是一个果敢的人，经请示省政府同意后，他力排众议，说迁就迁。他选择了城区东北角的莲花塘作为县署驻地。由于浮梁县治所迁往景德镇，景德镇便取代浮梁旧城成为浮梁县的政治文化中心，改变了政治中心僻处旧城、经济中心位于景德镇的格局，为景德镇瓷业发展奠定了基础。

他还将原东山寺一带（即现在的莲花塘）辟为风景区。以前这里是人迹罕至的地方，有一大水塘。他组织疏通下水道，排除多余积水，并修筑环塘道路，在塘中种荷，路旁植柳，修桥筑坝，并适当布置了一些建筑，将此塘取名为佛印湖，并立有一米多高刻有"佛印湖"的石碑，公园则命名为"新邑公园"。从此，这个地方就成为景德镇的风景名胜区。

而在政事中，他采取严厉措施平抑匪患，保障百姓生命财产的安全，禁止聚众赌博和打架闹事，以保障生产的正常进行。如此等等，都在浮梁百姓心中留下了深刻的印象。

陈知事的另一大功绩，就是为景德镇陶瓷文化做出了突出贡献。他组织成立瓷业美术研究社并出任副社长，把王琦、王大凡、汪野亭、邓碧珊、刘雨岑、程意亭等在陶瓷界颇有名声的艺术家组织起来，经常切磋技艺，从而促成了后来"珠山八友"的诞生。

晚清以后，中国封建社会呈现出衰败的景象，瓷业生产也处于滑坡状态。在近代景瓷生产不景气的困境中，清末民初的景德镇陶瓷美术却出现了"一树新花"，那就是世人所谓的"珠山八友"。

人们为纪念治景颇有建树的陈安，在塘边建起了陈公亭。

第三章 名人与浮梁

赵 慨

赵慨，字叔朋，又名万硕，晋代人，生卒年不详。据传他生于西晋番县东部（今浮梁县域）。

东晋时，他官居五品，先后在现在的福建、浙江、江西等地为官。他因生性刚直不阿、疾恶如仇，为奸佞所不容，遂退隐于家乡。他熟知越窑青瓷的烧造技术，便把这些技术与当地的制瓷技术结合起来，为古代浮梁瓷业的发展做出了贡献。当地瓷业工人对他十分景仰，以师事之。后世瓷工更把他神化，建庙供奉，尊为师主。

据明代詹珊的《师主庙碑记》载，明仁宗洪熙元年（1425），少监张善到景治陶，始在御器厂内修建师主庙。成化年间，太监邓康在景德镇，为便于镇民祈祀，便把师主庙迁到御器厂东门之外，以后又多次修葺。自明代以来，庙中香火不断，每当陶瓷行业举行重大活动时，都要供奉师主神位。

严子陵

严子陵本姓庄,名严光,又名遵,字子陵,东汉会稽余姚人,妻子梅氏,因避帝讳改姓严。严子陵从小就已出名,少年游学南阳,和刘秀偶然相识,两人一见如故。刘秀赏识严子陵聪颖好学,知识渊博。严子陵佩服刘秀英武非凡,胆略过人。两人惺惺相惜,形影不离,学则同桌,宿则同床,亲密无间,情深谊厚。后来严子陵与刘秀游学长安。严子陵遍访名流,寻找治国济民方略。刘秀则参加了绿林起义军,决心推翻王莽政权。从此,两人走上了不同的治国道路。

刘秀后来登基做了皇帝,回忆起少年时期的往事,想起严子陵,便多次征召其为谏议大臣。严子陵婉拒之并隐居富春江一带,终老林泉。严子陵也因此被时人及后世传颂为不慕权贵的榜样。

据传说,严子陵与浮梁江村严台有过一段渊源。那是建武十七年(41),光武帝刘秀再一次派人征召严子陵进宫,严子陵再一次拒绝了。他感觉富春山不可久留,打算重新找一个地方隐居起来。

富春江的上游是新安江。新安江发源于今安徽省休宁县和祁门县。而这两个县又是鄱阳湖流域四大河流之一的昌江的源头。因此,富春江水系很早就是杭州、上海通向浙江内陆、福建北部、安徽南部和江西东北部的重要水道。

严子陵牵着一匹瘦马,携妻将子,恋恋不舍地离开了寓居十余年的富春山,离开了他相守的钓台。他们沿着江边古道而上,送医寻药,且行且驻,约莫半载,经建德,由新安江到休宁,再来到了祁门。严子陵在村头昌江边租住下一幢农家小院,打算在这里暂住些时日。

这里有个小峡谷,两岸岩石耸峙,层峦叠嶂,山水相映,景色秀丽。

据说，一天严子陵垂钓时偶遇隐士梅福，从此两人成为同道好友，终日谈经论道。在梅福的引荐下，严子陵顺着昌江而下，来到浮梁，最后在严台落下脚来，过着行医、耕钓的隐居生活。在严台，严子陵经常回忆起在桐庐富春山时的生活，因此，他在村外溪上建桥时，便取名富春桥，给对面的山取名富春山。后人干脆将小溪命名为严溪，将村名改为严台。在这里，严子陵夫妻二人相敬如宾，儿孙满堂，活到八十岁，无疾而终。

白居易

白居易（772—846），字乐天，号香山居士，又号醉吟先生，祖籍山西太原，到其曾祖父时迁居下邽，生于河南新郑。白居易与元稹共同倡导新乐府运动，世称"元白"，与刘禹锡并称"刘白"，是唐代伟大的现实主义诗人。唐元和十一年（816）秋天，被贬江州（今九江）的白居易写下了千古佳作《琵琶行》，其中"商人重利轻别离，前月浮梁买茶去"的诗句，看似信手拈来，其实却隐藏着诗人白居易与浮梁的不解之缘。

唐贞元十三年（797），白居易的父亲白季庚病逝于襄州别驾的任上，他的母亲和弟弟住在洛阳，他的大哥白幼文在浮梁县任主簿。父亲去世后，白居易一家的生活来源主要依靠在浮梁任主簿的大哥白幼文。主簿为主管文书之类的小官，年薪30担粮食。白幼文每年必须从微薄的俸禄中拿出一部分，让弟弟白居易带回家乡孝敬母亲，白居易因此也常常往返于浮梁与洛阳之间。他在《伤远行赋》中写道："吾兄吏于浮梁，分微禄以归养，命余负米而还乡。"

从浮梁到洛阳，地隔千里，人烟稀少，年纪轻轻的白居易在山路上挑着米，艰辛可想而知。他在赋中描述："出郊野兮愁予，夫何道路之茫茫。茫茫兮二千五百里，自鄱阳而归洛阳。"赋中所描述的情形，不仅道

出了路途的遥远，而且表明了白居易与浮梁的关系。当时浮梁归属鄱阳郡，白居易在赋中以鄱阳指代浮梁。

白居易不仅吃着浮梁的米，而且是踏着浮梁的路步入仕途的。按照唐朝的制度，举子入长安应考，应由各地掌管贡举的地方官选送。白居易本是陕西渭南人，家居洛阳，那就应该由洛阳地方官选送考试。可白居易却是由宣歙观察使崔衍选送入京的。这是因为有在宣州任溧水县令的叔父白季康的引荐，更有大哥白幼文的极力推举。

由此可见，白居易当时是以浮梁人的身份进京赶考的。贞元十六年（800），白居易考中了第七名进士，金榜题名，终于苦尽甘来。因此，他对大哥充满着深深的情意和敬重，在他被贬江州司马后的第三年，即元和十三年（818），白幼文病逝，白居易深情地写下了《祭浮梁大兄文》的祭文，抒发了失去兄长的哀痛，颂扬了大兄的品德操守：

伏惟兄孝友慈惠，和易谦恭；发自修身，施于为政；行成门内，信及朋僚……茕然一身，漂叶在此。自兄至止，形影相依……垂白之年，手足断落。谁无兄弟，孰不死生，酌痛量悲，莫如今日……

这些内容透露了白居易曾来浮梁与长兄相聚的信息。

浮梁，白居易大兄为官的地方，也是白居易曾经生活过的地方。白居易在浔阳江头偶遇歌女，她的丈夫又在浮梁买茶，浮梁也随《琵琶行》流传千古、众口传唱而四海扬名。

柳宗元

柳宗元（773—819），字子厚，汉族，河东（现山西运城永济市一带）人，世称"柳河东""河东先生"，因官终柳州刺史，又称"柳柳州"。柳宗元与韩愈并称为"韩柳"，与刘禹锡并称"刘柳"，与王维、孟浩然、韦应物并称"王孟韦柳"，是唐代著名的文学家和思想家。

柳宗元当年与浮梁还有过一段因缘。景德镇生产陶瓷的历史悠久。"新平治陶，始于汉世。"唐武德年间，陶瓷就被誉为"假玉器"，而且贡于朝廷。文献记载的，除《浮梁县志》外，还有最早的一篇，是柳宗元写的《代人进瓷器状》。

唐代，浮梁县景德镇属于饶州。元和八年（813），柳宗元的朋友元崔在饶州任刺史，督造瓷器向朝廷进贡。那时，柳宗元已才名大著，元崔便请他写了这篇上呈皇帝的公文。这篇仅83字的文章，盛赞了当时的瓷器。其中有"艺精埏埴，制合规模。禀至德之陶蒸，自无苦窳。合太和以融结，克保坚贞。且无瓦釜之鸣，是称土铏之德"的句子，说明景德镇窑器（古称饶州窑）已达到了一定的技术水平。

王安石

王安石（1021—1086），字介甫，号半山，抚州临川人，北宋著名思想家、政治家、文学家、改革家。庆历二年（1042），王安石进士及第，历任扬州签判、鄞县知县、舒州通判等职，政绩显著。熙宁二年（1069），王安石任参知政事，次年拜相，主持变法，因守旧派反对，熙宁七年（1074）罢相。一年后，宋神宗再次起用王安石，但没多久就将其罢免，王安石退居江宁。元祐元年（1086），保守派得势，新法皆废，王安石郁然病逝于钟山，追赠太傅。绍圣元年（1094）获谥"文"，故世称王文公。

王安石潜心研究经学，著书立说，创"荆公新学"，促进宋代疑经变古学风的形成。在哲学上，他用"五行说"阐述宇宙生成，丰富和发展了中国古代朴素唯物主义思想；其哲学命题"新故相除"，把中国古代辩证法推到一个新的高度。

在文学上，王安石具有突出成就。其散文简洁峻切、短小精悍、论点鲜明、逻辑严密，有很强的说服力，充分发挥了古文的实际功用，他也因此名列"唐宋八大家"；其诗"学杜得其瘦硬"，擅长说理与修辞，晚年诗风含蓄深沉、深婉不迫，以丰神远韵的风格在北宋诗坛自成一家，世称"王荆公体"；其词写物咏怀吊古，意境空阔苍茫，形象淡远纯朴，营造出一个士大夫文人特有的情致世界。王安石有《王临川集》《临川集拾遗》等存世。

王安石于庆历年间任地方官时曾来浮梁看望一位王姓县丞，这位王太丞可能是他很敬重的族兄或好友。

据《浮梁县志》所载：王太丞的前任丞为吴冲，任职时间是北宋仁宗天圣间。王太丞之后的县丞是赵希易，任职时间是仁宗皇祐间。由此可知，王太丞任职时间应介于两者之间，其中经历了宋仁宗的明道、景祐、宝元、康定、庆历几个年号。

王安石到浮梁的时间大致是在庆历年间。王安石为参知政事后，实行变法，新法触犯了大地主、大官僚利益，于是在两个太后（仁宗的曹后和英宗的高后）的干预下，王安石于1074年和1076年两次被迫辞去相位，退居江宁府（今南京）。从王安石的经过对照王太丞的任职时间，应是在庆历年间才有可能。因为王安石做地方官是庆历二年（1042）以后，只有这时，王安石才能造访浮梁。

王安石造访浮梁期间曾题赠王太丞两首诗：

其一

王浮梁太丞之听讼轩有水禽三，巢于竹林之上，恬而自得，邑人作诗以美之，因次元韵

　　　　　水边舟动多惊散，何事林间近绝疑。
　　　　　野意肯从威令至，旧巢犹有主人知。
　　　　　不关饮啄春江暖，自在飞鸣夏日迟。
　　　　　览德岂无丹穴凤，到时应让向南枝。

其二

每见王太丞邑事甚冗而剸剧之暇能过访山馆，兼出佳篇为赠，仰叹才力，因成小诗

　　　　　我看繁讼频搔首，君富才明见亦常。
　　　　　尚有闲襟寻水石，更留佳句似池塘。
　　　　　松苗地合分高下，凫鹤天教有短长。
　　　　　徐上青云犹未晚，可无音问及沧浪。

259

苏 轼

苏轼（1037—1101），字子瞻、和仲，号铁冠道人、东坡居士，世称苏东坡、苏仙，眉州眉山（今四川省眉山市）人，祖籍河北栾城，北宋著名文学家、书法家、画家。嘉祐二年（1057），苏轼进士及第，宋神宗时在凤翔、杭州、密州、徐州、湖州等地任职。元丰三年（1080），苏轼因"乌台诗案"被贬为黄州团练副使，宋哲宗即位后任翰林学士、侍读学士、礼部尚书等职，并出知杭州、颍州、扬州、定州等地。苏轼晚年因新党执政被贬惠州、儋州，宋徽宗时获大赦北还，途中于常州病逝。宋高宗时追赠苏轼为太师，宋孝宗时追谥"文忠"。

苏轼是北宋中期文坛领袖，在诗、词、散文、书、画等方面均取得很高成就。文纵横恣肆；诗题材广阔，清新豪健，善用夸张比喻，独具风格，与黄庭坚并称"苏黄"；词开豪放一派，与辛弃疾同是豪放派代表，并称"苏辛"；散文著述宏富，豪放自如，与欧阳修并称"欧苏"，为"唐宋八大家"之一。苏轼善书，为"宋四家"之一；擅长文人画，尤擅墨竹、怪石、枯木等。作品有《东坡七集》《东坡易传》《东坡乐府》等。

苏轼与浮梁籍名宦程筠同年出生，又为同科进士，交谊甚深。程筠，字德林，号葆光子。宋嘉祐二年（1057）进士，深得欧阳修赏识，称他为人正直。

程筠与苏轼政治观点相近，两人交往密切，交情深厚。苏轼曾作《送程德林赴真州》一诗，赞美他的政绩，称道："君为赤令有古风，政声直入明光宫。"意思是，你作为赤县的县令有古代贤人的作风，从政的名声都传到了宫中。

元丰七年（1084），苏轼从黄州团练副使任上奉诏赴汝州上任，并送其子苏迈到德兴任县尉。德兴与浮梁咫尺之隔，恰好此时好友程筠在浮梁守丧，苏轼便顺路来到浮梁访友。苏轼在浮梁逗留10多天，其间，专门为程筠作《思成堂》《归真亭》二诗。

思成堂

宰树连山谷，祠堂照路隅。

养松无触鹿，助祭有驯乌。

归梦先寒食，儿啼到白须。

遥知邻里化，醉叟道争扶。

归真亭

旧笑桓司马，今师郑大夫。

不知徂岁月，空觉老楸梧。

祭礼传家法，阡名载版图。

会看千字诔，木杪见龟趺。

苏轼与另一位浮梁籍名人佛印禅师也是知交。

佛印（1032—1098），宋代云门宗僧，为苏东坡之方外知交，法号了元，字觉老，俗姓林，饶州浮梁人。他自幼学《论语》等典籍，后礼宝积寺日用为师，学习禅法。他曾登临庐山参访开先善暹，复参圆通居讷，二十八岁时嗣善暹之法，任江州承天寺住持。后历任淮上斗方，庐山开先、归宗，丹阳（今江苏镇江）金山和焦山两寺住持。元符元年（1098）一月四日圆寂，享年六十七岁，法腊五十二。

他与苏东坡相交颇深，留下许多有趣的传说。限于篇幅，在此仅说说东坡玉带留金山寺的故事。

苏东坡50岁的时候，奉命率全家从湖北黄州移居河南汝州，路抵南都（今河南商丘）。此前，他两次上书宋神宗，请求允许在常州居住。不久好消息传来，朝廷允许他在常州居住。

当载着东坡全家的船刚离扬州要渡长江，镇江金山寺的佛印法师以

扁舟亲自相迎。两人虽然去年才在金山寺相识，却一见如故，很快成为好友。在金山寺住了几天后，佛印又送苏东坡回常州。

佛印此行一来是情意难舍；二来是顺便拜访师弟——常州报恩寺长老；三来是请常州的佛门弟子以后对苏东坡生活上多多关照。两人来到常州东门外的报恩寺，长老十分热情地将他俩迎进方丈室，并恭敬地奉上香茶。东坡一边品茗，一边想到自己即将安度晚年，心情极佳，便想赠送点东西给报恩寺，也算对常州收留他全家定居的一点感谢。送什么呢？东坡将目光落到腰间系着的玉带上。那是他14年前从京城调往杭州任通判时，神宗皇帝御赐的，价值之贵重，东坡自己所钟爱，不言而喻。但为了报答常州第二故乡，东坡几乎不假思索，便向长老表示要捐赠一件宝物。在一旁的佛印傻眼了，同样是宝物，同样是佛门，东坡的宝物为何不赠金山寺，偏捐报恩寺。

这时报恩寺长老合掌低首道："愿闻宝物详情。"东坡的手下意识地落到腹部，佛印顿然醒悟，宝物就是玉带啊！他只能暗暗祈求，东坡晚些亮明宝物，借这几秒钟空隙想出奇招。长老见东坡手按腹部，以为他肚子受寒或吃了不洁之物，便关切地问："施主是肚子不太舒服吧？"已经手足无措的佛印像捞到一根救命稻草，不停地轻轻低哼，装出肚子疼的样子，连声说："罪过，罪过，果然是刚才我俩用斋之故。"佛印向长老合掌称"失敬，失敬"后，便强拖硬拽，把莫名其妙的苏东坡硬拉出了方丈室。

他迫不及待地问："你的宝物是否为玉带？"东坡这才明白了佛印的用心，哈哈大笑："佛门无争，我已决心捐给报恩寺。谁叫你不早提，总有个先来后到，就随缘吧。"佛印一脸严肃："当然无争，可你已捐给了金山寺，怎能转送？"东坡一头雾水，佛印点拨道："就在几天前，你不是亲手将玉带抛在金山寺中的溪水里？"东坡恍然大悟，连拍脑袋。

那天，佛印陪东坡在寺院游玩，走到白龙洞前，东坡左右观赏，连呼："好景，好景！"宋代金山寺在江中心，白龙洞在后山。后山下有座小山，叫山中山。山旁有条小溪，叫水中水。见这儿绿树婆娑、水澄山静，东坡不禁陶醉了。他开怀解带，不料玉带一下掉到水中。佛印把僧鞋一甩，一下跳到水中，将玉带捞上还给东坡。因为东坡的玉带是从这里掉下的，后人就在此造了座小石桥，取名"玉带桥"。"所以这才是佛缘。"见东坡犹豫，佛印又补上一句，"我不强求，还是随缘。过一会儿我出个题，你能答上来，玉带就与金山寺无缘。"东坡心想，难道还有什么问题能难倒我？便一口答应。

两人返回方丈室，佛印故意逗他："这里可没有你坐的地方。"东坡也打趣道："既然没坐的地方，那我就暂借方丈的'四大'为座。"但"四大"是佛家语，怎么能坐呢？"那我就要出题了。"佛印笑着逼问，"出家人四大皆空，五蕴非有，请问东坡居士何处坐？"东坡这下蒙了，分明跌进了佛印的语言陷阱，想了半天，还是答不上来，只得认输。报恩寺长老在旁瞧他俩斗嘴，似懂非懂。见东坡沉吟半晌不语，长老有意打破僵局，便问东坡所赠宝物为何。东坡一时语塞，佛印赶忙手做执笔状在空中挥舞。东坡方恢复常态道："自然是诗赠报恩寺长老。"长老喜不自禁，令人磨墨摊纸。东坡则瞬间诗成笔落：

碧玉碗盛红玛瑙，井华水养石菖蒲。
也知法供无穷尽，试问禅师得饱无。

现在镇江金山寺仍珍藏着苏轼捐赠的"东坡玉带"，它与金山图、周鼎、铜鼓被称为"金山四宝"。尤其是东坡玉带，堪称国宝。玉带宽约7厘米，长约70厘米，上面缀着24块米色的白玉，清代初年被焚毁四块。乾隆皇帝到金山寺时，见残缺，令人将玉带补齐。上面刻有乾隆五言诗一首和跋言23字："玉带曾遭回禄，缺数版，为补足制匣，仍置镇山门以成佳话。"

263

彭汝砺

彭汝砺，字器资，饶州鄱阳滨田村（今江西景德镇昌江区丽阳乡彭家村）人，生于宋仁宗康定三年（1042），卒于宋哲宗绍圣三年（1096）。宋英宗治平二年（1065）乙巳科举进士第一，又是省元，获得双第一。该科共取进士200人，考官是翰林学士冯京（1049年状元）、侍读学士范镇、知制诰邵必。

彭汝砺的父亲彭思泳，行庆一，字季昌，又名昭，生于真宗景德元年（1004）甲辰九月十五日酉时，世居乐平深坑，仁宗天圣二年（1024）甲子，让居室做圣庙，由饶城始迁利阳镇滨田，娶本里黎氏。其为人敦厚，往来鄱阳、乐平、浮梁，以货殖为业①。

据新近出土的明代进士刘莘撰文的《彭汝砺墓志铭》中，"彭维钜姓，侨寓昌江""初居浮梁，游学郡庠"②的内容看，彭汝砺与浮梁的关系十分密切。在《宋状元彭汝砺父、国子直讲思泳公传》中记载彭汝砺长于浮梁的故事：

公平昔以货殖为心，偶至浮梁楼前宁宅错公门首，见一妇人抱一小女，泪啼而急去。昭当以理问其妇，答曰："妾是楼前宁阿妇，有银三两，失去无存，丈夫、公婆道妾与外人去，抵不过，只得母子寻个自尽。"昭曰："一命关天，况两命乎。我将银三两赔汝丈夫，救汝二命。"遂以银代还之。宁氏大喜，叹曰："救雀渡蚁尚获天报，况救人乎。君当受上天之佑，子孙前程远大，吾愿与此妇所抱之女赘君之男，少结殷勤。"昭喜，面许以次男汝砺入赘。后封恭人宵，复以浮梁深渡三元林佳城一所赠之。

---

① 见利阳《彭氏宗谱》。
② 见刘莘《彭汝砺墓志铭》。

后昭夫妇共葬于此。①

彭汝砺妻侄、进士宁瑁撰《宋吏部尚书彭公汝砺墓志铭》中也记载："公幼承父教，游浮梁寿安乡屏山宁氏之门。外舅宁公锡，见而奇之，以女赘焉。视如己子，立以'醒心书堂'于里上龙池之傍，择名师以训子婿。公年二十五，于治平乙巳科（1065）状元及第。"可见，彭汝砺长于浮梁，因其父在浮梁寿安解救宁氏妇人，以汝砺入赘宁氏，外舅宁公锡建"醒心书堂"供其读书，汝砺后娶宁氏女为妻，算是半个浮梁人。

彭汝砺自幼聪颖，青年时就读于饶州州学，勤奋刻苦，其父因子而贵，宋赠国子直讲，为鄱阳郡吏。

饶州州学是范仲淹在饶州（今鄱阳县城）任知州时建立的。当时，范仲淹到东湖边松关暮雪②处体察民情，观得此处为建学府的风水宝地，认为以督军河为砚、以督军台为印、以妙果寺塔为文笔，兴学于此，20年后必出状元。于是，在他的倡议下，在今鄱阳镇学门口处建起当时江南规模较大的一所州学。据《鄱阳县志》记载：该州学设三道大门，中间为状元门，门前一桥，名曰"状元桥"。③状元门平时不开，一定要等到州学内有人中了状元才能由状元打开，学子平时进出学校只能走另外两道门。州学学风严谨、管理严格，直到北宋治平二年（1065）彭汝砺赴京应试，一举夺魁，成为鄱阳县第一个状元，这道门才由彭汝砺打开。他也成为走过该州学门前状元桥的第一人。

当彭汝砺在京城中状元的榜书送到郡中时，郡太守当即让他父亲停业罢役，用自己的车马并命令左右随从用仪仗送彭父回家。不仅其父为子高中状元感到欣喜，郡中父老兄弟也引以为荣。于是全郡读书人更加

---

①见《宋状元彭汝砺父、国子直讲思泳公传》。
②东湖一景。
③见同治版《鄱阳县志》。

刻苦，每科考取几十人①。

因彭汝砺长在浮梁，自幼在浮梁读书，青年时又两度在江西为官，故与浮梁当时名人多有交往，留下了不少诗篇。如他与浮梁郭知章、程筠、王太博、张景修等多位县令交往密切，还与当时浮梁名僧佛印多有诗文往来。

郭知章(1040—1114)，字明叔，江西遂川人，治平二年（1065）进士。郭知章政绩卓著，累官刑部尚书、开封知府、翰林学士、显谟阁直学士。熙宁初，郭知章任浮梁县令。《送郭知章宰浮梁》(二首)②就是其上任之初，彭汝砺写的赠别诗，对郭赴浮梁寄予厚望。其一曰：

万室喁喁望已深，临流不敢重分襟。

间阎早觉春风到，岩谷遥思昼日临。

制御古非无至策，爱调人自有良心。

笑言已得公才敏，侧耳风前听好音。

程筠，字德林，浮梁著名历史人物程节之弟，宋嘉祐二年（1057）进士，元丰中任浮梁县令，也是一位卓有政绩的浮梁县令。苏轼曾作《送程德林赴真州》一诗，赞美他的政绩，称道："君为赤令有古风，政声直入明光宫。"彭汝砺与程德林交往深厚，在《鄱阳集》中收入了他写给程德林的三首诗。今录其一，以飨读者：

久雨和张季友，寄程德林，时季友得环倅，程受婺源未赴

寂寂不闻车马声，泥途无亦畏逢迎。

引觞自放连朝醉，挥麈遥思一座倾。

---

①见朱弁撰《曲洧旧闻》十卷(浙江汪汝瑮家藏本)。《曲洧旧闻》是南宋朱弁撰写的一部重要的文言小说集，收录《四库全书》。朱弁字少章，朱熹叔祖。

②见《钦定四库全书·集部三·别集类二·鄱阳集》。

> 傅野好为三日雨，杜陵莫醉百忧行。
> 西南俱说催征辔，却愿双轮四角生。

王太博，生卒年不详，也曾为浮梁县令。《鄱阳集》收入彭汝砺的《王太博自浮梁移蒙州，作送之》①一诗：

> 平时沉伏草莱间，见说昌江治政贤。
> 爱浃羽毛人自畏，诗成金玉俗争传。
> 一麾出守今行矣，万室倾思正惨然。
> 只恐又庸明诏去，蒙山无计重留连。

可见王太博在浮梁颇有政绩，受到人们的爱戴。

张景修，字敏叔，自号浮梁居士，常州人，宋治平四年（1067）进士，元丰七年（1084）任浮梁县令，后官至礼部侍郎。《鄱阳集》中有《敏叔家会仙洞》一诗②。会仙洞，即今景德镇东南著名风景区诸仙洞。据《敏叔家会仙洞》诗名可知，张景修曾家住诸仙洞附近，而这里正是彭汝砺妻舅所住之地。因而彭汝砺与张景修交往密切。这首诗既道出了诸仙洞之美景，又流露出作者对张景修择居此地的羡慕之情。其诗云：

> 大松十里建旌麾，晓日朝霞五色衣。
> 幽谷静闻猿一啸，白云时见鹤双飞。
> 花开洞府春常在，人会瀛洲夜未归。
> 家近武陵时入梦，诗成更忆故山薇。

佛印（1031—1098），俗姓林，浮梁人。佛印是宋神宗赐的法号。佛印五岁即诵诗三千首，于浮梁宝积寺受戒出家。彭汝砺与佛印了元禅师友情极深，在他任江州知府时期，与佛印禅师交往密切。《鄱阳集》中有不少与佛印唱和的诗，如《和颖叔寄佛印》诗二首：

---

① 见《钦定四库全书·集部三·别集类二·鄱阳集》。
② 据《景德镇古今诗抄》载，诗名为《屏山聚仙洞》。

其一

有客寄诗南雍州,清新全占岘山秋。
官名便据非常宠,文学元居第一流。
云近蛟龙朝丈室,夜寒星月宿重楼。
知公有勇断鳌足,到彼不须骑虎头。

其二

忆留铁瓮城经夏,却泛金山寺看秋。
钟梵去随沧海远,楼台低涌大江流。
波澜隐跃开龙国,烟雾分明见蜃楼。
他日上方客听法,不应疑我皱眉头。

颖叔即蒋之奇(1031—1104),北宋常州宜兴人,著名政治家、书法家。本诗以蒋诗韵寄佛印,表达了作者对佛印才学、智勇的钦慕。彭汝砺青年时期即才华出众,任谏官时因为人正直、不附权贵、刚正不阿,一再受到排挤。尤其是宋廷党争激烈,彭汝砺元祐间被污为"王安石同党",三次被贬,仕途坎坷。因此,后期彭汝砺的禅学思想便占据了上风。而此时的佛印远离尘嚣,潇洒自得,成为彭汝砺的精神偶像。

其归隐思想见《答云居佛印》诗:

人间六月日如丹,见说云居早自寒。
他日游山看蜡屐,终朝临水濯尘冠。

同样在《答佛印语》中得到体现:

十方同是一空虚,饮啄随时只自如。
旧日事来长是笑,而今和笑没工夫。

再如《送云居佛印禅师诗五首并偈》其一:

翠藤老木抱千山,行色归心各等闲。
恰是白云多自在,不同飞鸟倦知还。

其入禅意味深厚。其他如"每爱师如莲出水,却嗟予作鸟窥笼""老师住处即安乐，只恐卧龙生叹嗟"等诗句[1]，足见其内心世界对仕途的淡泊和精神上的超脱。

杨万里

杨万里（1127—1206），字廷秀，号诚斋，吉州吉水人。绍兴二十四年（1154）进士，调赣州司户参军。后历官国子博士、东宫侍读、江东转运副使等，卒谥文节。杨万里与范成大、陆游、尤袤合称为"中兴四大诗人"。因宋光宗曾为其亲书"诚斋"二字，故学者称其为"诚斋先生"。杨万里一生作诗两万多首，传世作品有四千二百首，被誉为一代诗宗。他创造了语言浅近明白、清新自然、富有幽默情趣的"诚斋体"。杨万里的诗歌大多描写自然景物，且以此见长。他也有不少反映民间疾苦、抒发爱国情感的作品。杨万里有《诚斋集》《诚斋诗话》传世。他曾经乘船到过浮梁，被浮梁优美的田园风光所吸引，并留下了一首题为《入浮梁界》的五律佳作：

入浮梁界

湿日云间淡，晴峰雨后鲜。
水吞堤柳膝，麦到野童肩。
沤漩嬉浮叶，炊烟倒入船。
顺流风更顺，只道不双全。

---

[1] 见《钦定四库全书·集部三·别集类二·鄱阳集》。

白玉蟾

白玉蟾（1134—1229），原名葛长庚，字白叟、如晦、以阅、众甫，号海琼子、海蟾、云外子、琼山道人、海南翁、武夷翁，世称紫清先生，北宋琼管安抚司琼山县五原都显屋上村（今海南省海口市秀英区石山镇典读村）人。

他6岁丧父，母改嫁澄迈县白家，改名白玉蟾[①]。他7岁能赋诗，12岁应童子科落第，渐厌恶科举仕途。南宋绍兴十九年（1149），16岁的白玉蟾离家云游，养真于儋州松林岭。23岁时，他只身渡海到全国各地求师，最后入住武夷山止止庵，师从道教南宗四世祖陈楠，尽得其道术，并遵师命至黎母山遇真人授"上注法箓洞法玄累诀"，正式创立道教金丹派南宗。

嘉定年间，白玉蟾被召入太乙宫中，为皇帝讲道，被封为紫清明道真人，后往来名山，行踪莫测。绍定二年（1229），白玉蟾卒于盱江（今江西省境内，一说卒于今海南省定安县文笔峰）。

白玉蟾平生博览群经，无书不读。书法善篆、隶、草，其草书如龙蛇飞动；画艺特长竹石、人物，所画梅竹、人物，形象逼真；又工于诗词，文辞清亮高绝。其七绝诗《早春》被收入传统蒙学经典《千家诗》。所著《道德宝章》[②]，文简辞古，玄奥绝伦，独树一帜，被收入《四库全书》。

其他著作有《玉隆集》《上清集》《武夷集》等，后由其弟子编为《海琼玉蟾先生文集》，白玉蟾是海南历史上第一位在全国有影响的文化名人。

白玉蟾曾来浮梁游历，爱双溪山水之奇，流连忘返，为之赋《双溪

[①] 相传，白出生时，母梦有白色蟾蜍入怀。
[②] 又称《老子注》。

夜月》诗一首，后人勒石：

> 昌江佳处为双溪，双溪两峰尤清奇。
> 红尘上下飞不到，但见老干交檪枝。
> 崔峨楼阁烟云齐，道人两眼看琉璃。
> 手执黄庭经，身穿白羽衣。
> 福地高处金鳌稳，茶烟惊动元鹤飞。
> 石坛瑶光生芝草，水月交光古今稀。
> 自是天地一闲客，闲来闲往人不知。
> 当年误别桃源路，至今不见桃源溪。
> 双溪桃源何所异，欲去不去姑题诗。
> 长笑一声山水绿，清风皓月长如斯。

文天祥

文天祥（1236—1283），初名云孙，字宋瑞，一字履善，号浮休道人、文山，江西吉州庐陵（今江西省吉安市青原区富田镇）人，宋末政治家、文学家、爱国诗人、抗元名臣，与陆秀夫、张世杰并称为"宋末三杰"。

文天祥于宝祐四年（1256）中状元，咸淳六年（1270）四月掌理军器监兼权直学士院，因草拟诏书有讽权相贾似道语，被罢官。

德祐元年（1275），元军沿长江东下，文天祥罄家财为军资，招勤王兵5万人，入卫临安。文天祥旋任右丞相兼枢密使，奉命赴元军议和，因面斥元丞相伯颜被拘留，押解北上途中逃归。

五月，文天祥在福州与张世杰、陆秀夫、陈宜中等拥立益王赵昰为帝，聚兵抗元。

景炎二年（1277）五月，文天祥率部再攻江西，终因势单力孤，败退广东。祥兴元年（1278）十二月，文天祥在五坡岭（今广东海丰北）

被俘。

次年，元朝蒙古汉军元帅张弘范将其押赴崖山（今新会南），令其招降张世杰。文天祥拒之，书《过零丁洋》诗以明志。后被解至元大都（今北京），元世祖忽必烈亲自劝降，许以中书宰相之职。文天祥大义凛然，宁死不屈。元至元十九年十二月初九（1283年1月9日），文天祥于大都就义。其一生著有《指南录》《指南后录》等，后人辑为《文山先生全集》。

这位宋代名臣与浮梁还有一段文字因缘。

文天祥有一位同朝为官、志气相投的好友叫朱貔孙。

朱貔孙，字兴甫，淳祐四年（1244）进士，初授临江军学教授，后擢升监察御史。他刚上任，就上疏批评当朝宰相丁大全专权误国，因此得罪权贵，调任太子右谕德，专教太子品行。其后不久，中国历史上另一个奸相贾似道当权，朱貔孙又上疏谏言，把贾似道气得七窍生烟。

当时宦官董宋臣祸乱朝政，是皇帝身边的大红人，天天哄着宋理宗不理朝政，朱貔孙看不惯，上疏斥其奸邪，专权误国。作为谏议大夫，当时蒙古大军南下，朝廷上下迁都呼声很响，他坚决反对迁都，力主强化军事对抗，经营江南，主张强化海防，建立强大的舟师海军，对抗强大的蒙古骑兵，正因为如此，他赢得同朝为官的文天祥的尊重与推崇。

1265年，太子当了皇帝，即为宋度宗。为表达对老师的感谢，朱貔孙被擢升为右谏议大夫，赐紫金鱼袋兼赐章服犀带。

因生病的原因，朱貔孙向皇上提出了辞职，不久被改封吏部尚书。还是因为身体的原因，他极力要求辞归乡里。但宋度宗因为受教于貔孙，心怀感恩，极力挽留。临行时，宋度宗派几批使者轮番劝说，而朱貔孙辞归意切，坚辞不受，最后请求皇上准许他离开帝都，去地方为官。度宗拗不过，就让自己老师去了宁国府（现在宣城一带）任知府，并赐封他为华文阁学士。

1266年，皇帝又派他去袁州（今宜春一带）任知府。在去往袁州的途中，他途经浮梁故乡。当时浮梁大旱，久未下雨，他特意携子侄等晚辈前往万寿山求雨，并题字勒石，斑斑字迹今天依旧留存在万寿寺下的溪边岩石上。

朱貔孙到任袁州后，根据当地情况，推行了一系列的德政措施，深受百姓好评和拥戴。皇帝知道后，很是欣慰。1273年，他被加封为敷文阁学士，派往福州任知府兼福建安抚使。由于年迈体衰和疾病困扰，为大宋朝耗尽生命最后一丝能量的朱貔孙，未等踏上新的行程，就病逝于袁州。按照遗嘱，其家人和随从将他的遗体运回家乡安葬。文天祥时任江西提刑官，得知消息，满怀哀思写下《挽貔孙》一诗，高度称赞朱貔孙的卓越文才和忠心赤胆。

挽貔孙

一代文章贵，千年谏议名。
天球声浑厚，元酒味和平。
岩穴思风采，朝廷惜老成。
东西生死别，江水泪为倾。

于 光

于光，字仲炳，号暗修，狮山乡西边山村人。

他自幼读书，深明大义，磊落有大志。他生活在元朝末年，其时社会各种矛盾更加尖锐，统治集团日益腐败，内部争权夺利。朝廷的官吏也大都贪污残暴、鱼肉人民，土地兼并日益加剧。那时候，宫廷内乱不止。残酷的压迫剥削，激起了各地人民的反抗，纷纷起义。

在江西，从元初至元亡，人民群众反抗元廷的斗争一直未停息过，此起彼伏，连绵不断。规模较大的武装反抗，有兴国县的刘季，宁都的蔡五九，袁州的彭莹玉、周子旺，宜黄县的涂乙、涂右，新城县（今黎

川县）的童远，永新县的肖兴等。

在浮梁境内也有人响应，如星槎都（今洪源镇桂湖桥一带）有陈四起来反抗，在县城西打败了王文仲的人马，乘胜纵火烧了衙署；还有上西部都（今臧湾、府前等地）的施云也聚众起来反抗，被宣慰使八思不花带兵打败逃散。至于全国各地，更是举义频频。其中给元朝以致命打击的要算韩山童、刘福通等领导的北方红巾军和徐寿辉领导的南方红巾军。有首散曲《醉太平》说出了当时总的形势：

堂堂大元，奸佞专权。开河变钞祸根源，惹红巾万千。官法滥、刑法重、黎民怨，人吃人、钞买钞、何曾见？贼做官、官做贼、混愚贤。哀哉可怜！

这首小令从京师至江南，广泛流传，人人能唱，一针见血地点出元朝的腐败情形，又针对性地反映了人们的心理，是广大民众尤其是红巾军被迫起义的写照。

那时的于光是个文武双全的人，会作诗，会弹琴，又懂中医，通岐黄之术。表面看起来，他风度翩翩，是个儒士；但持戟上马，就意气风发，孔武有力，作战时所向无敌。原先在乡村时，他见元末战乱四起，为了保卫乡里安全，便组织乡民武装，成立乡团，抵御外敌。

至正十二年（1352）红巾军攻下饶州时，于光率乡兵归附徐寿辉。次年，元军攻破了浮梁，双方交战，伤亡很大，城内一片惨状。

至正十六年（1356），于光受徐寿辉委派，被署为院判，镇守鄱阳郡东面的利阳镇（今昌江区丽阳乡），据有鄱东及浮梁十个乡。为利于镇守，于光便在利阳镇修筑城墙，还未完工之时，又被派到浮梁镇守，便将筑城之事于至正十九年（1359）改为修筑浮梁州城。到了至正二十年（1360)，陈友谅杀害了徐寿辉，自立为帝，建立"大汉国"。徐寿辉的旧部很不满陈友谅的作为，纷纷离去。于光也发誓决不归附陈友谅，乃于当年七月，同左丞余椿一起，把陈友谅派来的同知赶走，并带兵攻下饶州。然后，他派部下计希孟、刘彦昺，将所辖领地献给朱元璋。

于光归附朱元璋后，被任命为江西参政，同邓愈一道镇守饶州及浮梁。于光原来在浮梁时，把行台设于珠山，并把珠山称作蟠龙山。后来因归附朱元璋，可能是有所忌讳，便将蟠龙山改为纛山。纛者，军队里的大旗也。这种称谓符合当时的实际，这就是纛山的由来。

其后，朱元璋、陈友谅大战鄱阳湖，于光率部屡败陈友谅部，以战功升鹰扬卫指挥。

此后，于光随朱元璋大将徐达平定淮东、浙西，元至正二十七年（1367）擒张士诚后，又取汴梁、克陕洛、下潼关，并佐都督郭兴，打败李思齐部，奉命镇守甘肃战略要地巩昌。其时，元河南王扩廓帖木儿（王保保）率部屡屡犯边，均被于光击退。扩廓探得明大军将至，遂改兵围袭重镇兰州，又遇兰州指挥使张温坚守。于光闻兰州危急，遂率部前往救援，不幸于马兰滩遭元军伏击，战败被俘。元军执于光至兰州城下，命其唤张温降，于光却大呼："公等但坚守，徐将军大军旦夕至矣！"城内将士闻讯，守城益坚。元军大怒，遂杀于光于城下。

其后，明朝廷追封于光为怀远大将军，配享功臣庙。《明史》有传。

杨　载

杨载（1271—1323），字仲弘，福建浦城人，晚年定居杭州。他幼年丧父，徙居杭州，博览群书，与虞集、范梈、揭傒斯齐名，并称为"元诗四大家"。杨载年四十未仕，户部贾国英数荐于朝，以布衣召为国史院编修官，参修《武宗实录》，后调管领系官海船万户府照磨，兼提控案牍。

仁宗延祐二年（1315），杨载再次参加科举考试，登进士第，授饶州路同知浮梁州事，迁儒林郎，官至宁国路总管府推官。杨载于英宗至治三年（1323）卒，年五十三岁，著有《杨仲弘诗》8卷。

赵孟頫对杨载颇为推崇。据《元史·杨载传》记载：

孟頫在翰林，得载所为文，极推重之。由是载之文名，隐然动京师，凡所撰述，人多传诵之。其文章一以气为主。博而敏，直而不肆，自成一家言。

杨载的《诗法家数》是一部有相当大的理论价值的诗论著作。该书侧重论述诗歌的创作，贯彻了风雅传统。

杨载的诗歌创作，被虞集称为"百战健儿"。诗语健劲，富有变化腾挪之势，雄浑横放，长于议论。

范梈为其诗作序云：

仲弘天禀旷达，气象宏朗。开口论议，直视千古。每大众广集，占纸命辞，敖睨横放，尽意所止。众方拘拘，己独坦坦。众方纡徐，独驰骏马之长坂而无留行，要一代之杰作也。

——《元诗选·仲弘集》

这位元代著名诗人曾任饶州路同知浮梁州事，有一次在点校浮梁义仓时写了一首题为《点义仓即事》的七律诗：

南来受命佐为州，喜遇丰年暂出游。
过岭崎岖寻道路，上山硗确治田畴。
修藤挂树龙蛇走，怪石攒溪雁鹜浮。
赋役已宽词诉简，素餐无补谩优悠。

义仓是隋代以后各地为备荒而设置的粮仓。《隋书·长孙平传》载："平见天下州县多罹水旱，百姓不给，奏令民间每秋家出粟麦一石已下，贫富差等，储之闾巷，以备凶年，名曰义仓。"

这首诗表达出诗人来浮梁为官喜遇丰年，"赋役已宽词诉简，素餐无补谩优悠"的愉悦心情。

汤显祖

汤显祖（1550—1616），字义仍，号海若、若士、清远道人，江西临川人，明代戏曲家、文学家。他早年即有文名，曾拒绝首辅张居正招揽。汤显祖万历十一年（1583）中进士，任南京太常寺博士、礼部主事。他因不依附权贵而罢官，从此不再出仕，一生忙于著作。他除擅长古文词，精于乐府歌行五、七言诗和诸子百家外，特别长于戏剧创作。

明万历三十三年（1605），正当"亲贤仁廉"的浮梁县令周起元执政，他十分重视教育，修学宫、置学田，按原样重建双溪书院，特邀汤显祖前来讲学。汤显祖时年55岁，正是他弃官回家专事创作的时候，他接连写了《还魂记》《南柯记》《邯郸记》，正在改写《紫钗记》以完成他的传世名作"临川四梦"的时候。他听说是浮梁这个名县令请他去讲学，欣然接受。

汤显祖来到浮梁后，品饮名茶，鉴赏瓷器，游览昌江，对浮梁的瓷器和人文风景有了很深的了解，引起创作冲动，写下了著名的《浮梁县新作讲堂赋》，对浮梁之茗之瓷和教学事业，做出了高度评价，赋中写道："浮梁之茗，闻于天下；惟清惟馨，系其揉者。浮梁之瓷，莹于冰玉；亦系其钧，火候是足。"由此可见，这位"东方的莎士比亚"对浮梁是关心、热爱并身体力行支持的。

汤显祖为浮梁茶、浮梁瓷做"名人广告"，为宣传浮梁特别是宣传浮梁茶、浮梁瓷，做出了杰出贡献。

唐顺之

唐顺之（1507—1560），字应德，一字义修，号荆川，武进（今属江苏常州）人，明代儒学大师、军事家、散文家、数学家、抗倭英雄。

唐顺之是嘉靖八年（1529）会试第一，官翰林编修，后调兵部主事。当时倭寇屡犯沿海，唐顺之以兵部郎中身份督师浙江，曾亲率兵船于崇明破倭寇于海上。唐顺之后以战功升右佥都御史，巡抚凤阳。嘉靖三十九年（1560），唐顺之于督师抗倭途中不幸染病，于通州（今江苏南通）去世，崇祯时追谥襄文。学者称其为"荆川先生"。

作为明代声誉卓著的诗文大家，唐顺之与浮梁也有过一段文字因缘。他游历过浮梁名胜阳府山与引秀亭，并留下两首佳作：

阳府山

坞僻境偏静，桥横泉更清。
禅堂坐白苟，树杪一鸣禽。

引秀亭

纹波自北来，花树绕亭台。
千叠南山秀，芳云尽入怀。

唐　英

　　唐英，字俊公（又作隽公），又字叔子，自号蜗寄老人，沈阳人，隶汉军正白旗。唐英出生于清康熙二十一年（1682），十六岁"供役于养心殿"，四十三岁任内务府员外郎，四十七岁以内务府员外郎衔驻景德镇厂署理窑务，前后近三十年。他竭忠尽智，呕心沥血，为景德镇陶瓷工艺与陶瓷文化的发展做出了极其卓越的贡献。他在景德镇督陶期间烧造的瓷器被称为"唐窑"，成为景德镇制瓷史上一座难以逾越的高峰。

　　唐英从十六岁开始步入仕途，先是供役内务府三十年，因办事干练而颇受怡亲王赏识；后以内务府员外郎衔驻景德镇厂署督理窑务，先后近三十年，至七十五岁才因病请辞致仕。

　　他恪尽职守，殚精竭虑，为景德镇陶瓷工艺与陶瓷文化的发展做出了不可磨灭的贡献。这段时期是他一生中的华彩乐章，也是景德镇陶瓷发展史上的巅峰时期。

　　他自谓"廿载郎官惭列宿，一身职业署陶人"（《即事书怀》），以"陶人"自居，苦心孤诣，刻苦钻研。督陶初期，他"用杜门、谢交游，聚精会神，苦心竭力，与工匠同食息者三年。抵九年辛亥，于物料、火候、生克变化之理，虽不敢谓全知，颇有得于抽添变通之道。向之唯诺于工匠意旨者，今可出其意旨唯诺夫工匠矣。因于泥土、釉料、坯胎、窑火诸务，研究探讨，往往得心应手"。[①]唐英终于从外行转变为内行。

　　功夫不负有心人。在他督陶期间，景德镇制瓷成就也达到了历史最好水平，胎质、釉面、品种、工艺、装饰等无不登峰造极。他"仿古采

[①]见《陶人心语续编》卷三《瓷务事宜示谕稿序》

今",求精求新,"多例贡御者"竟达57种之多。后人曾高度评价他在陶瓷工艺方面所取得的卓越成就:"谓之泄造化之秘也可,谓之佐文明之瑞也可。有陶以来,未有今日之美备。"他在景德镇督陶期间烧造的瓷器被称为"唐窑"。他撰写的《陶冶图说》也已成为中国陶瓷发展史上的重要文献之一。

他革故鼎新,兴利除弊,对旧的管理体制力行改革。他解除窑户"匠籍",实行雇佣制度,对物料照时价"公平采买","官民称便"。"至于赏勤儆怠,矜老恤孤,与夫医药棺椁,拯灾济患之事,则又仰体皇仁寓赈贷于造作中之圣意。"[①]唐英为景德镇的陶政管理与社会公益事业开创了新的局面。

几十年的督陶生涯让唐英深深地爱上了治陶事业,爱上了景德镇,也爱上了景德镇陶人。他与珠山、与陶人建立了非常深厚的感情。在《忆珠山》一诗中,他深情地写道:

宦隐襟期别有天,居山不用买山钱。

庄生梦里翩翩蝶,环翠珠峰夜夜还。

唐英不仅是一位成就卓著的督陶官,还是一位才华横溢的诗人。

在督陶之余,他还寄情于浮梁的山水田园、名胜古迹,写有不少歌咏浮梁人文风物的诗篇,字里行间洋溢着对浮梁的一片热爱之情。如:

深秋于役浮梁道中即事

榷使兼陶使,昌南于役频。

秋山黄叶路,茅店夜灯人。

云气侵衣薄,霜华染鬓匀。

暂时樵牧伍,不觉在风尘。

[①] 见《陶人心语续编》卷三《瓷务事宜示谕稿序》

送浮梁令沈怀清牧象州

忽闻荣擢喜如狂,十四年来共一方。
民社贤劳君瘦沈,陶渔岁序我颓唐。
春风象郡随车雨,夜月珠山照屋梁。
报效臣心曾互勉,漫将离绪扰回肠。

骊驹声里去匆匆,醉国知君志不同。
黥面文身歌惠政,蛮烟瘴雨扫清风。
口碑已堕西江泪,肺石行镌百粤功。
我辈寸心无远近,青天白水自鳞鸿。

冬日归自浮梁晚景即事

又向浮梁道,归旌入夜时。
山空霸月白,路仄笋舆迟。
晚棹江摇火,孤村犬吠篱。
经行十七载,冷宦境相宜。

浮梁拜客,过杨家坞,村店啜茗,口占一绝

野菊花黄枫柏红,浮梁道上又匆匆。
杨家坞里山茶好,一饮疑生两腋风。

第四章 人物表

浮梁县历代进士名录

唐		
姓　名	籍　贯	进　士
薛仲佐	—	元和年间
曾舆	—	大中年间
凌玉铉	—	唐末
宋		
姓　名	籍　贯	进　士
金鼎臣	上梅田都	景德二年（1005）乙巳李迪榜
郑文载	上梅田都	天圣二年（1024）甲子宋庠榜
金汝臣	上梅田都	天圣八年（1030）庚午王拱辰榜
臧几道	上西部都	天圣八年（1030）庚午王拱辰榜
李覃	乌田	景祐元年（1034）甲戌张唐卿榜
臧论道	上西部都	景祐元年（1034）甲戌张唐卿榜
臧永锡	上西部都	宝元元年（1038）戊寅吕溱榜
金君卿	—	庆历二年（1042）壬午杨寘榜

续表

宋		
姓 名	籍 贯	进 士
王仲舒	三龙盘溪	庆历二年(1042)壬午杨寘榜
金君佐	—	仁宗朝登进士第
金君佑	—	仁宗朝登进士第
金君著	—	仁宗朝登进士第
程 筠	—	嘉祐二年(1057)丁酉章衡榜
程 节	—	嘉祐六年(1061)辛丑王俊民榜
臧 仪	上西部都	嘉祐六年(1061)辛丑王俊民榜
臧 伟	上西部都	嘉祐六年(1061)辛丑王俊民榜
宁 洵	—	嘉祐八年(1063)癸卯许将榜
张 逢	佟溪都	治平二年(1065)乙巳彭汝砺榜
江 悼	长宁都	治平二年(1065)乙巳彭汝砺榜
史 邈	长芎都	熙宁三年(1070)庚戌叶祖洽榜
臧 浑	上西部都	熙宁三年(1070)庚戌叶祖洽榜
臧 湛	上西部都	熙宁六年(1073)癸丑余中榜
郑 彻	邑北	熙宁九年(1076)丙辰徐铎榜
彭汝霖	—	熙宁九年(1076)丙辰徐铎榜
朱 震	—	熙宁九年(1076)丙辰徐铎榜
程祈(程筠子)	—	元丰五年(1082)壬戌黄裳榜
宋之才	—	元丰五年(1082)壬戌黄裳榜
张 诚	佟溪都	元丰八年(1085)乙丑焦蹈榜
张公明	佟溪都	元祐三年(1088)戊辰李常宁榜
朱 湛	明溪	绍圣元年(1094)甲戌毕渐榜
冯 荣	—	绍圣元年(1094)甲戌毕渐榜

续表

宋		
姓　名	籍　贯	进　士
江　义	—	绍圣元年(1094)甲戌毕渐榜
朱　褒	明溪	绍圣四年(1097)丁丑何昌言榜
吴令升	上西部都	绍圣四年(1097)丁丑何昌言榜
金　格	—	绍圣四年(1097)丁丑何昌言榜
朱有同	—	绍圣四年(1097)丁丑何昌言榜
方　洙	东流	元符三年(1100)庚辰李釜榜
史　迅	—	元符三年(1100)庚辰李釜榜
李　辙	—	崇宁五年(1106)丙戌蔡嶷榜
臧　翊	上西部都	北宋
李舜田	界田	大观三年(1109)己丑贾安宅榜
汪天任	—	大观三年(1109)己丑贾安宅榜
方廷实	—	大观三年(1109)己丑贾安宅榜
李　参	界田	大观三年(1109)己丑贾安宅榜
朱定国	—	政和二年(1112)壬辰莫俦榜
臧佑之	上西部都	政和二年(1112)壬辰莫俦榜
臧崇之	上西部都	政和二年(1112)壬辰莫俦榜
程　达	—	政和五年(1115)乙未何栗榜
胡　涓	—	政和五年(1115)乙未何栗榜
鲍　昱	—	政和五年(1115)乙未何栗榜
臧　励	劝义都	政和五年(1115)乙未何栗榜
朱　俊	劝义都	政和五年(1115)乙未何栗榜
李　润	界田	政和五年(1115)乙未何栗榜
李椿年	界田	重和元年(1118)戊戌王昂榜

续表

宋		
姓　名	籍　贯	进　士
鲍　琚	—	重和元年(1118)戊戌王昂榜
李廷实	潭口	重和元年(1118)戊戌王昂榜
臧博文	—	重和元年(1118)戊戌王昂榜
余道潜	—	重和元年(1118)戊戌王昂榜
胡　澄	—	重和元年(1118)戊戌王昂榜
金　举	—	宣和三年(1121)辛丑何焕榜
金作励	东乡	宣和三年(1121)辛丑何焕榜
吴廷实	新正都	宣和三年(1121)辛丑何焕榜
程克俊	寿安寺前	宣和六年(1124)甲辰沈晦榜
金时泽	界田	宣和六年(1124)甲辰沈晦榜
臧　侑	上西部都	宣和六年(1124)甲辰沈晦榜
程　瑀	臧湾府前	宣和六年(1124)甲辰沈晦榜
张　颖	西隅	建炎二年(1128)戊申李易榜
吕虞卿	浯溪都芳村	绍兴二年(1132)壬子张九成榜
张　实	—	绍兴五年(1135)乙卯汪应辰榜
汪　澈	桃墅	绍兴八年(1138)戊午黄公度榜
余时言	—	绍兴十二年(1142)壬戌陈诚之榜
张　㳘	佟溪都	绍兴十二年(1142)壬戌陈诚之榜
鲍安世	—	绍兴十二年(1142)壬戌陈诚之榜
李应时	界田	绍兴十五年(1145)乙丑刘章榜
包　府	乌田	绍兴十五年(1145)乙丑刘章榜
鲍安行	—	绍兴十八年(1148)戊辰王佐榜
朱伯雄	—	绍兴十八年(1148)戊辰王佐榜

续表

宋		
姓　名	籍　贯	进　士
查　维	上义都	绍兴十八年(1148)戊辰王佐榜
查文颠	上义都	绍兴十八年(1148)戊辰王佐榜
程宏远	上西都	绍兴二十一年(1151)辛未赵逵榜
鲍安国	—	绍兴二十一年(1151)辛未赵逵榜
臧桶	上西都	绍兴二十一年(1151)辛未赵逵榜
张嘉谟	佟溪都	绍兴二十四年(1154)甲戌张孝祥榜
郑　卓	腾凤都	绍兴二十四年(1154)甲戌张孝祥榜
胡　珪	—	绍兴二十四年(1154)甲戌张孝祥榜
施　昇	腾凤都	绍兴二十四年(1154)甲戌张孝祥榜
朱　琇	劝义都	绍兴二十七年(1157)丁丑王十朋榜
李芝才	—	绍兴二十七年(1157)丁丑王十朋榜
叶晞旦	北隅	绍兴三十年(1160)庚辰梁克家榜
计　衡	—	绍兴三十二年(1162)壬午赐进士出身
程　昱	—	隆兴二年(1164)进士
程宏图	—	乾道二年(1166)丙戌萧国梁榜
臧　衡	上西部都	乾道五年(1169)己丑郑侨榜
鲍升之	—	乾道八年(1172)壬辰黄定榜
朱　霖	—	乾道八年(1172)壬辰黄定榜
卢友源	新田都	淳熙八年(1181)辛丑黄由榜
冯　椅	—	淳熙八年(1181)辛丑黄由榜
朱去奢	明溪	淳熙十四年(1187)丁未王容榜
吴宗玉	兴义都	淳熙十四年(1187)丁未王容榜

续表

宋		
姓　名	籍　贯	进　士
计黉	—	绍熙元年(1190)庚戌余复榜
郑子思	兴义都	庆元二年(1196)丙辰邹应龙榜
程有俊	—	庆元二年(1196)丙辰邹应龙榜
李大有	界田	庆元五年(1199)己未曾从龙榜
朱进之	明溪	庆元五年(1199)己未曾从龙榜
程有徽	上西都	庆元五年(1199)己未曾从龙榜
郑梦龙	—	嘉定元年(1208)戊辰郑自诚榜
朱　振	明溪	嘉定四年(1211)辛未赵建大榜
金从龙	—	嘉定四年(1211)辛未赵建大榜
宁时凤	—	嘉定七年(1214)甲戌袁甫榜
程立之	—	嘉定七年(1214)甲戌袁甫榜
郑　森	腾凤都	嘉定十年(1217)丁丑吴潜榜
包　禾	乌田	嘉定十年(1217)丁丑吴潜榜
包有辉	—	嘉定十六年(1223)癸未蒋重珍榜
黎弥振	—	嘉定十六年(1223)癸未蒋重珍榜
朱　准	儒林都	宝庆二年(1226)丙戌王会龙榜
程　晖	镇市都	宝庆二年(1226)丙戌王会龙榜
臧文遑	上西部都	绍定间以科目举进士
李遇龙	—	绍定五年(1232)壬辰徐元杰榜
朱应声	—	嘉熙二年(1238)戊戌周坦榜
李亨嘉	界田	嘉熙二年(1238)戊戌周坦榜
汪　洪	辛合都	嘉熙二年(1238)戊戌周坦榜

续表

宋		
姓　名	籍　贯	进　士
程有文	上西部都	嘉熙二年(1238)戊戌周坦榜
臧　洪	上西部都	淳祐元年(1241)辛丑徐俨夫榜
操斗祥	—	淳祐元年(1241)辛丑徐俨夫榜
臧　泽	上西部都	淳祐元年(1241)辛丑徐俨夫榜
郭　困	—	淳祐四年(1244)甲辰留梦炎榜
朱貔孙	高沙	淳祐四年(1244)甲辰留梦炎榜
郭　渊	—	淳祐四年(1244)甲辰留梦炎榜
汪立信	—	淳祐六年(1246)丙午史嵩榜
李杞之	新田都	淳祐七年(1247)丁未张渊微榜
李应雄	界田	淳祐七年(1247)丁未张渊微榜
李雷奋	—	淳祐七年(1247)丁未张渊微榜
戴　金	县北	淳祐十年(1250)庚戌方逢辰榜
宁　鳞	常尚都	淳祐十年(1250)庚戌方逢辰榜
赵介如	石岭	宝祐元年(1253)癸丑姚勉榜
张　明	—	宝祐元年(1253)癸丑姚勉榜
李儒珍	界田	宝祐元年(1253)癸丑姚勉榜
李雷应	—	宝祐四年(1256)丙辰文天祥榜
赵良苴	—	宝祐四年(1256)丙辰文天祥榜
臧　灼	新安都	宝祐四年(1256)丙辰文天祥榜
李本固	西隅	宝祐四年(1256)丙辰文天祥榜
章可大	邑北	开庆元年(1259)己未周震炎榜
胡云龙	—	开庆元年(1259)己未周震炎榜

续表

宋		
姓　名	籍　贯	进　士
李　俊	西隅	开庆元年(1259)己未周震炎榜
李　蕚	界田	开庆元年(1259)己未周震炎榜
方圣传	—	景定三年(1262)壬戌科方山京榜
赵若潎	—	景定三年(1262)壬戌方山京榜
臧廷凤	臧湾	景定三年(1262)壬戌方山京榜
洪梦斗	—	咸淳元年(1265)乙丑阮登炳榜
李　午	—	咸淳元年(1265)乙丑阮登炳榜
程东凤	—	咸淳元年(1265)乙丑阮登炳榜
陈师圣	—	咸淳元年(1265)乙丑阮登炳榜
朱　珍	北隅	咸淳元年(1265)乙丑阮登炳榜
赵时励	西隅	咸淳元年(1265)乙丑阮登炳榜
赵时灼	西隅	咸淳元年(1265)乙丑阮登炳榜
赵时琥	西隅	咸淳元年(1265)乙丑阮登炳榜
宁安常	安田都	咸淳元年(1265)乙丑阮登炳榜
赵良朋	西隅	咸淳元年(1265)乙丑阮登炳榜
李　昱	田西关	咸淳元年(1265)乙丑阮登炳榜
吴兴龙	新正都	咸淳四年(1268)戊辰陈文龙榜
冯应雷	高岭	咸淳四年(1268)戊辰陈文龙榜
刘宾卿	县西	咸淳四年(1268)戊辰陈文龙榜
汪有大	南隅	咸淳四年(1268)戊辰陈文龙榜
汪有明	南隅	咸淳四年(1268)戊辰陈文龙榜
汪有新	南隅	咸淳四年(1268)戊辰陈文龙榜

续表

宋		
姓　名	籍　贯	进　士
汪有成	南隅	咸淳四年(1268)戊辰陈文龙榜
汪有才	南隅	咸淳四年(1268)戊辰陈文龙榜
汪有辉	南隅	咸淳四年(1268)戊辰陈文龙榜
徐定孙	县北	咸淳四年(1268)戊辰陈文龙榜
李遇凤	—	咸淳四年(1268)戊辰陈文龙榜
郑大中	县城	咸淳七年(1271)辛未张镇孙榜
黄　相	镇市都	咸淳七年(1271)辛未张镇孙榜
凌碧潭	劝义都	咸淳七年(1271)辛未张镇孙榜
汪应贵	县城	咸淳七年(1271)辛未张镇孙榜
李雷复	界田	咸淳七年(1271)辛未张镇孙榜
张雷龙	东陂	咸淳七年(1271)辛未张镇孙榜
胡朝京	—	咸淳七年(1271)辛未张镇孙榜
范　穮	县城	咸淳十年(1274)甲戌王龙泽榜
闵辰应	县北	咸淳十年(1274)甲戌王龙泽榜
郑云龙	—	咸淳十年(1274)甲戌王龙泽榜
臧文通	上西部都	咸淳十年(1274)甲戌王龙泽榜
张会龙	—	咸淳十年(1274)甲戌王龙泽榜
汪东正	—	咸淳十年(1274)甲戌王龙泽榜
李　荣	田西关	咸淳十年(1274)甲戌王龙泽榜
范　樵	—	咸淳十年(1274)甲戌王龙泽榜
李雷震	—	咸淳十年(1274)甲戌王龙泽榜
陆碧潭	—	咸淳十年(1274)甲戌王龙泽榜
李雷泽	西隅	咸淳十年(1274)甲戌王龙泽榜

续表

宋			
姓 名	籍 贯	进 士	
李弥世	—	北宋进士(《见江西历代进士全传》)	
李心道	—	北宋进士,李弥世子(见《江西历代进士全传》)	
金去为	—	宋代进士(见《江西历代进士全传》)	

元			
姓 名	籍 贯	进 士	
郑合生	—	延祐二年(1315)乙卯张起岩榜	
章 殼	—	延祐五年(1318)戊午霍希贤榜	
方君玉	北隅	至治元年(1321)辛酉宋本榜	
操太初	北隅	至治元年(1321)辛酉宋本榜	
李 升	—	至治元年(1321)辛酉宋本榜	
章 毅	—	泰定元年(1324)甲子张益榜	

明			
姓 名	籍 贯	进 士	
查仲原	—	洪武四年(1371)辛亥吴伯宗榜	
俞敬德	—	洪武四年(1371)辛亥吴伯宗榜	
郑 隆	—	洪武二十七年(1394)甲戌张信榜	
唐 恕	—	洪武三十年(1397)丁丑陈安榜	
吴 忠	上义都	永乐四年(1406)丙戌林环榜	
朱 敬	南隅	永乐九年(1411)辛卯萧时中榜	
刘为政	北隅	永乐十六年(1418)戊戌李骐榜	
冯 诚	湘湖	永乐十九年(1421)辛丑曾鹤龄榜	
程 鏪	西隅	永乐十九年(1421)辛丑曾鹤龄榜	
吴 惠	—	永乐十九年(1421)辛丑曾鹤龄榜	

续表

明		
姓　名	籍　贯	进　士
程道兴	西隅	永乐十九年(1421)辛丑曾鹤龄榜
李　安	田西关	永乐二十二年(1424)甲辰邢宽榜
计　澄	—	永乐二十二年(1424)甲辰邢宽榜
操　安	—	永乐二十二年(1424)甲辰邢宽榜
崔　远	西隅	宣德二年(1427)丁未马愉榜
戴　瑢	北隅	正统元年(1436)丙辰周旋榜
戴　珉	北隅	正统十二年(1448)戊辰彭时榜
刘　俭	—	景泰二年(1451)辛未柯潜榜
戴　委	—	景泰二年(1451)辛未柯潜榜
冯　馘	下乂合都	景泰五年(1454)甲戌孙贤榜
计　昌	下乂合都	天顺元年(1457)丁丑黎淳榜
徐　贵	—	天顺元年(1457)丁丑黎淳榜
刘　骥	—	天顺四年(1460)庚辰王一夔榜
计　礼	—	天顺八年(1464)甲申彭教榜
戴　珊	北隅	天顺八年(1464)甲申彭教榜
邓　谦	里仁都	天顺八年(1464)甲申彭教榜
戴　玘	北隅	天顺八年(1464)甲申彭教榜
李　敩	东隅	成化二年(1466)丙戌罗伦榜
戴　琏	—	成化二年(1466)丙戌罗伦榜
孙　弁	—	成化八年(1472)壬辰吴宽榜
程廷珙	—	成化十一年(1475)乙未谢迁榜
张　桓	—	成化十七年(1481)辛丑王华榜
范　玶	—	成化二十三年(1487)丁未费宏榜

续表

明		
姓　名	籍　贯	进　士
方　选	—	正德三年(1508)戊辰吕柟榜
卢　琼	—	正德六年(1511)辛未杨慎榜
汪　本	潭口	正德六年(1511)辛未杨慎榜
李　煌	—	正德十二年(1517)丁丑舒芬榜
曹　煜	曹村	嘉靖五年(1526)丙戌龚用卿榜
臧用明	上西部都	嘉靖八年(1529)己丑科罗洪先榜
闵　旦	北隅	嘉靖十一年(1532)壬辰林大钦榜
程时思	兴田	嘉靖十七年(1538)戊戌茅瓒榜
汪　柏	夏田	嘉靖十七年(1538)戊戌茅瓒榜
曹天宪（曹煜从子）	曹村	嘉靖二十年(1541)辛丑沈坤榜
方　祥	西隅	嘉靖二十六年(1547)丁未李春芳榜
詹　珊	—	嘉靖二十六年(1547)丁未李春芳榜
张　灯	—	嘉靖二十九年(1550)庚戌唐汝楫榜
曹天祐	—	嘉靖二十九年(1550)庚戌唐汝楫榜
操守经	北隅	嘉靖二十九年(1550)庚戌唐汝楫榜
张　仙	北乡	嘉靖三十二年(1553)癸丑陈谨榜
戴时雍	—	嘉靖三十二年(1553)癸丑陈谨榜
侯有功	—	嘉靖三十二年(1553)癸丑陈谨榜
金　达	引京都（英溪）	嘉靖三十五年(1556)丙辰诸大绶榜（通志误为鄱阳籍）
操时贤	东隅	嘉靖三十五年(1556)丙辰诸大绶榜
程汝盛	—	嘉靖三十五年(1556)丙辰诸大绶榜
王廷辅	北隅	嘉靖四十一年(1562)壬戌申时行榜

续表

明		
姓　名	籍　贯	进　士
张德夫	引京都	嘉靖四十四年(1565)乙丑范应期榜
方学孟	—	隆庆二年(1568)戊辰罗万化榜
余　钦	—	隆庆二年(1568)戊辰罗万化榜
李大钦	东隅	万历八年(1580)庚辰张懋修榜
闵文卿(闵旦子)	北隅	万历十四年(1586)丙戌唐文献榜
汪凤翔	桃墅	万历十四年(1586)武进士
姚　善	下源都	万历二十年(1592)壬辰翁正春榜
朱一桂	北隅	万历二十年(1592)壬辰翁正春榜
陈大绶	城门都	万历二十三年(1595)乙未朱之蕃榜
黄龙光	西隅	万历二十六年(1598)戊戌赵秉忠榜
侯之翰	北隅	万历三十五年(1607)丁未黄士俊榜
郑履祥	腾凤都	万历四十四年(1616)丙辰钱士升榜
金秉乾	—	万历四十七年(1619)乙未庄际昌榜
朱应熊	流溪	崇祯四年(1631)辛未陈于泰榜
方廷渭	—	崇祯七年(1634)甲戌刘理顺榜
冯秉清	劝义都(冯村)	崇祯十年(1637)丁丑刘同升榜
鲍文宏	福义都(墩口)	崇祯十三年(1640)庚辰魏藻德榜
汪有润	夏田	崇祯十三年(1640)庚辰赐同进士出身
李思谟	东隅	崇祯十六年(1643)癸未杨廷鉴榜
清		
陈永命	引京都锦里	顺治九年(1652)壬辰邹忠倚榜
鲍一复	福义都墩口	顺治十八年(1661)辛丑马世俊榜
吴从至	新正都(瑶里)	康熙三十九年(1700)庚辰汪绎榜

续表

清		
汪兆熊	桃墅	康熙四十二年(1703)癸未王式丹榜
吴翀	新正都(瑶里)	康熙五十二年(1703)癸巳恩科王敬铭榜
汪壎	桃墅	雍正二年(1724)甲辰陈德华榜
李教文	—	雍正五年(1727)丁未彭启丰榜
金梦熊	腾凤都	雍正五年(1727)丁未彭启丰榜
叶宏	—	乾隆十三年(1748)戊辰梁国治榜
邓梦琴	下芦田都	乾隆十七年(1752)壬申恩科秦大士榜
叶廷裕	北隅	乾隆十九年(1754)甲戌庄培因榜
汪洼	桃墅	乾隆四十三年(1778)戊戌戴衢亨榜
邓傅安	下芦田都	嘉庆十年(1805)乙丑彭浚榜
蔡承祈	—	嘉庆十三年(1808)戊辰吴信中榜
董芳芹	—	嘉庆十三年(1808)戊辰吴信中榜
刘镇国	—	嘉庆十三年(1808)戊辰吴信中榜
朱思敬	—	道光十五年(1835)乙未刘绎榜
程搏万	—	光绪十二年(1886)丙戌赵以炯榜
程起凤	府前	光绪二十九年(1903)癸卯王寿彭榜

浮梁县历代举人名录

(录自道光版《浮梁县志》卷十一"选举·举人"。举人表中含监举、漕举、选试太学、太学肄业)

宋

(按：宋无举人。送礼部者谓之解试，人数繁多。不第仍放归。旧志于宋，尽称举人，今仍之。)

宣和五年癸卯(1123)

包应　程源　汪显臣　包府　章璧　李攸　汪廷辉
吴珪　李纮　余刚　李若水　章涧　王禹　徐槐仁

靖康二年丙午(1127)

臧坦之　戴景高　朱伯雄　章滂　王克　黎洎仁　王宽
王绾　胡清　金若济　朱懋　臧庸之

建炎四年庚戌(1130)

鲍安国　张实　汪沆　程洋　叶晞旦　朱舜举　李弦
冯时

绍兴二年壬子(1132)

吕唐卿

绍兴三年癸丑(1133)

潘祥

绍兴四年甲寅(1134)

胡泳　郑卓　黎上用　陈邦国　陈昇　查维

绍兴七年丁巳(1137)

朱耜　陈作舟　朱谔　汪澈　朱时发　吴文仲　宋公邵
康牟　张潽　查文颠

绍兴十年庚申(1140)

朱琇　李镇　鲍安行　张硕　程九万　甯梓　臧梅
甯楯　余时言　李芝才

绍兴十二年壬戌(1142)

张滂　鲍安世

绍兴十四年甲子(1144)

汪人杰　李应时　吴熙载

绍兴十七年丁卯(1147)

朱方平　臧瑗　汪敞　甯濬　胡汝器　陈昌言　徐居安
王玙　汪潽　查克

绍兴二十年庚午(1150)

方京　臧松　卢中　张介卿　李逢辰　陈若水　何汝谐

绍兴二十三年癸酉(1153)

鲍廷陟　鲍安鼎　陈秉哲　程宏繇　王舜卿　甯昌朝　朱玙
臧注　李同　朱若兰　鲍安义　吴珪

绍兴二十六年丙子(1156)

汪宰　郑汝楫　程澈　李琪　朱毅然　甯谦光　汪骏发
汪鹏举　汪廷俊　朱揿庭　吴说

绍兴二十九年己卯(1159)

吴九龄　臧安中　臧安仁　程秘　郑汝济　卢岩　鲍安靖

绍兴三十二年壬午(1162)

鲍升之　　程宏父　　李致广　　甯道济　　汪　湘　　陈　藩

乾道元年乙酉(1165)

朱去奢　　臧安远　　鲍从龙　　程　同　　方千里

乾道四年戊子(1168)

冯一飞　　臧　海　　朱南强　　臧安泰　　郑化基　　吴　渤

乾道七年辛卯(1171)

李　懋　　吴安国　　李弥光　　李梦龙　　程千里

淳熙元年甲午(1174)

朱　履　　李达可　　朱希说　　程宏览

淳熙四年丁酉(1177)

方　洵　　黎格非　　臧安兴　　陈若退　　程　邈　　李有烈

淳熙七年庚子(1180)

李日新　　臧安运　　朱进之　　李　素　　吴宗玉　　冯　阳　　冯　俏
卢友源　　方日休

淳熙十年癸卯(1183)

李隆礼　　张君觊　　金去伪

淳熙十三年丙午(1186)

李必胜　　包　禾　　李　华　　臧　械　　臧之早　　章文虎　　甯　熙

淳熙十六年己酉(1189)

程有你　　臧　苐　　甯时豹　　张纯诚　　金执纲　　朱文郁　　章攀鳞

绍熙三年壬子(1192)

李　申　　李有开　　郑有华　　郭允成　　张纯德　　金　谊　　宋　对

甯　乃

庆元元年乙卯(1195)

宁时凤　郑　森　潘　思　甯　及　李潜祥　黎场声　姚一鹗
郑子思　程有俊　王德明　黎扬烈

庆元四年戊午(1198)

李大有　臧　缙　郑　泳　朱　侃　李　淡　方文辉　程复之
朱　越　甯　剧

嘉泰元年辛酉(1201)

李　彬　甯梦得　卢三聘　郑梦龙　汪　洪

嘉泰四年甲子(1204)

金应龙　甯　闻　汪允升　甯必有　汪　炎　方　正　郑梦华
彭　春

开禧三年丁卯(1207)

余梦及　胡应龙　程应中　夏侯槐　卢应龙

嘉定三年庚午(1210)

包樾之　方逢辰　朱大有　金从龙　鲍应龙　李孝恭　程立之
冯志业　鲍　澥

嘉定六年癸酉(1213)

程　晖(疑即乙酉之程辉)　程希俊　黎畏之　甯载兴　汪子猷
李必高　汪应龙

嘉定九年丙子(1216)

俞应雷　程有文　鲍弥大　郑日强　李应丙

嘉定十二年己卯(1219)

金　俊　程杞之　李亨嘉

嘉定十五年壬午(1222)

黎弥镇(黎弥振)　赵　源　宁有俊　鲍攀龙　方应新　李居仁
包有辉　　　　　朱　准　操　应　臧　洪

宝庆元年乙酉(1225)

甯　鳞　李应申　程　辉(疑即嘉定癸酉之程晖)

绍定元年戊子(1228)

李杞之　李遇龙　李三锡　宁梦龙　李端有　章礼端　李　华
方应星　程　改　程应吁　余万通

绍定四年辛卯(1231)

臧　灼　李　蕚　彭奇之　李朝佐

端平元年甲午(1234)

宋逢午　金　章　操斗祥　冯应雷　闵应桂　汪必俊　朱梦鲤
李敏求　操　节　黎德秀　郑遇龙　冯梦雷

嘉熙元年丁酉(1237)

黄　相　潘应斗　朱应声　章天瑞　凌应发　詹　振　李雷复
朱　和　方斗祥　郑熙元　王庭春　章天觉　朱梦得　方　聪
朱梦过　陈应有

嘉熙四年庚子(1240)

卢应子　程云腾　程用父　李应星　黎　畔　朱桂发　章可大
黎元秀　俞从龙

淳祐三年癸卯(1243)

郭　困　朱德秀　朱　隶　吕　今　方斯立　鲍闻礼　方梦桂
凌　肃　郑应子　胡云龙　朱貌孙

淳祐六年丙午(1246)

潘申子	董升之	方宜父	张会龙	汪有大	闵应声	洪梦斗
李东复	黄　明					

淳祐九年己酉(1249)

金　琪	金　森	刘宾卿	范　科	彭桂东	汪天定	赵介如
李遇凤	郑龙孙					

淳祐十二年壬子(1252)

汪有东	李大原	李东龙	李儒珍	方梦龙	程有卿	章尧囡
金　科	黎起龙	张　明	金九成	金之能	臧天定	洪大开

宝祐三年乙卯(1255)

李肤敏	艾梦明	胡云翔	程遇凤	闵天定	王照孙	范　穮
程东凤	章国珍	李雷声	李　午	郑　航	计焱明	柳子开
史逢辰	郑一枝					

宝祐六年戊子(1258)

徐梦驹	朱子正	汪梦斗	汪圣之	范　种	徐定孙	朱明道
金椿孙	汪梦午					

景定二年辛酉(1261)

方应雷	章梦骥	郑仲振	郑士奇	余梦标	程名子	施梦斗
方元龟	吴梦荐	方大瑶	李　悸			

景定五年甲子(1264)

金起潜	冯腾鹗	吴　禔	郑良孙	宋诏子	郭海宗	胡起云
金忠裕	冯应龙	吴　前	凌　沅	冯应旗		

咸淳三年丁卯(1267)

陈子前	金　坚	冯迪人	吴兴龙	冯龙囡	方　有	李应斗

闵辰应　　郭荣孙　　方惠华　　徐应登　　黎龙困　　郑大中　　程积庆
朱显义

咸淳六年庚午(1270)

郑良肱　　李雷焱　　张翱龙　　程　午　　汪应焱　　臧同祖　　汪鳞孙
叶　林　　方兴龙　　郑　合　　张雷龙　　朱庚元　　张困龙

咸淳九年癸酉(1273)

李雷时　　金　雷　　臧　孙　　闵　洪　　郑同达　　徐彩孙　　王霆荣
凌秀民　　操贵持

(以上或各经举,或赋举,或特举。宋之乡贡止此。)

监举

李遇顺　　李若水　　朱以成　　李　峤　　李雷林　　李雷行　　李雷轰
李福孙　　张　梓　　李雷春　　甯志得　　徐定孙

(以上俱举于监不发解于乡郡。)

漕举

王　熙　　郑德秀　　汪　杰　　金　森　　程　宪　　甯大中　　张自强
李绣翁　　甯从龙　　李绣翁　　李天锡　　刘会龙　　朱麟孙　　黄　相
朱信得　　李雷应　　李雷初　　李　俊

(以上俱随官流寓而试于漕司。)

选试太学

郭循道　　程　瑀　　计　衡　　徐大成　　程宏图　　吴宗玉　　汪　雷
程有徽　　李遇龙　　张会龙　　李梦圣　　李雷奋　　李应雄　　章德辉
赵良茝　　甯鼎新　　鲍季梁　　陈师圣　　程应振　　项应星

(以上俱选试于太学不发解于乡郡。)

太学肄业

冯应龙　　李遇凤　　汪有明　　方　界　　朱以和　　朱以昭　　甯至得

李德文　朱以宁　吴天骥

（以上俱入太学肄业免其发解。）

元

大德四年庚子(1300)

李　亨

延祐元年甲寅(1314)

方希愿　郑合生　朱文焕

延祐四年丁巳(1317)

汪廷凤　李　仲

延祐七年庚申(1320)

方君玉　李　升

至治三年癸亥(1323)

章　穀　冯　青

泰定三年丙寅(1326)

柳宗武　闵　达　操希曾

元统三年乙亥(1335)

操希德

至正四年甲申(1344)

俞彦文

至正六年丙戌(1346)

朱仲潜

至正七年丁亥(1347)

徐　逊　　程际可　　尤子实

至正十六年丙申(1356)

潘贵隆

明

洪武三年庚戌(1370)

查仲原　　俞敬德　　王　镛

洪武二十六年癸酉(1393)

傅　骥　　郑　隆

洪武二十九年丙子(1396)

唐　恕　　程德超　　汪道同

永乐元年癸未(1403)

曾　福

永乐三年乙酉(1405)

吴　忠　　王　振　　洪　畤　　洪　渊

永乐六年戊子(1408)

朱　敬　　张　琛　　王　英　　崔　远

永乐十二年甲午(1414)

戴　弁　　郑　常　　程　鎈　　程道兴　　冯　诚　　吴　惠

永乐十五年丁酉(1417)

刘为政

永乐十八年庚子(1420)

潘 昌　计 泳　戴 昪　计 澄　李 诚　李 安　吴 静

宣德四年己酉(1429)

方 贵　王文凤

宣德七年壬子(1432)

方 荣　戴 瑞

宣德十年乙卯(1435)

黄 銮

正统六年辛酉(1441)

闵 巽　刘 俭

正统九年甲子(1444)

闵 宽　王 缙

正统十二年丁卯(1447)

李 洪　戴 珉

景泰元年庚午(1450)

戴 璨　计 昌　闵 安　戴 琏　冯 馘　戴 琥　刘 骥
祝 祥　臧 昶

景泰四年癸酉(1453)

黄 璧　戴 玑　范 杰　吴 敬

景泰七年丙子(1456)

徐 贵　李 敦

天顺三年己卯(1459)

戴 琰　邓 谦　闵 宏　闵 凤　江 济

天顺六年壬午(1462)

计 礼　戴 珊

成化元年乙酉(1465)

吴 埻　孙 弁　郑 济

成化四年戊子(1468)

黄 钊　程 宪

成化七年辛卯(1471)

李 渤　徐 瑾　叶 荣　李 烜　张 桓

成化十年甲午(1474)

唐 玺　程廷琪　蓝 馥　孙 韶

成化十三年丁酉(1477)

黄 珪　程 潜　王 焕　黄 珣

成化十六年庚子(1480)

程凤仪　范 玶

成化十九年癸卯(1483)

李 春

成化二十二年丙午(1486)

闵 鹗　汪 瀚　黄 嵩

弘治二年己酉(1489)

黄 玟　黄 弈

弘治五年壬子(1492)

方 震　张 咸　唐 燧　戴 旦　黄 源　卢 鋆

弘治八年乙卯(1495)

郑　宽　载　显

弘治十一年戊午(1498)

方　准　张　焕　徐　宣　叶　葵

弘治十四年辛酉(1501)

李　煌　操　憼

弘治十七年甲子(1504)

朱　韶

正德二年丁卯(1507)

方　选　张　震　汪　本　王　銮

正德五年庚午(1510)

卢　琼　李　淡　李　炤

正德八年癸酉(1513)

戴　录　余　琇

正德十一年丙子(1516)

张　勋　计　尧　操　松

嘉靖元年壬午(1522)

曹　煜　李　宪

嘉靖四年乙酉(1525)

方廷举

嘉靖七年戊子(1528)

李　宝　方　清　闵　旦　甯　宠

嘉靖十年辛卯(1531)

侯 仁　　汪 柏

嘉靖十三年甲午(1534)

吴敦本

嘉靖十六年丁酉(1537)

徐文祖　　程汝昌　　程汝爵　　程时思　　张 仙　　吴 让

嘉靖十九年庚子(1540)

张廷桂　　黄德裕　　彭 洛　　曹天宪　　吴宗吉

嘉靖二十二年癸卯(1543)

曹守达　　黄 荞　　彭 溱

嘉靖二十五年丙午(1546)

金 达　　方 祥　　方 沂　　曹天俸　　操守经　　戴时雍　　操时贤
汪 挺　　詹 珊　　张 灯　　张 晓

嘉靖二十八年己酉(1549)

尤 铛　　郑国珍　　戴 钝　　程 晓　　余一贯　　王廷辅　　郑天瑞
李廷钧　　吴 谦　　方学圣　　张天德　　甯文光　　李秀之

嘉靖三十一年壬子(1552)

张廷仪　　陈时霖　　戴文完　　林朝卿　　侯有功　　黄应龙

嘉靖三十四年乙卯(1555)

闵文卿　　张国祥　　程汝盛　　张德夫　　朱天益　　江 洲

嘉靖三十七年戊午(1558)

张应升　　方学孟　　郑 诲

嘉靖四十年辛酉(1561)

汪宗道　　张元杰

嘉靖四十三年甲子(1564)

余　钦

隆庆元年丁卯(1567)

曹天正　　汪　鲸

隆庆四年庚午(1570)

汪天宷　　余　铿

万历四年丙子(1576)

李大钦　　方中和　　郑　选

万历七年己卯(1579)

方鸣盛　　方廷和　　戴子孝　　程继志　　程景伊　　汪沛之　　叶文熺
闵有功　　朱一桂

万历十年壬午(1582)

徐国光

万历十三年乙酉(1585)

张日升　　孙子忠　　程　杖　　张　骥

万历十六年戊子(1588)

曹守顺　　姚　善　　徐时豫　　王国卿　　曹希泰　　汪文嘉　　张世卿

万历十九辛卯(1591)

汪化中　　金德范　　吴　赪　　张士元

万历二十二年甲午(1594)

李日滋　　陈大绶　　范希浚　　汪裁成　　张国钥

万历二十五年丁酉(1597)

陈大绣　　黄龙光

万历二十八年庚子(1600)

侯之翰　　汪应扬　　左之宜

万历三十一年癸卯(1603)

吴光虹　　程文兴　　侯祚新

万历三十四年丙午(1606)

王如春　　操可中　　詹豸绣　　叶时雨

万历三十七年己酉(1609)

汪守位　　李日修　　王良婴　　江良构

万历四十年壬子(1612)

郑履祥　　戴子贵　　张汝醇

万历四十三年乙卯(1615)

戴国栋

万历四十六年戊午(1618)

黄鹤腾　　王　位　　程鹏远　　程克武

天启元年辛酉(1621)

朱　棐　　施士赓　　郑为龙

天启四年甲子(1624)

姚国相　　王祚昌

天启七年丁卯(1627)

程子奇　　方廷渭　　汪有润

崇祯三年庚午(1630)

朱应熊　　朱敬所

崇祯六年癸酉(1633)

汪　演　　冯秉清　　朱　垒

崇祯十二年己卯(1639)

侯用宾　　李思谟　　鲍文宏

崇祯十五年壬午(1642)

施则远　　闵于嘉

清

顺治八年辛卯(1651)

陈永命

顺治十四年丁酉(1657)

张豸生　　鲍一复

顺治十七年庚子(1660)

闵德辉　　詹槐芬

康熙二年癸卯(1663)

江琳生

康熙五年丙午(1666)

郑日藻　　江琇生

康熙八年己酉(1669)

曹鼎元　　李思申

康熙十一年壬子(1672)

汪逢源　　姚国桢

康熙二十三年甲子(1684)

方缔祖　　鲍一参

康熙二十六年丁卯(1687)

李　韶

康熙二十九年庚午(1690)

吴　翀　　方之舟

康熙三十二年癸酉(1693)

汪兆熊　　朱瑞龄

康熙三十八年己卯(1699)

吴从至

康熙四十七年戊子(1708)

计日广　　吴宾兴

康熙五十年辛卯(1711)

朱明渊

康熙五十二年癸巳(1713)恩科

吴都赋　　鲍宗昰　　李　宏

康熙五十六年丁酉(1717)

郑华祚　　方应聪

雍正元年癸卯(1723)恩科

汪　壎　　吴廷俊　　鲍孔谓　　张凤超　　闵　遴

雍正二年甲辰(1724)

金梦熊　　李教文　　方绪祖

雍正四年丙午(1726)

李　炳　　朱日堂

乾隆元年丙辰(1736)恩科

操瑞麟　　钱逢泰

乾隆六年辛酉(1741)

李园桃　　金　紫

乾隆九年甲子(1744)

邓梦琴　　叶　宏

乾隆十二年丁卯(1747)

熊兆飞

乾隆十五年庚午(1750)

叶廷裕

乾隆十七年壬申(1752)恩科

张图南

乾隆十八年癸酉(1753)

张鹏焘

乾隆二十一年丙子(1756)

甯之善

乾隆二十四年己卯(1759)

闵如松

乾隆二十五年庚辰(1760)恩科

曹　川

乾隆三十五年庚寅(1770)恩科

程学义

乾隆三十六年辛卯(1771)

汪　浤　　严圣松

乾隆三十九年甲午(1774)

钱　纬

乾隆四十五年庚子(1780)

蓝　侃

乾隆四十八年癸卯(1783)

黄巇谷

乾隆五十三年戊申(1788)

吴　翰　　曹　谦

乾隆五十四年己酉(1789)

邓传安

乾隆五十九年甲寅(1794)恩科

汪星桥

嘉庆三年戊午(1798)

黄承祈

嘉庆五年庚申(1800)恩科

项　绅

嘉庆九年甲子(1804)

吕林钟　　朱文灿　　程　琳　　郑凤书

嘉庆十三年戊辰(1808)恩科

郑凤腾　　施绪书　　朱　晖

嘉庆十八年癸酉(1813)

吴钦楸

嘉庆二十一年丙子(1816)

詹凤池

嘉庆二十三年戊寅(1818)恩科

李晖腾

嘉庆二十四年己卯(1819)

朱思敬　　李志周　　臧全泰

道光元年辛巳(1821)恩科

吴廷珪　　侯承缃　　程　昭　　汪　屿

道光二年壬午(1822)

方戴青

道光十一年辛卯(1831)恩科

吴　鳌

道光十二年壬辰(1832)

方耀南

钦赐附

董芳芹　　刘镇国　　李　芬

浮梁县历代县官名录

(注:达鲁花赤为元代地方各级最高长官的称谓,在浮梁相当于县令;浮梁在元、明两代一度为散州,故最高长官称知州,亦相当于县令)

唐		
姓　名	职　务	时　间
柳国钧	县令	开元二年(714)任
邓　胅	县令	开元六年(718)任
金　安	县令	乾符间任
金叔彦	县令	乾宁间任
金叔迟	县令	天复间任
刘仲昭	县令	天复间任
北宋		
姓　名	职　务	时　间
柳　宏	县令	大中祥符间任
胡顺之	县令	天禧中任
郭照辅	县令	天圣九年(1031)任
盛尊甫	县令	皇祐三年(1051)任
翁　诜	县令	
梅圣谟	县令	皇祐间任
李　衡	县令	皇祐四年(1052)任
谢某	县令	
刘某	县令	
杨某	县令	
高某	县令	
许彭年	县令	

续表

北宋		
姓　名	职　务	时　间
郭知章	县令	皇祐间任
杜　倪	县令	熙宁六年(1073)任
张景修	县令	元丰七年(1084)任
杜唐卿	县令	绍圣间任
范光道	县令	绍圣间任
毛文懿	县令	宣和二年(1120)任
胡　概	县令	宣和六年(1124)任
叶　荣	县令	宣和间任
张文记	县令	宣和间任
辛次膺	县令	
郭　僎	县令	
范　晖	县令	

南宋		
姓　名	职　务	任职时间
薛良朋	县令	绍兴十八年(1148)任
郭　橦	县令	绍兴二十二年(1152)任
朱　窠	县令	绍兴二十三年(1153)任
甯　尹	县令	绍兴二十八年(1158)任
赵　谦	县令	绍兴二十八年(1158)任
曹　朝	县令	绍兴三十二年(1162)任
陈仙卿	县令	隆兴二年(1164)任
胡　隐	县令	乾道四年(1168)任
李　语	县令	乾道五年(1169)任
蒋　晖	县令	淳熙二年(1175)任

续表

南宋		
姓　名	职　务	时　间
苏　祈	县令	淳熙二年(1175)任
刘三戒	县令	
徐元得	县令	淳熙五年(1178)任
杨斯士	县令	淳熙六年(1179)任
徐　晖	县令	淳熙九年(1182)任
丁大全	县令	
杨　绛	县令	淳熙九年(1182)任
赵时会	县令	淳熙十年(1183)任
徐　泳	县令	
赵善著	县令	淳熙间任
范瑞昌	县令	淳熙间任
刘名世	县令	淳熙间任
汪　澄	县令	绍熙三年(1192)任
郑伯庸	县令	庆元二年(1196)任
何文昌	县令	庆元三年(1197)任
卢　楫	县令	庆元四年(1198)任
赵汝衡	县令	嘉泰间任
赵与清	县令	开禧间任
赵汝清	县令	
吴　泳	县令	嘉定二年(1209)任
叶仁浦	县令	嘉定四年(1211)任
章宁祖	县令	嘉定四年(1211)任
赵善毅	县令	嘉定四年(1211)任
薛　宦	县令	嘉定六年(1213)任

续表

南宋		
姓　名	职　务	时　间
萧以清	县令	嘉定七年(1214)任
朱日严	县令	嘉定八年(1215)任
赵希绎	县令	嘉定九年(1216)任
赵郴夫	县令	嘉定十二年(1219)任
周光宋	县令	嘉定十七年(1224)任
徐应辰	县令	宝庆二年(1226)任
温肤公	县令	宝庆三年(1227)任
赵宗孟	县令	绍定二年(1229)任
叶景明	县令	绍定四年(1231)任
潘　材	县令	端平初任
吴　陵	县令	嘉熙二年(1238)任
赵汝著	县令	嘉熙三年(1239)任
孔贵庆	县令	淳祐九年(1249)任
王　钦	县令	宝祐间任
余　烨	县令	景定元年(1260)任
胡用虎	县令	景定四年(1263)任
赵希志	县令	景定五年(1264)任
毛龙归	县令	咸淳四年(1268)任
孟　升	县令	咸淳四年(1268)任
胡宏子	县令	咸淳间任
范　相	县令	德祐元年(1275)任

元		
姓　名	职　务	时　间
黑的儿	达鲁花赤	至元间任

续表

元		
姓　名	职　务	时　间
秃满歹	达鲁花赤	至元间任
善拔都利	达鲁花赤	元贞后任
黑　的	达鲁花赤	元贞后任
爱木都丁	达鲁花赤	元贞后任
秃不歹	达鲁花赤	元贞后任
扣杏柏	达鲁花赤	元贞后任
黑的儿	达鲁花赤	元贞后任
干罗思	达鲁花赤	元贞后任
八花帖木儿	达鲁花赤	元贞后任
捏古柏	达鲁花赤	元贞后任
朵儿只加	达鲁花赤	元贞后任
赵邦彦	知州	元贞间任
高知柔	知州	元贞间任
张荣祖	知州	元贞间任
陆之翰	知州	元贞间任
陈　钧	知州	元贞间任
裴继孙	知州	元贞间任
郭　郁	知州	皇庆间任
高　翔	知州	延祐间任
屠济亨	知州	泰定间任
阎　珍	知州	泰定间任

明		
姓　名	职　务	时间
李　庸	知州	洪武元年(1368)任
熊　衡	知州	洪武元年(1368)任

续表

明		
姓　名	职　务	时　间
王文德	知州	洪武元年(1368)任
夏　阅	知县	洪武初任
周　郁	知县	洪武六年(1373)任
程　励	知县	洪武七年(1374)任
柯士深	知县	洪武九年(1376)任
丁　坤	知县	洪武十一年(1378)任
杨景春	知县	洪武十三年(1380)任
蔡　雍	知县	洪武十五年(1382)任
毛信道	知县	洪武十七年(1384)任
高　铭	知县	洪武二十一年(1388)任
何日新	知县	洪武二十四年(1391)任
王　斌	知县	建文二年(1400)任
王　澂	知县	永乐七年(1409)任
尚　勉	知县	永乐十二年(1414)任
陈道隆	知县	永乐十六年(1418)任
房　殖	知县	永乐十九年(1421)任
李　真	知县	永乐二十年(1422)任
曾　鼎	知县	宣德元年(1426)任
赵　应	知县	正统间任
贾　宣	知县	天顺间任
齐　韬	知县	天顺六年(1462)任
刘　厚	知县	天顺八年(1464)任
张　俊	知县	成化六年(1470)任
翟　信	知县	成化十年(1474)任
何文英	知县	成化十九年(1483)任
翁文魁	知县	弘治六年(1493)任

续表

明		
姓　名	职　务	时　间
左　辅	知县	弘治十二年(1499)任
陶　诰	知县	弘治十八年(1505)任
罗　仕	知县	正德四年(1509)任
陆隆恩	知县	正德五年(1510)任
王　陂	知县	正德九年(1514)任
刘守愚	知县	正德十三年(1518)任
孔　儋	知县	嘉靖间任
蒋　岳	知县	嘉靖八年(1529)任
陈　轸	知县	嘉靖十一年(1532)任
徐　玑	知县	嘉靖十四年(1535)任
毛文炳	知县	嘉靖十六年(1537)任
汪宗伊	知县	嘉靖十九年(1540)任
杨　僎	知县	嘉靖二十二年(1543)任
阮　垕	知县	嘉靖间任
朱景贤	知县	嘉靖间任
黄　森	知县	嘉靖三十三年(1554)任
萧奇勋	知县	嘉靖间任
王应龙	知县	嘉靖四十一年(1562)任
董邦乐	知县	嘉靖四十四年(1565)任
黄应坤	知县	隆庆间任
龚叔贲	知县	隆庆间任
李际春	知县	万历二年(1574)任
张国维	知县	万历五年(1577)任

续表

明		
姓　名	职　务	时　间
尹允先	知县	万历八年(1580)任
徐学聚	知县	万历十一年(1583)任
翁立德	知县	万历十四年(1586)任
周　昊	知县	万历十六年(1588)任
梁　炫	知县	万历十八年(1590)任
张联奎	知县	万历二十二年(1594)任
杨廷槐	知县	万历二十四年(1596)任
周起元	知县	万历三十年(1602)任
钱中选	知县	万历间任
叶逢时	知县	万历间任
马鸣起	知县	万历间任
叶　焕	知县	万历四十一年(1613)任
余文龙	知县	万历四十三年(1615)任
林宗载	知县	万历四十五年(1617)任
张士升	知县	天启三年(1623)任
蔡屏周	知县	天启五年(1625)任
傅元初	知县	崇祯九年(1636)任
张国仕	知县	崇祯九年(1636)任
沈肩元	知县	崇祯十年(1637)任
卢洪声	知县	崇祯十一年(1638)任
朱应赐	知县	崇祯十五年(1642)任
徐有佐	知县	崇祯十六年(1643)任

续表

清		
姓 名	职 务	时 间
李秀龙	知县	顺治四年(1647)任
杨斗联	知县	顺治五年(1648)任
娄维嵩	知县	顺治七年(1650)任
许兆祥	知县	顺治八年(1651)任
王虞吉	知县	顺治十年(1653)任
徐 霭	知县	顺治十年(1653)任
刘邦仕	知县	顺治十七年(1660)任
萧蕴枢	知县	康熙元年(1662)任
王临元	知县	康熙九年(1670)任
张齐仲	知县	康熙十五年(1676)任
管一英	知县	康熙十六年(1677)任
李 滨	知县	康熙十八年(1679)任
胡公路	知县	康熙二十年(1681)任
张 琨	知县	康熙二十一年(1682)任
陈德敏	知县	康熙二十八年(1689)任
徐宏祖	知县	康熙三十一年(1692)任
程鲲化	知县	康熙三十五年(1696)任
缪廷鼐	知县	康熙三十九年(1700)任
张 进	知县	康熙四十年(1701)任
高登第	知县	康熙四十三年(1704)任
谢汝梅	知县	康熙四十七年(1708)任
杜蕴玑	知县	康熙五十四年(1715)任
张震孙	知县	康熙五十八年(1719)任
吴邦基	知县	康熙六十一年(1722)任
张景苍	知县	雍正三年(1725)任

续表

清		
姓　名	职　务	时　间
沈嘉徵	知县	
丁一凤	知县	
李洤德	知县	乾隆七年(1742)任
王　琰	知县	乾隆十年(1745)署任
李仙洲	知县	乾隆十年(1745)署任
黄登谷	知县	乾隆十四年(1749)署任
沈均安	知县	乾隆十五年(1750)署任
杨国瓒	知县	乾隆十六年(1751)署任
杨宏纲	知县	乾隆十七年(1752)署任
何　玠	知县	乾隆十八年(1753)署任
薛成绣	知县	乾隆十八年(1753)署任
方宏智	知县	乾隆十八年(1753)署任
顾　纲	知县	乾隆十九年(1754)署任
杨文灏	知县	乾隆间任
陈大经	知县	乾隆二十一年(1756)任
罗国锦	知县	乾隆二十一年(1756)任
徐安世	知县	乾隆二十三年(1758)任
马廷珍	知县	乾隆二十五年(1760)任
黄绳先	知县	乾隆间任
邱云锦	知县	乾隆三十年(1765)署任
杨国华	知县	乾隆三十年(1765)署任
杨长桂	知县	乾隆三十年(1765)任
党兆熊	知县	乾隆三十五年(1770)任

续表

清		
姓　名	职　务	时　间
黄　泌	知县	乾隆间任
袁修权	知县	乾隆三十六年(1771)署任
邱云锦	知县	乾隆三十年(1771)署任
陈　钺	知县	乾隆三十六年(1771)署任
黄应超	知县	乾隆四十一年(1776)任
徐　纬	知县	乾隆四十二年(1777)署任
陈基治	知县	乾隆四十二年(1777)署任
谢宸琪	知县	乾隆四十三年(1778)署任
程廷济	知县	乾隆四十四年(1779)署任
邢　玙	知县	乾隆四十九年(1784)署任
许如兰	知县	乾隆四十九年(1784)署任
郎克谦	知县	乾隆四十九年(1784)任
朱　乘	知县	乾隆五十年(1785)任
郎克谦	知县	乾隆五十一年(1786)回任
何　浩	知县	乾隆五十一年(1786)任
胡熙年	知县	乾隆五十二年(1787)以县丞署任
何　浩	知县	乾隆五十二年(1787)回任
张　辉	知县	乾隆五十六年(1791)以州判署任
蔡钜兰	知县	乾隆五十六年(1791)以县丞署任
朱有成	知县	乾隆五十七年(1792)署任
安颖新	知县	乾隆五十八年(1793)任
王有章	知县	乾隆五十八年(1793)任
方性晋	知县	乾隆五十八年(1793)署任

续表

清		
姓　名	职　务	任职时间
田懋仁	知县	乾隆五十九年(1794)任
陈廷桂	知县	嘉庆五年(1800)以贵溪县丞署任
湛祖贵	知县	嘉庆六年(1801)任
彭　淑	知县	嘉庆八年(1803)署任
湛祖贵	知县	嘉庆九年(1804)回任
周　澍	知县	嘉庆十二年(1807)署任
湛祖贵	知县	嘉庆十二年(1807)回任
刘大复	知县	嘉庆十四年(1809)署任
湛祖贵	知县	嘉庆十四年(1809)回任
姚敏德	知县	嘉庆十五年(1810)以府经历署任
严　仪	知县	嘉庆十五年(1810)署任
刘　丙	知县	嘉庆十六年(1811)任
华希高	知县	嘉庆十七年(1812)任
刘　丙	知县	嘉庆十八年(1813)回任
乔　桂	知县	道光二年(1822)任
沈　棠	知县	道光八年(1828)署任
丁春林	知县	道光十年(1830)署任
顾倬樬	知县	道光十年(1830)任
彭礼南	知县	道光间任
程　鼎	知县	道光间任
方联裕	知县	道光间任
程瑞林	知县	道光间任
岳　桂	知县	道光间任

续表

清		
姓 名	职 务	任职时间
杨帅立	知县	道光间任
冯 询	知县	道光间任
张文浩	知县	道光间任
薛予捡	知县	道光间任
袁 翼	知县	道光间任
谢方润	知县	道光间任
余安世	知县	咸丰间任
谢方润	知县	咸丰三年(1853)任
李斯干	知县	咸丰间任
张丰玉	知县	咸丰间任
曾猷沛	知县	咸丰间任
王万泉	知县	咸丰间任
张方矩	知县	咸丰间任
杨 镐	知县	咸丰间任
秦思普	知县	咸丰间任
倪荣堂	知县	咸丰间任
金 汉	知县	咸丰间任
柴维翰	知县	咸丰九年(1859)任
刘道衡	知县	咸丰间任
陆长庆	知县	咸丰间任
孙毓秀	知县	
潘曜新	知县	同治二年(1863)任
李继会	知县	同治三年(1864)任

续表

清		
姓　名	职　务	任职时间
汪世泽	知县	同治四年(1865)任
陈舜俞	知县	同治五年(1866)任
钱　浣	知县	同治五年(1866)任
汪世泽	知县	同治六年(1867)任
金　第	知县	同治八年(1869)任
胡介寿	知县	同治九年(1870)任
李嘉瑞	知县	同治十年(1871)任
任玉琛	知县	光绪七年(1881)任
吕用宾	知县	光绪三十一年(1905)任
徐孝秦	知县	光绪三十二年(1906)任
沈善谦	知县	光绪三十四年(1908)任
张承祖	知县	宣统元年(1909)任

后　　记

2006年，浮梁县史志档案局曾编过一部《浮梁人物》，收录的人物包括古代、现代和当代。那是一部应急之作，书中古代人物较少，内容也比较单薄，难以满足广大读者阅读需求。

2018年，时任县政协主席，并兼任浮梁县历史文化研究会会长的金秋来先生，遂有编纂一部全面、系统记述浮梁历史人物书籍的动议，后因故而搁置。直到2019年10月，这项工作才正式启动。

启动之初，编者着重考虑了以下三个问题。一是关于书名。首先想到的是"浮梁历史名人"。但在"何谓名人""名人的标准是什么"等问题上拿捏不定，最后被否定了，认为还是叫"浮梁历史人物"平和些，免得扎眼。二是时间的限定。觉得时间定在辛亥革命（1911年）以前比较稳妥一些，这样会避免一些历史纷争。但这样做的不足之处是民国及至中华人民共和国成立后，确实是有些本应入书的人物却被无情地舍弃了，这不能不说是一件憾事。三是字数。浮梁历史上的不少知名人物如吴芮、汪澍、李椿年、佛印等，其史料十分丰富，撰稿者往往下笔千言而难止，但考虑均衡而割爱。有些人物虽也任过重要官职，史料却十分稀有，除县志、家谱上寥寥数语，别的地方再也找不到任何资料。从全面性考虑，本书不唯字数而予以载录。

本书共分为三部分。第一部分"浮梁乡贤"。这一部分记述的对象是祖籍浮梁者，或者籍贯为外地，但本人出生于浮梁者。第二部分"浮梁名宦"。

记述的对象是籍贯是外地,但曾在浮梁任县官,且做出一定贡献,为县人所称道者。第三部分"名人与浮梁"。记述的对象为在浮梁曾留下过诗文的全国各地名人。本书共收录了198个人物,其中:乡贤170人,名宦12人,与浮梁有关的名人16人。本书还附有《浮梁县历代进士表》《浮梁县历代举人表》《浮梁县历代县官表》,这部分内容绝大多数来源于道光版《浮梁县志》,目的是让读者直观、全面、一目了然地了解浮梁人物概貌。

在编纂过程中,编者秉持存真求实的精神,采用语体文的叙议结合的方式,在保持历史真实性的基础上展开合理的推理与想象,以增强可读性。资料主要来源于史志、辞典、档案或宗谱。编者充分吸收前人研究成果,力求权威、完备。编排上按朝代排列,同朝代者按生年或考取功名的时间先后排序。

本书二十余万字,虽非鸿篇巨制,却因资料缺乏,且多属文言文,其中的劳动强度非亲身经历者不能体会。幸有县委、县政府领导的重视与关心,有会长金秋来的筹措与部署,有主编冯云龙的亲力亲为,有吴逢辰、杨昔文、李移民诸君的辛勤付出,有韩晓光教授的悉心指导,有广大文史爱好者的积极参与,本书终于2021年4月定稿。

本书出版发行,既有深远的历史意义,又具有积极的现实意义。它必将为宣传浮梁,提升浮梁的知名度,激发人们热爱家乡、建设家乡的热情,推动浮梁的两个文明建设发挥积极作用。

尽管我们不断地追求完美,但理想与现实依然存在着一定的距离。由于我们水平有限,书中遗珠之憾和讹误之处在所难免,望读者诸君批评指正。

编 者

2021年4月25日